JN312359

日本の女性政策

男女共同参画社会と少子化対策のゆくえ

坂東眞理子 著

ミネルヴァ書房

日本の女性政策
――男女共同参画社会と少子化対策のゆくえ――

目　次

序章　男女共同参画社会と少子化対策をめぐる視点 ……………… 1
 1　本書の背景と目的 …………………………………………………… 1
 2　福祉国家論から福祉レジーム論へ ………………………………… 2
 3　研究方法 ……………………………………………………………… 6
 4　本書の構成 …………………………………………………………… 8

第Ⅰ部　女性政策の変遷

第1章　アメリカの戦後統治下の女性政策 ……………………… 13
 1　女性政策をとりまく社会的背景 …………………………………… 13
 2　婦人参政権の実現 …………………………………………………… 14
 3　教育をめぐる改革 …………………………………………………… 16
 4　日本国憲法の制定による法の下の平等 …………………………… 19
 5　民法の改正と戦後家族の法的枠組み ……………………………… 20
 6　戦後のベビーブームと優生保護法の制定 ………………………… 23
 7　公娼制度の廃止 ……………………………………………………… 24
 8　労働にかかわる政策 ………………………………………………… 24
 9　社会保障，社会福祉政策 …………………………………………… 27

第2章　高度経済成長時代の女性政策と日本型福祉社会 ……… 35
 1　経済成長とその社会的影響 ………………………………………… 35
 2　「戦後家族体制」の確立 …………………………………………… 37
 3　女性教育水準の上昇 ………………………………………………… 39
 4　女性の労働 …………………………………………………………… 40
 5　社会保障・社会福祉体制の整備と日本型福祉社会論 …………… 44
 6　保育サービスの変遷 ………………………………………………… 46
 7　税における女性の位置 ……………………………………………… 48
 8　妻の座の強化と家族法の改正 ……………………………………… 49

目　次

```
　　9　女性の意識……………………………………………………50
　　10　高度経済成長期の女性政策の特徴…………………………52
```

第3章　安定成長期からバブル経済期の女性政策……………55
　　　　　——性別役割分担と差別撤廃——

```
　　1　社会的，経済的背景……………………………………………55
　　2　国際婦人年と世界女性会議……………………………………58
　　3　人権尊重気運の高まり…………………………………………60
　　4　差別撤廃条約と採択……………………………………………61
　　5　条約の批准………………………………………………………64
　　6　ナショナルマシーナリーの強化………………………………70
　　7　担当大臣の設置…………………………………………………73
```

第4章　グローバル経済の進展と構造改革期の女性政策………77

```
　　1　バブル崩壊後の経済と日本型福祉社会の模索………………77
　　2　北京会議と行動綱領……………………………………………80
　　3　男女共同参画社会基本法制定までの経緯……………………81
　　4　男女共同参画社会基本法………………………………………85
```

第5章　少子化と男女共同参画………………………………………95

```
　　1　国により異なる少子化の状況…………………………………95
　　2　日本の少子化の進展……………………………………………96
　　3　政府の少子化対策の始動………………………………………99
　　4　育児休業法の成立………………………………………………101
　　5　少子化への認識深まる…………………………………………102
　　6　21世紀，加速する少子化対策…………………………………104
　　7　現在の子育て支援政策…………………………………………107
　　8　今後の子育て支援の方向………………………………………110
　　9　少子化と男女共同参画の統合…………………………………111
```

10　仕事と子育て両立支援に関する専門調査会……………………116
　　11　女性政策・少子化対策の変遷………………………………119
　　補論――育児保険試案…………………………………………121

第Ⅱ部　世界各国の女性政策と女性の意識

第6章　各国の女性の状況と意識……………………………131
　　1　女性の状況の国際比較…………………………………131
　　2　結婚，出生――少子化の続く日本・韓国と克服したスウェーデン……131
　　3　教育・労働……………………………………………136
　　4　政策決定への進出――政界，経済界への女性参画………………140
　　5　生活時間と家庭にかかわる意識………………………………144
　　　　――日本・韓国の性別役割分担調査から

第7章　各国の女性政策と少子化対策………………………153
　　1　福祉レジームの国際比較………………………………153
　　2　スウェーデンにおける女性政策と少子化対策……………………155
　　3　ドイツにおける女性政策と少子化対策………………………160
　　4　アメリカの女性政策と育児支援………………………………164
　　5　韓国の女性政策と少子化対策の状況………………………168

第8章　女性エグゼクティブのキャリアと子育て………………175
　　1　日本の女性役員のキャリア形成と育児………………………175
　　2　アメリカの女性エグゼクティブ調査………………………189

終章　少子化対策と女性政策の統合…………………………199
　　　　――日本型福祉レジームを求めて――
　　1　日本の女性政策の時系列変化………………………………199
　　2　女性政策の国際比較…………………………………201

3　日本型福祉社会の行きづまり……………………………………202
　　4　新しい日本型福祉レジームを……………………………………204

引用・参考文献　209
あとがき　215
索　　引　219

序章
男女共同参画社会と少子化対策をめぐる視点

1　本書の背景と目的

　女性の社会的,経済的役割はこの半世紀余りの間に大きく変貌している。
　第2次世界大戦直後の日本において,法の下の平等など基本的な人権を認めた日本国憲法の制定をはじめ,参政権の確立,民法改正による家制度の改革,男女共学化などさまざまな法制的な改革が行なわれ,戦後日本社会の枠組みが形作られた。その後,1960年ごろからの高度経済成長の時期に都市化,雇用者化が進展し,核家族を基本として男性稼ぎ主・女性専業主婦型の家庭が増加した。こうした家庭を標準とする雇用管理,社会保障・社会保険制度,税制なども構築され,公的セクターの役割は比較的小さく,主として家族と企業が福祉サービスを提供する,いわゆる日本型福祉社会が70年代半ばに一応成立した。
　一方,同じ70年代半ばに国際的には国連主導による世界女性会議の開催や差別撤廃条約の採択があり,女性の人権にたいする関心が高まるとともに,女性の政策決定への参画が図られた。また家族数の縮小,家事の省力化により女性たちの自由裁量時間は増大し,教育水準は上がり専門的職業につく女性が増えた。さらに高度経済成長の後半から労働需要の伸びに応えるために子育て後の女性も職場に進出し,さらに離婚などにより家族の脆弱化が明らかになってきた。
　その中で,家族,市場,公的セクターの三者が所得の確保,保育,介護ケアの提供に果たす役割が変化してきている。中でも女性の労働分野への進出と少子高齢化の進展は顕著である。この2つの現象は相互に深い関係があり,どちらも多くの課題を抱えており,新しい政策的,社会的,文化的対応を必要とし

ている。バブル崩壊後の経済的苦境の中で，従来の日本の雇用管理システム，社会保障，福祉制度が十分に機能しなくなり，介護保険制度の創設，雇用機会均等法の改正・再改正，男女共同参画社会基本法の制定，育児介護休業法の改正・再改正・再々改正，次世代育成支援対策推進法，少子化対策推進法の制定などが行なわれている。

　筆者は総理府（現内閣府）内の各部署で勤務する中で，1975年婦人問題企画推進本部・婦人問題担当室の発足，1994年婦人問題担当室から男女共同参画室への改組，2001年内閣府男女共同参画局の発足に担当責任者の一人として参画し，日本の男女共同参画政策の推進に深くかかわってきた。その中で，確実に進行する少子化社会において，男女共同参画政策の推進が21世紀の日本社会の基本的な変革を迫るものであると同時に，社会経済の活性化に不可欠であるとの思いを深めている。

　本書では第一にこれまでの日本の男女共同参画政策，とりわけ1945年以降の政策の推移を女性の人権の尊重・差別の除去など真の福祉の増進という観点と，社会の持続性に深くかかわる少子化対策と女性の福祉をどう調和していくかを中心として政策の企画にかかわってきた立場から概観する。第二に北欧諸国，ヨーロッパ諸国，アメリカ，韓国の保育政策，女性政策およびその背景となる国民の生活・意識と比較した。第三に日本とアメリカの女性企業幹部をインタヴューし，それぞれの社会で働いて成功してきた女性のナマの声から労働と福祉政策の影響をみた。このように縦（時系列）と横（国際比較）から今後の日本の政策の方向性を探る。

2　福祉国家論から福祉レジーム論へ

　このような家族（中でも女性）と公的福祉の役割の変化は日本だけでなく，産業化が進展する中で欧米の多くの国々で生起した。さまざまな欧米諸国家の福祉の状況を国際比較するにあたって，カットライト[1]（1965）やウィレンスキー[2]（1985）は社会福祉発展の程度は国民総支出に占める社会福祉支出比の増大

で測れるとし，高齢化の進展や，経済成長などの社会的，経済的要因を重視する収斂理論を展開した。すなわち社会福祉支出比が増えることが福祉の発展を意味するとした。この収斂理論は1950年から1973年にかけての第2次世界大戦後の資本主義の繁栄期，成長期の動きと適合し，GDP（国内総生産）の増大とともに欧米各国の福祉予算も増大してきた。しかし1973年のオイルショック以後世界的に経済成長率が鈍化し，租税収入が伸び悩む中で福祉国家の危機が叫ばれるようになり，その後の福祉のあり方は国により対応が分かれていった。

これを新たな視点から類型化したのがエスピン-アンデルセン[3]であり，1990年の著書『福祉資本主義の三つの世界』は比較社会政策研究の軸として必ず参照される基本仮説となった。彼の説では単に福祉支出の総額や比率が大きいことで福祉国家を「先進国」「後進国」と分けるのでなく，脱商品化指標（de-commodification index）と，社会的階層化指標（stratification index）の2つの指標に基づいて3つの類型を提示した。脱商品化指標とは社会保険給付（年金，失業保険，疾病保険）の標準的収入にたいする比率（所得代替率），受給資格を得るまでの年数要件，財源のうち個人負担の割合などから算出する。エスピン-アンデルセンは日本語版への序文で，脱商品化について「個人が市場に依存することなく所得を確保し消費できる」程度を示すものと言い換える。すなわち労働者が自己の労働力を販売することで生計を立てるという意味で商品化されている状態から解放されているという意味であるが，3類型のうちアメリカは最も脱商品化の度合いが低く，北欧型が最もその度合いが高い。

3類型のうち第一の類型はアングロサクソン諸国に多い自由主義型で，累進税率などの所得再分配政策は弱い。公的な福祉は最低限に抑えられ，企業福祉や個人年金のような私的福祉が奨励される。職場への女性進出は進んでいるが，育児休業や児童手当のような政策は行なわれていない。保育サービスも市場から調達するか，企業から従業員福祉の一環として提供される。

第二の類型はヨーロッパ大陸諸国に多い保守主義型で，労働者としての諸権利は階級と地位に付属しており，社会保険は業種，組合ごとに分立している。国家給付の額は大きいが再分配効果は少ない。職種別の労働組合は強く，組合

への参加は難しく失業率は高い。福祉政策でも伝統的な家族のあり方を維持しようとし，個人のニーズにはまず家族が応え，それができなかった場合のみ国家が介入しようとする「補足性」が強い。

　第三の類型はスカンジナビア諸国にみられる社会民主主義型で，高度に脱商品化された普遍主義的な福祉プログラムをもつ。すなわち全ての勤労者を同一の社会保険に組織しており，国家が児童手当，保育サービスを提供し，家族を営む費用を負担し，個人の自立を促進する。こうした3類型の中で日本は家族，とくに女性がケアを，企業が雇用保障・所得保障を担ってきており，家族重視の点で保守主義，企業重視の点で自由主義と分類されたが，アンデルセン自身も日本語版の序文で，日本が3類型に分類できない困難なケースとしている。[4]

　彼の説のインパクトは大きく，多くの議論をまきおこしたが，とくにフェミニストからは家族やジェンダーの視点が組み込まれていないと批判された。エスピン-アンデルセン自身はフェミニストからの批判に応えて，90年代後半以降，国家と市場にたいする家族の関係を分類指標に組み込み，福祉国家類型論を福祉レジーム類型論へと進化させた。国家や市場と並んで家族が福祉の提供に果たす役割を重視し，1999年に彼は『ポスト工業経済の社会的基礎』を著し[5]「社会政策が女性に対し商品化されるための，もしくは独立した世帯を営むための自立性を与える度合い」を脱家族指標としてあらたに提示した。この指標は家族が行なってきたサービスに関する公的支出の対GNP比，3歳未満児童にたいする公的保育のカバレッジ（3歳児のうち公的保育をうけている者の割合），65歳以上高齢者にたいするホームヘルプサービスのカバレッジをその内容とする。これによって福祉国家類型論から福祉レジーム論へと議論を展開した。日本はこの分類によると家族への依存が大きいことにおいて保守主義的であり，企業福祉への依存が大きいことにおいて自由主義的であるとした。これを宮本太郎は，家族福祉と企業福祉が強固に補強しあっている日本のレジームの形態が欧米にはみられないとしている。[6]オセアニア（およびイギリス），イタリアやギリシャのような南欧諸国，日本を含む東アジアNicsを第4の類型とする説もミッチェル[7]や武川ら[8]によって唱えられた。また新川敏光は先行研究を幅広く

序章　男女共同参画社会と少子化対策をめぐる視点

検討し，エスピン-アンデルセン自身の脱商品化指標と社会階層化基準を組み合わせることで南欧および日本，スイスを含む家族主義という第4類型を提案した。大沢真理はエスピン-アンデルセンと異なる視点から「男性稼ぎ主型」「両立支援型」「市場指向型」の3類型を提起し，日本やヨーロッパ大陸諸国，北欧，アングロサクソン諸国をそれぞれの典型としてあげている。これらの型では職場や家族のあり方に，性別役割や分業が投影され，ジェンダーが生活保障システムの機軸をなしているとしている。

　日本においては，戦後，とくに1975年の国際婦人年以降，女性への差別撤廃，真の男女平等を目指して男女共同参画政策が推進されてきた。これはこのような福祉レジーム類型の中でどう位置づけられるのであろうか。

　世界各国をみると戦争・紛争の状況下にあって，生命の安全，食料の確保や衛生・医療など基本的な生存条件さえ確保されない途上国の女性たちがおり，教育や労働の分野でも大きな差別が存在する。その中で国連は発足以来女性の地位の向上に取り組んできた。国際婦人年，「国連婦人の10年」，差別撤廃条約，北京行動綱領などを通じて各国政府の協力・実行を求めてきたが，とくに欧米先進国では家族，労働にかかわる女性政策が推進され，女性の政策決定への参画の増大，労働力率の増大が顕著であった。こうした変化への対応は国により異なるが，女性の立場の変化によって福祉のあり方も大きく変わった。

　日本政府もこうした国際的動向，各国の取組みにあわせ国内体制を整え，差別の撤廃，女性の政策決定への進出を推進し，配偶者暴力の根絶等に取り組んできた。その取組みは大沢真理が指摘するように「家族頼み」「大企業本位」「男性本位」の核心を温存して福祉改革が進められ，セインズベリのいうところの男性稼ぎ主型が強化されたという面もある。同時期に女性たちの教育水準が上昇し，労働力率が上がり，職場における男女差別を禁止する雇用機会均等法が制定され，専門職への進出が進み，さらに育児・介護休業制度の実施，介護保険の創設などの取組みが進んだのも事実である。それでも社会保障給付費の対国民所得比の低さや租税負担率の低さから「日本は福祉国家でない」という意見もあり，政府が福祉供給に占める比重は高いとはいえない。1980年代か

らレーガン，サッチャーにより新自由主義経済政策がとられ東西冷戦が終結し「小さな政府」が志向され，日本においても規制改革，構造改革が行なわれてきた。その後，2007年のサブプライムローンの行きづまり，2008年リーマン・ブラザーズの破綻により，大きな危機に直面しており，格差の拡大の中，セーフティネットの構築が課題となっている。

　しかし予測以上に急速に進行する少子高齢化の中で，性別役割分担を前提とした「日本型福祉社会」，「男性稼ぎ主型モデル」[15]は維持するのが難しくなり，いろいろなほころびをみせている現在，新しい福祉社会のモデルが求められている。しかしそれは政府の福祉提供への関与をできるだけ少なくしたうえで，女性にたいする差別を徹底的に排除して自由競争の中で男女の就労を促進し，保育や介護，医療を市場から調達するというアメリカ（アングロサクソン）型を選ぶのか，福祉供給や高等教育・職業教育に政府が責任をもち，女性と男性がともに就労し，ともに家事・育児を分担するという北欧型を選ぶのか方向性は定かではない。たとえば公的年金制度をとっても世帯単位の被用者年金と個人単位の国民年金が混在しており，大企業の正社員にたいする福利厚生は手厚く企業が福祉の提供に大きい役割を果たしている。また，家族が福祉供給の主体と分類されてきたヨーロッパ大陸国家の中でも，女性はパートタイムで働き性別分担型を残しているドイツと，フルタイムで働き育児期の経済的支援を手厚くするフランスの2つの政策があり，少子化対策という面の効果は異なっている。日本はこうした各国の政策とその効果を見比べてつまみ食いしている段階であり，まだ方向は定まっていない。育児休業制度が強化される一方，家族重視も強調され，メッセージは錯綜して政策効果を減殺している。

　さらに最近の経済危機は，「市場の失敗」「市場の限界」を可視化し，改めて国家や家族が福祉提供に果たす役割が求められている。

3　研究方法

　日本のみならずアメリカ，ヨーロッパ諸国をはじめ多くの国々で，女性政策

にかかわる福祉政策,労働政策等が進められてきた。しかしその取組みは欧米先進国の中でも一様ではなく,それぞれの国,社会の経済状況,政治状況,宗教や社会規範の違いからそれぞれの特徴を示している。

第Ⅰ部では1945年以降の日本の女性政策の変遷を4期にわけて概観した。

第Ⅱ部では日本における女性政策,中でも職場における差別の撤廃と男女均等推進政策と保育政策の特徴を把握するために,日本における法律・制度の特徴とそれがもたらした影響をアメリカ,スウェーデン,ドイツの例と比較する。

その際に筆者が事務局の責任者としてかかわった「男女共同参画に関する国際調査」(内閣府男女共同参画局,2002年),「仕事と子育ての両立に関する報告書」(男女共同参画会議,2001年),「ライフスタイルの選択と税制・社会保障制度・雇用システムに関する報告」(男女共同参画会議,影響調査専門調査会,2002年)を中心とする文書・調査の分析を行なうとともに,2005年アメリカにおいて実施した女性エグゼクティブ調査,日本において実施した上場企業女性取締役調査を参照しながら,女性のキャリア開発と少子化対策について検討した。

本書で使う言葉の定義は次の通りである。

(1) 男女共同参画政策:1994年総理府設置法改正にあたって,「男女共同参画とは男女が社会の対等な構成員として,自らの意思によって社会のあらゆる分野における活動に参画する機会が確保され,もって男女が均等に政治的,経済的,社会的および文化的利益を享受することができ,かつともに責任を担うべき社会」を形成するための政策。1999年に制定された男女共同参画社会基本法をはじめ,女性の地位の向上,差別の撤廃,困難な状況にある女性の支援にかかわる政策だけでなく,男女双方にかかわる税制,社会保障政策,雇用関係政策全般を対象とする。

(2) 少子化対策:女性の合計特殊出生率が人口の置き換え水準である2.07を大幅に継続して下回り,労働力人口や総人口が減少する傾向が明らかになった1990年代以降打ち出された政策で,出生率の向上を明示的,あるいは潜在的に目的として行なう政策。

(3) ナショナルマシーナリー:男女平等を推進する国レベルの機関。日本の

場合は男女共同参画会議，男女共同参画推進本部，およびその両者の事務局を務める内閣府男女共同参画局が相当する。国連のナイロビ将来戦略（1985年），北京綱領（1995年）で各国のナショナルマシーナリーの強化をうたっている。

(4) ジェンダー：生物的な違いに基づく性差すなわちセックスでなく，社会的，文化的に形成された男女の特性。「ジェンダー主流化」はあらゆる政策を企画し実行する際に，ジェンダーの視点をもち，その政策が男女にどのような影響を与えるか配慮すること。

4　本書の構成

本書は，第Ⅰ部「女性政策の変遷」と第Ⅱ部「世界各国の女性政策と女性の意識」の2部構成である。

まず第Ⅰ部では，戦後の日本の女性関係政策の歩みを，(1)福祉の供給主体の変遷，(2)職場における差別撤廃，(3)政府における男女共同参画の推進という3分野を中心に据えるとともに，それが現実の女性の生活と意識にどのような影響を与えているか，現在の少子化とどのようなかかわりがあるかを中心に検討する。

第1章では敗戦から高度経済成長期開始時期（1945年から1960年）にかけての女性政策の原型を，エスピン-アンデルセンの福祉社会レジームを参照しながらその福祉供給主体に関する考え方を概観・整理する。憲法をはじめ法制上の平等は宣明されたが現実は戦前の家族制度が残り，女性政策の基本は残余的福祉であり，多子対策としての家族政策が行なわれていたことを明らかにする。

第2章では高度経済成長期（主として1960年から1975年まで）の女性政策を家族役割と労働役割の比重の変化という側面から検証する。経済成長が企業や職場を変え，その影響が家庭のあり方に波及し，企業戦士と専業主婦と未婚の子どもからなる核家族を標準世帯とし，日本型男性稼ぎ主モデルを進めた政策を概観する。

第3章では国際婦人年以降,安定成長期に入ってからの主として75年から95年の女性政策を,国連の差別撤廃条約の批准から,ナショナルマシーナリーの設置までの政策課題に即して検証する。その結果,この時期の後半少子化が顕著となることを明らかにする。

　第4章ではバブル崩壊後,新自由主義にそった改革が行なわれる中で,95年から2005年の北京会議における雇用機会均等法の改正,介護保険の創設,男女共同参画社会基本法の制定,配偶者暴力防止法等の男女共同参画政策が福祉提供主体,女性の労働市場での立場をどう変えたかを検証する。

　第5章では少子化対策と男女共同参画政策にしぼって検討する。

　さらに第Ⅱ部では国際比較をとおして,世界各国の女性生活と生活意識について検証するとともに,将来の日本の男女共同参画型福祉社会はどうあるべきかを視野に入れて検討する。

　第6章ではアメリカ,スウェーデン,ドイツの女性の意識と生活を1982年の総理府(現内閣府),2002年の内閣府が実施した国際意識調査を中心に検証する。

　第7章では上記3カ国の女性政策と少子化対策を,第8章はアメリカと日本の女性エグゼクティブの事例調査から,育児と職場における差別に女性たちがどう対処しているかを実例から検証した。

　終章では従来の政策を総括するとともに,今後の日本の男女共同参画政策と少子化対策に関する提言を行なう。

注
(1) Cutright, Philip (1965) "Political Structure, Economic Development, and National Social Program," *American Journal of sociology*, 70 : 537-550.
(2) Wilensky, Harold L. (1985) *The Welfare State and Equality*, University of California Press.
(3) Esping-Andersen, G. (1990) *The Three Worlds of Welfare Capitalism*, Basil Blackwell Limited (岡沢憲芙・宮本太郎監訳 (2001)『福祉資本主義の三つの世界——比較福祉国家の理論と動態』ミネルヴァ書房).
(4) 同上書。
(5) Esping-Andersen, G. (1999) *Social Foundations of Postindustrial Economies*,

Oxford University Press（渡辺雅男・渡辺景子訳（2000）『ポスト工業経済の社会的基礎——市場・福祉国家・家族の政治経済学』桜井書店）.
(6) 宮本太郎（2003）「福祉レジーム論の展開と課題」埋橋孝文編著『比較のなかの福祉国家』（講座・福祉国家のゆくえ２）ミネルヴァ書房。
(7) Mitchell, D.（1991）*Income Transfers in Ten Welfare States*, Aldershot Avebury.
(8) 武川正吾（1999）『社会政策のなかの現代——福祉国家と福祉社会』東京大学出版会。
(9) 新川敏光（2005）『日本型福祉レジームの発展と変容』ミネルヴァ書房。
(10) 大沢真理（2007）『現代日本の生活保障システム』岩波書店。
(11) 大沢真理（2002）『男女共同参画社会をつくる』日本放送出版協会。
(12) 大沢真理編（2004）『福祉国家とジェンダー』（現代の経済・社会とジェンダー）明石書店。
(13) Sainsbury, Diane（1994）*Gendering Welfare States*, Sage Publication.
(14) 橘木俊詔（2000）『セーフティネットの経済学』日本経済新聞社。
(15) 注(10)に同じ，9-11頁。

第Ⅰ部

女性政策の変遷

第1章
アメリカの戦後統治下の女性政策

1 女性政策をとりまく社会的背景

　1945年8月15日，日本はポツダム宣言を受け入れて全面降伏し，第2次世界大戦は終結した。当時の日本は現在（2009年）のアフガニスタンやイラクの状況にも似た貧窮と混乱にあった。そのような中，個人の基本的人権の尊重と法の下の平等を保障した憲法が制定され，女性参政権の保障，民法の改正，男女共学，労働基準法，税制度など戦後の社会を規定する法的枠組みが形成された。しかし国民の生活はただちには大きく変わらず，女性の人権尊重の定着などは不十分なままであった。その後，1952年4月の講和条約の締結によって独立を回復するまでに多くの社会，経済の改革が行なわれ，とりわけ女性に関する制度は大きく改革された。本章では，現代日本において当時の改革がどう根づいているか，どう改められて現在の女性政策に結びついているかを概観するとともに，家族制度をはじめ伝統的価値の影響とどう調和させたか，また今日の女性政策にたいする影響を，とくに参政権，教育，家族関係政策に焦点をあわせて考察する。

　ポツダム宣言は第10項で「我々は日本人を，民族として奴隷化し，公民として滅亡させることを意図しない。（中略）日本政府は，日本国民のうちに民主的傾向が復活され強化されるよう一切の障害を除去しなければならない。言論，宗教，思想の自由，ならびに基本的人権の尊重は確立されねばならない」としており，日本社会の改革が強力に進められた。直接の軍政は敷かれず日本政府は敗戦の危機の中で軍の暴発を抑えて武装解除し，占領軍と対峙する主体とし

て曲がりなりにも機能した。占領後はアフガニスタンやイラクでみられるような反政府，反占領軍のテロはなく国の統治機構がまだ温存されていた。野口悠紀雄（2002）が指摘するように社会経済にかかわる制度は，1940年から継続したものが多く，敗戦によって白紙の状態からスタートしたわけではないように，女性政策も戦前の制度，理念が十分払拭されないうちに，新しい制度が構築された。

2　婦人参政権の実現

　10月11日，マッカーサー元帥は新任の幣原喜重郎首相に対日5大改革を直接指示した。それは，
　① 　婦人参政権による日本女性の解放
　② 　労働組合の結成奨励
　③ 　学校教育の自由主義化
　④ 　秘密審問の廃止と国民を守る司法制度の確立
　⑤ 　経済機構の民主主義化
であった。
　この中で第一にあげられた婦人参政権は敗戦直後から，日本政府の側でも民主化の重要な柱と認識されており，内部で検討されていたので，幣原首相は5大改革のトップとしてただちに選挙法改正に着手した。内務省には大正デモクラシー時代に普通選挙法の制定などにかかわった経験をもつ官僚が残存しており，事務的対応はすばやかった。内務大臣の堀切善次郎自身もワイマール時代のドイツに留学し選挙制度を研究した普通選挙推進派の内務官僚であり，坂内務省次官も普通選挙法策定事務経験者であった。
　選挙法改正は11月13日閣議で改正案が決定され，12月15日に成立し17日に公布され，翌年4月10日第1回総選挙が実施された。その後，1946年11月に公布された憲法でも第44条で選挙人の資格は性別によって差別してはならないことが明記された。1947年には参議院議員選挙法が改正，公布された。この2法は

1950年4月公職選挙法に統合された。

　一方，日本側にはこうした改革に反対する勢力が残っており，枢密院は婦人参政権は日本の伝統にそぐわないと反対した。ところが戦後3〜4カ月のこの時期，敗戦によって旧勢力が権力のみならず，権威も自信も喪失していたことで反対論は持続せず選挙法改正は早々に実現した。

　当の女性たち自身は，大正デモクラシーの時期に参政権を要求する意思表明や行動を起こしていた。1920年，市川房枝や平塚雷鳥らが新婦人協会を結成し，1924年，女性参政権を求める婦人参政権獲得期成同盟会（後に婦選獲得同盟と改称）が結成されたが，戦争が本格化すると，1940年には解散させられ大政翼賛会が発足していた。しかしこうした底流が過去にあり，また女性たちへの教育が普及し，戦時中に職場や地域で活躍した経験をもつ女性の層が厚くなっていたので，婦人参政権は民主化のシンボルとして，日本政府も取り組んだのである。GHQ（連合国軍最高司令官総司令部）でもCIE（民間情報教育局）の情報化女性情報担当官エセル・ウィード中尉のような女性が日本の女性有識者と連絡をとって女性政策推進ネットワークを結成し[1]，日本女性の権利確立政策の事実上の推進力となった[2]。ウィード中尉は日本の各界の女性有識者やGHQ内部の他の女性担当官と協力して女性参政権の実施キャンペーンや労働省婦人少年局の設置に努力した。

　女性に参政権が与えられた第1回総選挙では女性は立候補者の2.9％を占め，当選者の8.4％，39名が当選した。女性の有権者数は2056万人で男性の1632万人を大きく上回っているが，投票率は67.0％と男性の75.5％を下回った[3]。

　その後も女性の有権者数は常に男性を上回っており，投票率は1970年代からは女性が男性を上回るようになってきた。しかし2008年現在でも，衆議院に占める女性議員の割合は9.4％にとどまっている。参議院では女性議員比率が21.8％で，衆議院より高いのは比例区選出者の割合が高く，選挙区も1人区だけでなく複数区があるからである。第1回の総選挙において女性の当選者が多かったのも大選挙区制だったことが影響している。小選挙区制をとるアメリカ，イギリスでは女性議員の割合が低く，北欧等の比例選挙制の国で女性議員の割

合が高いことからも女性議員の選出に選挙制度が与える影響は大きい。日本では1994年，選挙法が改正され，衆議院は小選挙区制になったが，ブロック別の比例区と組み合わされたことで女性の議員数はやや増加した。現在小選挙区で当選しているのは14名，比例区で当選しているのが20名である。選挙法において法制的な平等は戦後すぐに達成されたが，実質的な政治分野における平等は60年以上を経ても達成されていない。それを是正するための強い意志，たとえばクォーターなどは戦後60年以上経過した現在も，日本の政治にはみられない。

3　教育をめぐる改革

　明治政府は1972年，全国に学制を敷いたが，当初は男女の就学率には大きな差があった。明治末期1910年ごろからは，男女ともほぼ100％近い就学率となり，初等教育においては男女共学を妨げないとされ教育水準も大差なかった。しかし中等教育からは男女別学であり，男子の中学校と女子の女学校では教育水準，教育内容に差があった。女学校における教育は狭義の良妻賢母の養成を目的としており，英語や数学はレベルが低く，裁縫や作法が加えられていた。進学率（実業学校を含む）は1900年において男子5.2％，女子1.6％であったが，しだいに進学者が増え，第2次世界大戦直前の1940年には男子51.5％，女子40.4％に達していた。

　高等教育に関しては，全国に小学校の女子教員を養成するための女子師範学校と，女学校，女子師範学校の教員を養成する2つの女子高等師範と，少数の女子大学（日本女子大学など専門学校は女子大と称していた）は設置されたが，大学より教育水準は下に位置づけられる専門学校レベルであり，帝国大学は女性を受け入れていなかった。1913年に3人の女子学生が東北帝国大学に入学し，後に北海道帝国大学，九州帝国大学も認めたがいずれも例外的な少数であり，東京帝国大学や京都帝国大学は受け入れなかった。

　戦後ただちに文部省は「新日本建設の教育方針」を出し，教科書の根本的改訂，教職員の再教育，科学教育の振興などが盛り込まれた。ついで，1945年10

月22日，GHQから「日本教育制度に対する管理政策」が出され，それを受けて12月4日には「女子教育刷新要綱」が閣議了解された。その内容は，教育の機会均等と教育内容の平準化を図るため，(1)高等教育機関を女子に開放，女子大学の設立を認めること，(2)中等教育の男女間のギャップの平準化，(3)大学教育での共学制の採用を目指すこととした。また1946年1月，軍国主義的・超国家主義的な占領政策反対の教育関係者は即刻解職されることとなり，40万人以上の教員，教育官公吏が追放された。管理的立場にあったものは一掃された。

この間，GHQの内部でアイリーン・ドノヴァン中尉などが女子教育の刷新に尽力した。[4]1946年3月，アメリカから教育使節団が来日し，6つの主要分野について勧告を行なった。その中で初等中等教育については，義務教育を9年に延長し，男子と女子の学校および学科内容を統一した6・3・3制に学校制度を改革すること，男女共学については小学校においては緊急に，下級中学校においては可及的速やかに確立することを提言している。

こうした方針に沿って，1946年4月には東京帝国大学をはじめ全ての帝国大学が女子学生を受け入れ，専門学校や高等師範から女子が受験した。

また1946年11月に公布された憲法で，第14条に法の下の平等が明記された。これを受けて1947年3月教育基本法，学校教育法が公布・施行され，教育基本法は第3条で教育の機会均等，第5条で男女共学が改めて明記された。また，6・3・3・4制に学校制度が改められ，全国に新制の中学が新たに設置され，小学校から中学校まで義務教育は9年に延び，旧制の男子の中学校と女学校が統合されて新制の高校がスタートすることとなった。それでも関東北部，東北の県ではこの統合が徹底せず，男女別の県立高校が残り，21世紀にも存続している。

教育の機会均等に関しては，9年間の義務教育が実現し，高校進学率も1950年において男子48.0％，女子36.7％であったが，その後男女とも高校進学率は上昇し，1969年には女子の進学率が男子を抜き，それ以降女子が継続的に上回っている。

高等教育に関しては，1945年にすでに女子の大学入学を禁止する規定の廃止，

大学の男女共学も打ち出された。同時に戦前から女子の高等教育機関として認められていた女子専門学校を基とする女子大学の創設を認めている。当時は女学校と中学校の教育内容・科目に差があり、学力にも格差があったので、女子の高等教育の機会を確保するために女子だけを受け入れる大学も必要と考えられていた。その結果、東京と奈良の女子高等師範が大学に昇格し、また戦前から大学に昇格する要望を出していた5つの女子専門学校が、女子大学への昇格を認められた。[5]

1948年の12校（うち5校が女子専門学校から昇格した）を皮切りに旧制専門学校の新制大学への移行がはじまり、同時にこれまでの全ての男子大学は原則として共学になった。

このとき4年制大学への移行が認められなかった専門学校が暫定的に短大となった。短大は教育年限2～3年で教育内容や設備も4年制の基準を下回ってもよいとされた。発足当初は短大の在学生の約6割が男性であった。その後短大が続々と設置され、1951年には4年制大学203校にたいし、短大が180校に達し、在学者、進学者が増加したので、1954年（短大は268校に達していた）に中央教育審議会の答申によって暫定的な存在から、恒久的な存在として位置づけられることとなった。

短大は当初は男子学生が多かったが、その後女子が増え、1954年に半数を超え、1980年代には9割に達している。戦前女性の高等教育進学が稀だった時代の記憶をもつ親たちは、娘を共学より女子大、4年制より短大への進学を望んだ。当時は学力があっても「女だから」と短大に進学した者も少なくなかったと推測される。短大は家政系、国文英語などの一般教養が多かったが、卒業生は企業からも結婚前に短期間働く事務職員として歓迎された。1995年までは女子は4年制大学より短大に進学する者が多かった。しかし1993年をピークに短大進学者は毎年減少し、4年制進学者はそれ以降も毎年増加した結果、1996年以後、女子進学者の中で4年制進学者が短大進学者を上回っている。女子大、女子短大が今後どうなるかは予断を許さないが、いまや女子の学力が劣るから、女子大が必要という時代ではなくなった。むしろ女子大が共学校と異なる価値、

特徴を提供することができるかどうかが問われている。

アメリカの女子大で強調されているように，女子大で女性がリーダーシップを身に付けることができ，ロールモデル（お手本）と出会い，ネットワークを構築することができるという機能が重視されるようになるべきである。

4　日本国憲法の制定による法の下の平等

軍国主義の復活を許さない憲章の制定は戦争直後から大きな政治的課題だったが，当時日本政府関係者はいわゆる「国体の護持」を目指し，明治憲法の枠組みの中での憲法改正を目指した。

日本国憲法の制定の際にもっとも大きな政治的争点となったのは，天皇制と戦争放棄にかかわる規定だった。松本烝治国務大臣を委員長とする憲法問題調査会が進めていた憲法改正案が，天皇を主権者とするなど明治憲法の枠組みに基づく保守的なものであることが判明し，1946年2月，GHQ民生局の内部に急遽作業チームが作られ，憲法草案を作成した。

（この草案づくりのメンバーの中に当時22歳のユダヤ系女性ベアテ・シロタが加わっていた。彼女はウィーンで生まれ，ピアニストだった父親がナチスの迫害をのがれ東京音楽学校で教職を得たので，6歳で両親とともに来日し15歳まで日本で教育を受けた。そのためシロタは完全に日本語を解しただけでなく，日本の文化や社会についても造詣が深く，さらに重要なことに日本の女性たちあるいは個人が尊重されない社会を憤りと同情をもって理解していた。シロタはその後渡米しアメリカのミルズ・カレッジを卒業した後，戦時中は対日宣伝放送用の日本語台本を書き，放送もしていた。両親は戦時中，軽井沢に拘束され窮乏生活を送っていたので，日本の降伏後，再来日し民生局に職を得ていた。シロタは人権に関する小委員会に配属された。シロタらはアメリカ憲法には書かれていない「性別にかかわらず法の下の平等」「婚姻における両性の平等」を草案の中に入れた。

現在でも憲法改正論議の際に繰り返される論拠が「押し付け憲法」論である。ベアテ・シロタも，自分のような若い女性が憲法草案づくりに携わっていたということが知

られることは，日本国憲法はアメリカの押し付けだという批判を招くのではないかと恐れて長い間沈黙を守っていた。しかし2001年に刊行された『1945年のクリスマス』は日本女性に深い感動を与え，2004年「ベアテの贈り物」と題する映画も作られた。)

　作業チームの作った憲法草案はマッカーサー元帥から幣原首相に手渡され，翻訳検討された。1946年3月には政府案が公表され6月から国会審議にかけられた。4月10日の第1回総選挙で選ばれた議員によって延べ114日間審議され，約1300の質疑が行なわれた。普通選挙，議院内閣制，華族制度の廃止，健康で文化的な最低限度の生活を営む権利，労働の義務と権利等には修正が加えられたうえで，憲法はほぼGHQ案に沿って採択され，11月3日に公布，1947年5月3日に施行された。

　今日（2009年）に至るまで憲法は一度も改正されていない。第9条の戦争放棄条項がもっとも大きな論点だが，「権利と義務」についても，保守派からは個人の尊重を強調して，家族の尊重や公共への奉仕が軽んじられていると批判されている。敗戦後の短い期間にGHQの大きな影響の下に策定された憲法であるが，そこにかかげられた基本的人権の尊重の理念は普遍的価値をもつ。しかしそれらの規定が十分に浸透しているとはいえず，差別や暴力も根絶されていない現在，われわれ自身の憲法として活用していかなければならない。

5　民法の改正と戦後家族の法的枠組み

(1) 家制度

　憲法第14条は法の下の平等，第24条は婚姻における両性の平等を規定しており，これに基づき民法は大幅に改正された。戦前の民法は1896年（明治29）制定公布され，家族制度を基本としていた。全ての個人は戸籍に登録され，「家」に属し，戸主に支配されていた。「家」は一つの戸籍に属する家族集団で，その責任者が戸主であり，家督相続によって存続した。明治以前には庶民は相続や婚姻においてより男女平等で弾力的な慣習を有していたが，武士階級の儒教的な慣習をもとに，男尊女卑の色濃い家族法が全国民に適用された（それでも

「民法出でて忠孝滅ぶ」と批判された）。GHQ は直接かかわることはなかったが，法制審議会では，中川善之助，我妻栄のような当時としては開明的な学者が議論をリードし，家制度，家族制度が日本の伝統であり，公序良俗であるとする保守派の意見は退けられた。しかし，家族に関わる法的枠組みが変わっても家族制度に基づく直系家族から，夫婦を基本とする婚姻家族が日本の国民の間で主流となるのは高度経済成長による都市化，雇用者化の進行のあとだった。また，夫婦同姓のように形式的には平等でも実質的には女性が社会的活動をする際に不利に働く規定も残った。

（2）婚姻，夫婦

　旧民法の規定では家族が結婚する場合は戸主の同意が必要とされ，さらに，男子30歳未満，女子25歳未満の場合は親の同意を必要とした。婚姻年齢は男子17歳，女子15歳だった。妻は婚姻によって夫の家（戸籍）に入り，夫と同居する義務を負い，戸主の定めるところに住むこととなっていた。妻は夫権に従うものとされ，妻が自分の財産を管理，処分したり，商売を営んだり，訴訟行為を行なう場合は全て夫の許可を必要とした。夫婦の共同生活に必要な一切の費用は全て夫が負担するものとされた。

　新民法ではこのような規定はすべて廃止され，婚姻によって新しい戸籍を作ることとなった。しかし，戸籍制度は夫を筆頭者とし，現在も妻の97％が婚姻の際に夫の姓を名乗り，結婚は入籍（戸籍に入る）とされている，夫が，家族を扶養するという考えに基づき，社会保障制度や税制が構築されているなど家族制度の影響は残っている。

（3）相続，財産

　旧民法では家督相続が規定され，戸主の長男が家督と家産を全て相続し，配偶者，次男以下，娘に相続権はなかった。相続の順位は，直系卑属，男子，嫡子が優先した。新民法では家督相続は廃止され遺産相続は男女平等，諸子均等となった（嫡出子と嫡出でない子の別は残った）。夫婦別産制となり，各自が婚姻

前から有していた財産，婚姻中に自己の名で得た財産は夫または妻の特有財産とされ，自分の意思で自由に処分することができるとされた。夫婦のいずれに属するか明らかでない財産は旧民法では夫のものとされたが，新民法では共有とされた。このように財産に関して形式的には男女平等の規定となったが，多くの専業主婦は婚姻中自己の名前で財産を得ることは難しい。[6]一方，共働きでも不動産は夫の名義にする夫婦も多く，旧民法の影響は残存している。

(4) 離婚，死別

　離婚には，協議離婚と裁判離婚がある。旧民法の下ではほとんどは協議離婚だったが，実質的に夫の親族からの追い出し離婚も多かった。協議離婚は旧民法では25歳未満の者は父母あるいは親族会議の同意を必要としたが，新民法では夫婦の同意だけで離婚できる（多くの場合，旧民法の慣習がのこり，財産分与，慰謝料は極めて少額で養育費も払われないことが多い）。旧民法では裁判離婚の離婚理由は男女不平等だった。妻の姦通はそれだけで夫からの離婚請求理由になったが，夫の姦通は相手が有夫の婦人で姦通罪に処せられたときのみ離婚理由となった。一方が，懲役1年以上の刑に処せられた場合や，一方の病気を理由に離婚する場合も夫が請求する場合はそのまま認められたが，妻からの要求の場合は許可や同意が必要とされた。離婚の場合，子の監護者について協議が整わないときは父に属すとされていたが，新民法では家庭裁判所が定めることとなった。親権も旧民法では父親が1位，母親が2位とされていたが，新民法では共同親権が原則となった。財産分与の請求権も新たに加えられた。また旧民法では夫が死んでも妻は婚家にとどまりその戸主の支配下にあり，実家に帰るときや再婚にあたっても戸主の同意が必要だった。新民法では，夫も妻も死別後は届け出だけで姻族関係の解消，姓の変更ができることとなった。民法が改正された直後から1950年ごろまでは離婚率が上がったが，それでも人口1000人当たり1.0程度であった。

　このように旧民法に比べ新民法は個人を尊重し，夫婦は対等，子どもも男女平等となったが，一部の人々は約50年間行なわれた「家」制度に郷愁を感じ，

近年の家族をめぐるさまざまな問題が多くなっているのは，個人の尊重，男女の平等が，家族の機能を弱体化させているからだと批判している。男女共同参画の推進に対しても家族の否定や弱体化をもたらすとしている。

6　戦後のベビーブームと優生保護法の制定

戦争が終わると男性達が戦場から復帰しベビーブームとなった。1947年から49年の3年間に約800万人の子どもが出生し，政府は対策に苦慮した。1948年には優生保護法が成立・公布され，母体の保護，経済的困窮など一定の理由による人工妊娠中絶が合法化された。さらに，1949年と52年には中絶のための要件が緩められた。

1948年，来日したスクリップ人口問題研究所理事トンプソン博士はマッカーサーへ勧告し，「日本の人口問題の解決には産児制限しかないが，これはあくまで日本自身が自主的に取り組むべきである」とした。政府はこれを受けて人口問題審議会を設置し家族計画の普及の方策を検討した。戦前から，加藤シズエ，荻野清作のような先覚者が，家族計画の普及に取り組んでいたが，戦中は「産めよ増やせよ」と出生増が国策として奨励されていたので，家族計画はほとんど普及していなかった。

優生保護法の制定後，届け出中絶件数は1950年の4万8900件から1955年には117万件に急増し，出生数173万1000人の約3分の2，届け出されなかったものも含め，50年代後半は出生数に匹敵する数の中絶が行なわれていたと推計されている。戦後ベビーブームが短期間で収束し急速に出生児数が減少したのは，人工妊娠中絶の容認が大きな影響を与えたと推定される。

その後，人工妊娠中絶の女性の心身に与える悪影響が認識されるようになり，他の家族計画手段の利用が推奨され，1960年以降，人工妊娠中絶件数は着実に減少している。しかし，女性用の避妊ピルが認可されたのは1999年で，アメリカ等で普及した後も約30年間許可されなかった。また中学生・高校生への性教育についても文部科学省は成長段階に応じて適切な教育を行なうとしているが

「寝た子を起こす」として批判する国会議員もいる。

7　公娼制度の廃止

　1946年1月，マッカーサー元帥から，日本政府宛に「日本における公娼制度廃止に関する覚書」が発せられ，これにより，内務省から地方長官宛に公娼制度廃止について通達された。そうして，1947年1月に勅令9号「婦女に売淫させた者等の処罰に関する勅令」が公布され，明治以来（江戸時代にも存在した）の公娼制度が終焉した。しかし，公娼制度はなくなっても，私娼街や私娼を置く飲食店，進駐軍の兵士を相手とする街娼等は減少しなかった。それにたいしGHQは強い指導を行なわず，法的には刑法，性病予防法，児童福祉法，職業安定法，労働基準法等を援用して取締りが行なわれた。これにたいし1948年，売春を取り締まる単独法を制定するよう婦人少年問題審議会から建議書が出され，売春処罰法が国会に提出されたが，審議未了で成立しなかった。売春防止法が超党派の女性議員の提案によって成立するのは，占領が終了して5年後の1956年である。しかし，罰せられるのは管理売春だけで単純売春や買春側は処罰なしであり，戦前からの夫の不貞にたいする寛容な風潮は，多くの風俗業やポルノ的メディアを生んでいる。その後1999年になって，児童買春・児童ポルノ禁止法が制定され，18歳以下の児童にたいする買春が処罰されることとなった。

8　労働にかかわる政策

（1）戦争直後の労働関係政策

　戦後日本の占領政策の中で労働分野に関しても大きな改革が行なわれた。憲法に先立って1945年10月に出された5大改革指示には，女性の参政権授与と並んで労働組合の助長があげられている。それに先立つ9月「GHQ初期の基本的指令」においても「労働，産業，農業における民主主義的基礎の上に組織さ

れた団体の発展を奨励すべし」「戦時の統制をできるだけ速やかに撤廃し，労働保護立法を復活させる」と言及されていた。1931年に社会大衆党が提案し，衆議院は通過したが貴族院で審議未了となっていた労働組合法案を参考に，1945年12月には労務法制審議会において労働組合法の制度について検討され，同月に制定公布，1946年3月から施行されている。第1条には「団結権の保障および団体交渉権の保護育成により労働者の地位の向上を図り経済の興隆に寄与することをもって目的とする」としており，警察管理，消防官吏，監獄勤務者以外のすべての労働者に適用された。[7]同時に労働関係調整法が1946年に制定された。第5条に労働組合員としての資格は性によって差別してはならないことが規定されている。こうした法律や制度が作られる中で労働組合の加入者数は飛躍的に上がり，1949年には組合員664万人，うち女性は152万人，組織率は男性57％，女性51％となり婦人部を置く組合も多かったが，女性が労働組合全体の政策決定に参画することは想定されておらず，役員に占める女性の数も極めて少なかった。

（2）労働基準法の制定

労働3法のうちでは労働基準法が一番遅れて1947年4月に制定された。1946年11月に公布された憲法は，法の下の平等（第14条）を保障し，勤労の権利と義務を定めている（第27条）。また全ての国民に健康で文化的な生活を営む権利を認めている（第25条）。また労働条件の基準を法律で定めることを規定するとともに，勤労者の団結権を保障している（第28条）。1947年4月に制定された労働基準法は工場法等戦前の労働保護関係法を集大成し，それに加え「労働者が人たるに値する生活を営むための必要を充たす」労働条件を規定することを目指している。最低労働条件は国際基準にまで高められ，労働条件は飛躍的に上昇した。

労働基準法の第4条では男女の同一労働同一賃金が規定されている。それまで多かった女性にたいする差別的賃金は禁止されたが，当時男女が同一労働につく機会を保障するという考え方はなかった。当時の立法関係者は男女平等よ

り戦前の女工哀史に代表される劣悪な環境での低賃金で長時間労働を強制された悲惨な女性労働を改め，女性労働者を保護することに主眼を置いていたので労働基準法ではさまざまな女子保護規定を定めた。

女子保護規定は主として間接・直接の母性保護についての規定が中心となっている。間接母性保護として労働時間および休日により残業や休日労働を規制（第60条）し，深夜業の禁止（第61条），危険有害業務の制限（第62条），坑内労働の禁止（第63条），直接母性保護として産前産後の休暇（第65条），妊産婦が要求した場合は時間外労働，休日労働，深夜業を禁止（第66条），育児時間の確保（第67条），生理休暇（第68条）などについて規定している。これらの規定のうち戦前の工場法では，直接の母性保護である産前産後の休暇と育児時間のみを規定していた。1947年10月には女子保護規定が施行され，母性保護について具体的取り決めが行なわれた。このほか労働基準法には出産前後の解雇制限，出産その他の費用に充てるための賃金の非常時払いが規定されており，出産については手厚い保護が行なわれた。

（3）労働省婦人少年局の発足

このような女性保護規定とともに，1947年に従来の厚生省から労働行政部分が独立して労働省が設置され，婦人少年局が発足し山川菊枝が初代局長に任じられた。前述したウィードらの女性政策推進ネットワークは政府の中に女性政策の中心になる部署が必要だとして，内務省に婦人局を置くべきとしていたが[8]，曲折を経て新設の労働省に設置されることとなった。この婦人少年局はアメリカの労働省の婦人局より所掌範囲が広く，婦人少年労働にかかわる行政だけでなく，婦人の地位にかかわる行政の連絡調整を行なう機能を付与された（労働省設置法第3条）。全都道府県に婦人青少年室が設置され，婦人関係行政の連絡調整にあたるものとされた。

また公務員関係では，1948年に制定された国家公務員法第27条，1950年に制定された地方公務員法第13条では平等取り扱いの原則が規定されている。

(4) 女性就業の状況

　当時の女性の就業状態をみると，1950年の国勢調査で女性の就業者1376万人のうちの61.3%の843万人は家族従業者で，雇用者は363万人で26.4%に過ぎなかったので，多くの女性就業者は労働基準法や労働組合法とは直接関係がなかった。家族従業者の多くは農林業に携わっており，農地解放によって小作人が自作農になり農家の生活は大きく変わったが，多くの女性は農家の嫁として戦前からの厳しい労働形態を続けていた。農民の生活を改善することは国家の施策として推進され，1948年には「農業改良助長法」が制定され，この中で生活改良普及員が設置され，農家，農村の生活改善に大きな役割を果たした。その後，他産業が復興し成長する中で農業の近代化と合理化を図る必要が増し，農業従事者の生活水準を向上させるため1961年には農業基本法が制定され，その第2条第8項に婦人労働の合理化等により農業従事者の福祉の向上を図ると規定された。

　非農林業の自営業主，家族従業者は，1950年においてそれぞれ82万人と110万人だったが，女子自営業主の約半数は内職者であり，劣悪な労働条件で健康を害する例もあり，ようやく1970年，家内労働法[9]が制定され，工賃の支払いの確保，最低工賃制度，安全衛生についての規定，家内労働手帳制度などを制定した。

9　社会保障，社会福祉政策

(1) 敗戦直後の公的扶助

　1945年，日本の敗戦後の混乱の中で，戦災者，引揚者，復員軍人，軍需産業からの失業者があふれて，まずそうした人々の生存に必要な援助を行なうことが不可欠であり厚生省は対策に追われていた。その中で戦時中に職業についていた女性，高齢者，年少者は，職場を壮年男子と交代することを求められた。食糧も不足する中でアメリカは占領地救済計画により食糧供給をはじめ，11月からは国際赤十字に代わって救済用物資の分配もGHQの仕事となった。敗戦

当時各種の扶助法の適用人員は，軍人扶助法298万人，救護法9万人，母子保護法9万人，医療保護法241万人だった。1945年12月には「生活困窮者緊急生活援護要綱」が閣議決定された。GHQは旧軍人，復員軍人を特別扱いすることを強く禁じるよう求め，たびたび覚書を日本政府に送ったが，中でも1946年2月のGHQ覚書SCAPIN第775号は，公的扶助の3原則を指示した。すなわち，(1)保護の無差別平等，(2)保護の国家責任の明確化，(3)最低生活の保障である。これは公的扶助に限らず，以後の日本の社会保障，社会福祉の指導原理となった（この3原則が出された真の目的は軍人優遇を排することだった）。

1946年5月には生活保護法要綱が閣議決定され，9月に公布，10月から施行された。これに伴い救護法等戦前からの救貧制度は廃止された。1946年11月には憲法が公布され，憲法第25条の精神を体して社会保障制度も整備されてきた。ここでいう社会保障制度とは「疾病，負傷，分娩，廃失，死亡，老齢，失業，多子その他困窮の原因に対し，保険的方法または直接公の負担において経済保障の途，生活困窮に陥ったものに対し，国家扶助によって最低限度の生活を保障するとともに公衆衛生および社会福祉の向上を図り，もって全ての国民が文化的社会の成員たるに価する生活を営む事が出来るようにする」ことである。[10]

1950年には旧生活保護法を改正して「日本国憲法第25条に規定する理念に基き，国が生活に困窮するすべての国民に対し，その困窮の程度に応じ，必要な保護を行い，その最低限度の生活を保障するとともに，その自立を助長することを目的とする」新生活保護法が制定された。

（2）社会福祉政策の基礎
① 終戦後の児童福祉政策

戦争末期から戦後にかけては女性の福祉よりもまず児童福祉が問題になった。戦災孤児，引き揚げ孤児が増え，現在の言葉でいえば，ストリートチルドレンに相当する街頭浮浪児の存在が問題になった。1945年9月には「戦災孤児等保護対策要綱」が決定され，孤児が独立した生活を営めるまで個人家庭への保護委託，養子縁組の斡旋，集団保護を行なうこととした。その後12月に先にも述

べた「生活困窮者緊急生活援護要綱」が閣議決定され、戦災孤児も生活困窮者の一部として取り扱うこととなった。また1946年4月には「浮浪児その他の児童保護等の応急実施に関する件」が出され、いわゆる一斉刈り込みによって浮浪児を保護施設に収容することも行なわれた。これらの児童のための一時保護所、児童鑑別所、児童収容保護所などが作られた。このような浮浪児対策を中心とした強制措置を伴う、いわば戦後処理的な緊急児童対策は児童福祉法に引き継がれることとなった。

アメリカ兵と日本女性との間の混血児問題、児童虐待問題等もあり、児童の問題に対処する基本的な法律として、1946年8月、児童福祉法が成立した。この法律は18歳未満の全ての児童を対象とし、「すべて国民は、児童が心身ともに健やかに生まれ、且つ、育成されるよう努めなければならない。すべて児童は、ひとしくその生活を保障され、愛護されなければならない」と国民の義務と児童の権利が規定された。児童相談所を都道府県に設置し、児童委員制度が創設され、児童福祉士も設置された。また、1947年3月に厚生省に児童局が設置され、児童福祉施設として保育所、養護施設、教護院、少年院などが設置された。これらの児童福祉施設へは希望によって入所するのではなく行政措置として入所することとされた。

1948年には妊産婦乳幼児保健指導要領、母子衛生対策要綱、児童福祉施設最低基準等が作られた。

1950年6月の厚生省「児童福祉調査」によれば適切な養護を欠く児童が9万3000人、不良化している児童が4万2000人、いわゆる「白痴」の児童が4万5000人、肢体不自由児6万800人に上っている。児童福祉施設入所人員数は1947年6月、17万5000人（うち保育所15万人）、1949年6月、25万7000人（うち保育所は21万7000人）となっている。

中でもこれ以降女性の生活や労働と深いかかわりをもつ保育所は当時、「日々保護者の委託を受けて、その乳幼児を保育する施設」とされていたが、幼稚園と混同されないように、1951年に「保育に欠ける乳児または幼児を保育することを目的とする施設」と改められた。その後、女性の就業の増加ととも

に保育所へのニーズが高まり，女性の就業を支える保育所の機能に期待が高まるが，あくまで保育所は児童福祉施設として保育に欠ける児童の健全育成を目指すという位置づけは変わらなかった。1950年には児童福祉の理念を明確に再認識することを目指して，児童憲章が宣言された。戦後の混乱期，窮乏期にあっても児童福祉の重要性についての関心は深かったことを示している。

そのほか身体障害者福祉法，精神薄弱者福祉法等の法制度も整えられた。

② 戦争未亡人・母子対策

戦争直後の混乱が落ち着いてきた1949年には，国会で「遺族援護に関する決議」「未亡人ならびに戦没者遺族の福祉に関する決議」が行なわれ，遺族への福祉施策実施の機運が高まっていった。1949年8月の厚生省の調査によれば全国の母子世帯数は61万世帯，その児童数は126万人であった。女性だけを対象とした援護制度はなかったが，未成年の子どもを抱えた戦争未亡人の経済的自立のための生活援護対策として，1952年「母子福祉貸付等に関する法律」が制定された。その後戦争未亡人だけでなく離婚，交通事故などによる母子家庭が増える中で，児童の健全育成の観点から1964年，母子福祉法が制定された。同法の事業には母子福祉資金貸付，母子福祉団体貸付，居宅介護事業，売店等設置の許可，母子福祉センター等の母子福祉施設の設置がある。当時男性稼ぎ手を失った母子家庭は，まず経済的に困窮することが多いので，その支援が急務とされた。

母子保健の観点からは1965年，母子保健法が制定され，母性の保護尊重，乳幼児の健康の維持増進がうたわれた。

高齢者福祉については当時は高齢者の数も少なく，1950年で65歳以上人口は総人口の4.9%であった。生活困窮高齢者は生活保護法の対象とされていたが，高齢人口が増加し，家族扶養が限界をみせる中で，1963年，老人福祉法が制定された。

(3) 社会保険制度の基礎的枠組み

戦前は戦時体制の一環として社会保険制度が整えられていた。1935年から賃

金労働者を対象とした健康保険，労働者災害扶助責任保険が施行され，1938年には国民健康保険，船員保険が制定された。1916年に厚生年金も施行され，1944年には女性にも強制適用となったが，保険制度としては成熟しておらず，保険料は徴収されたが給付される者はいなかった。

敗戦およびその直後からのインフレによって社会保険制度が壊滅状態となる中で，1947年，GHQはワンデル博士を団長とするアメリカ社会保障制度調査団を招き，日本の社会保障全般についての調査を実施し，1948年に勧告が出された。この勧告では各種社会保険制度の統合整備，無差別平等の生活保護制度の適用，公営病院組織の確立と公衆衛生保健活動の改善，社会保障に関する事務機構の一元化，社会保障に関する諮問機関の設置等を勧告した。この勧告はそれ以後の社会保障推進上，重要な指針となっていく。この勧告により福祉の基礎的制度が設計されたといえる。社会保険制度においては原則として男女の差別はないが，その想定している「標準的家族」は夫が世帯主で経済的に家族を支え，妻は専業主婦か家計補助的に働くとされていた。死別した寡婦や母子家庭には手厚い遺族給付があったが，離婚した妻は考慮されなかったのが大きな特徴であった。

雇用関係保険については，まず1947年に失業保険法，および労働者災害補償保険法が制定された。

健康保険も1948年に改正整備され，社会保険診療報酬支払い基金が設立され，公務員も被保険者となった。国民健康保険法も改正され，市町村公営の原則が確立し，1958年には新国民健康保険法が成立し，1961年までにすべての市町村は健康保険を設立すべきこととなった。1953年には日雇い労働者健康保険が制定されており，1961年には国民皆保険が実現している。しかし，被用者の健康保険と非被用者の国民健康保険は分立し，財政状況や給付条件も異なっていた。

1970年代になると高度経済成長の果実が社会福祉，社会保障の分野にも及びはじめ，1973年には老人医療費支給制度がはじまったが，高齢化とともに高齢者医療費が急増することとなり，その後多くの改正，新制度の設立が試みられることとなる。

年金保険については戦前軍人や官吏は恩給制度があり，官庁現業職員は共済年金があったが，民間企業の被用者は遅れて，1939年船員年金保険，1941年男子労働者・坑内夫対象の労働者年金保険，1944年女子も対象となる厚生年金保険が成立しており，保険料徴収ははじまっていたが，給付はなかった。

戦後，制度再建のため種々の対策が立てられたが，1954年に新たな厚生年金保険法が成立した。給付額は定額部分と報酬比例部分の合計とし，保険料は雇用主と折半，5年ごとの財政再計算を行なうこととなった。女性には退職の際それまでの拠出金に応じて脱退一時金が支払われることとなった。1961年には通算年金制度が創設され，転職して個別の制度で資格期間を満たさない者にも支給できることとなった。国家公務員，地方公務員など各種共済組合の年金制度はそのまま存続された。1959年には国民年金法が成立し，他の年金制度に加入していないすべての国民が個人として加入できることとなった。自営業者，零細企業に勤務する者は強制加入で，被用者保険加入者の被扶養者は任意加入[11]できるとした。被用者保険は世帯単位の設計であり，被扶養者は加入者の死別[12]後は遺族年金によってカバーされるが，離別後は無年金となり，掛金に比べ給付金が多いことから被用者の妻で任意に加入する者が徐々に増えていった。個人単位の国民年金と，世帯単位の被用者年金が並立することによって，共働き夫婦の年金給付水準が高すぎるとの批判も含め，社会保障制度の非合理な面が明らかになった。また法施行時に35歳以上の者は25年の標準的拠出年数に満たず年金が低くなるため補完的経過措置として老齢福祉年金，障害福祉年金，母子福祉年金の制度が設定された。

各種社会保険関係法においては原則的に男女の取り扱いの差はないが，遺族年金の受給資格の男女差，女性にかかわるものとしては出産に伴う母性保護規定と生計維持者である夫と死別した妻に関する母子福祉関係の優遇がある。被保険者の女性が出産した場合は分娩費，出産手当金および育児手当金が支給される。また厚生年金においては保険料は男子より低く設定され，老齢年金も男性が60歳支給，女性は55歳支給というように，女性の低賃金，単純労働を前提として優遇されていた。こうした優遇措置は次第に改められていき，また1985

年の改正によって基礎年金制度が導入されるとともに国民年金の任意加入制度は廃止となり，被用者の妻は第3号被保険者として無拠出で加入できることとなった。職場における女性の状況は地位，賃金など依然として男性と格差があり，それが保険給付の差に直結している。職場における平等と社会保険制度における平等は不可分であり，同時に解決していく必要がある。

注
(1) スーザン・ファー（ハーバード大学教授）はこれを女性政策同盟と名づけている。
(2) 上村千賀子（2007）『女性解放をめぐる占領政策』勁草書房。
(3) 内閣府男女共同参画局「女性の政策・方針決定状況調査」2006年11月。
(4) 注(2)に同じ。
(5) 津田塾大学，日本女子大学，東京女子大学，東京女子医科大学，聖心女学院大学。
(6) その後こうした主婦の無償労働を寄与分として評価するため，婚姻期間20年以上の夫婦の居住用不動産の贈与税の優遇等の措置が採られたのは1980年である。配偶者の相続分は当初3分の1，その後2分の1に引き上げられ，相続税においても優遇するなどの妻の座を強化する改正が行なわれた。
(7) 1949年には労働運動の激化を憂慮したGHQにより，GHQの指示に基づく新労働組合法が制定され，経済の興隆が目的から除かれた。
(8) 注(2)に同じ。
(9) 1958～59年，ヘップサンダル製造家内労働者がベンゼン中毒で死亡したことを契機に，1959年臨時家内労働調査会が設置された（ヘップサンダル事件）。
(10) 社会保障制度審議会，1950年。
(11) 主として妻。
(12) 多くは妻。

参考文献
浅倉むつ子（2004）『労働法とジェンダー』（双書ジェンダー分析7）勁草書房。
坂東眞理子（2005）「アメリカの戦後統治と日本の女性政策」『昭和女子大学女性文化研究所紀要』第32号。
百瀬孝（1995）『事典昭和戦前期の日本——占領と改革』吉川弘文館。
野口悠紀雄（2002）『1940年体制——さらば戦時経済』東洋経済新報社。
労働省婦人少年局編（1975）『婦人の歩み30年』労働法令協会。
総理府婦人問題担当室（1978）『婦人の現状と施策』。

第Ⅰ部　女性政策の変遷

安枝英訷・西村健一郎（2004）『労働法［第 8 版］』（有斐閣双書プリマ・シリーズ）有斐閣。
横山文野（2002）『戦後日本の女性政策』勁草書房。

第2章
高度経済成長時代の女性政策と日本型福祉社会

1　経済成長とその社会的影響

　1960年代の高度経済成長期は日本の経済だけでなく社会生活の全てに影響を与え，国民の暮らしも女性の暮らしも大きく変わった。女性たちの教育水準は上がり，雇用者は増え，家庭内の発言権は増し家計の管理も行なうなど個人としては大きく力をつけた。しかし男性が稼ぎ手（breadwinner）で，妻は専業主婦という性別役割分担はこの時期に強化され広く浸透した。高度経済成長期は，第1次産業の家族従業者が，第2次，第3次産業の被用者へと移動するとともに家庭のケア労働を女性が一手にひきうける過程でもあった。女性は補助的労働力とされ職場の差別は解消されず，政策決定への参画は低水準にとどまっていた。社会保障に関しては個人単位と世帯単位が混在したまま，国民皆保険・皆年金の制度がはじまり，平均寿命が長くなる中で高齢者を中心に少しずつ社会保障は充実していったが，家族（主婦）および企業の果たす役割が大きい，いわゆる日本型福祉社会が形作られた。

　その中で国連は1975年を国際婦人年とし，第1回の世界女性会議がメキシコシティで開催され世界行動計画が採択された。日本でも世界でもこれを契機として女性政策に新たな取組みがはじまり女性たちの政策決定への参加，差別の撤廃へと向けて大きく踏み出した。

　1956年の経済白書が「もはや戦後ではない」と宣言したように，戦争で壊滅的被害を被った日本の経済もこのころようやく戦前の水準を回復し，人々の暮らしも落ち着きはじめた。技術革新と設備投資によって生産は飛躍的に増加し

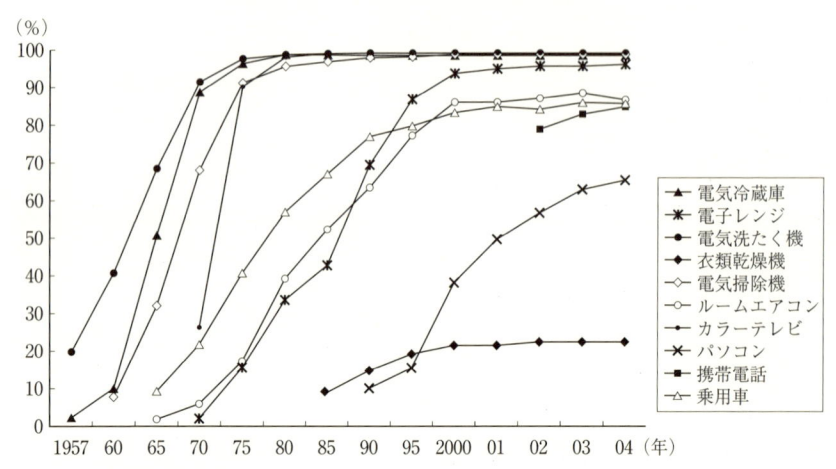

図表2-1　主要耐久消費財普及率の推移

凡例：
- 電気冷蔵庫
- 電子レンジ
- 電気洗たく機
- 衣類乾燥機
- 電気掃除機
- ルームエアコン
- カラーテレビ
- パソコン
- 携帯電話
- 乗用車

注：1．電気冷蔵庫，電気洗たく機の1957～60年，電気掃除機の1960年は非農家・郡市のみ。
　　2．乗用車の1965年は非農家のみ。
出所：内閣府「消費動向調査」より作成。

た。神武景気，岩戸景気，いざなぎ景気と好景気が続き，池田内閣によって所得倍増計画が発表された1960年からの10年間は，計画が想定した7.3%を超える年率10%以上の経済成長を記録した。1人当たり国民所得も1964年には633ドルまで増加し先進国の一角に達し，1968年には日本のGDPはアメリカに次ぐ規模となった。この間に日本の経済は工業化を進め，テレビ，電気冷蔵庫，洗濯機などの家庭電化製品が普及し大量生産・大量消費が人々の暮らしを変えていった（図表2-1）。

　この中で人口は増大したが，雇用はそれ以上に伸びて失業率は下がり，完全雇用に近くなり，中小企業や製造業の一部に人手不足さえみられる分野が出てきた。就業者の過半数を占めていた自営業，家族就業者は減り，雇用者が増加した。産業別では農業就業者が急速に減少し，製造業や流通業のような第2次，第3次産業就業者が増加した。女性は家族従業者として働く機会が減少し，専業主婦として家庭で家事，育児に専念する者が増える。戦後ベビーブーマーがちょうど出産育児期を迎えたこともあって，女性の労働力率は1975年に45.6%

と史上最低を記録する。

　青年たちは教育や就業のために故郷を離れて都市部に移動し，そこで結婚し，家庭を作った。都市部への人口集中が進むとともに世帯数が急速に増え，平均世帯人数は1950年代まで約5人前後を維持していたが，1960年4.54人，70年3.69人と急速に減少した。都市部では核家族が増加し，夫婦に子ども2人の家庭が標準家族と考えられるようになる。1968年の日本女性の合計特殊出生率は2.10だったが，西欧諸国も当時は日本より高い2.5～2.6程度だった。

2 「戦後家族体制」の確立

　憲法と民法の改正によって，夫婦を基本とする戦後の家族体制の枠組みは定められていたが，実質的に定着するのは都市部のサラリーマン世帯が増大していく高度経済成長期である。高度経済成長期は性別役割分担核家族という「家族の戦後体制」の確立期である[1]。第1章でみたとおり，家族法は婚姻によって形成される一代限りの婚姻家族を基本とし，法律婚を保護し，戦前10％近くを占めていた婚外子は1970年で0.9％と極めて少数となり，離婚も人口1000人当たり，0.9～1.1と低水準で安定していた。

　1952年の最高裁はいわゆる「踏んだりけったり判決」[2]において有責配偶者からの離婚請求を退け，1987年の判例変更により一定の条件の下で破綻している婚姻の離婚を認めるようになるまで，法律婚の「妻の座」は強力に守られた。夫は雇用者として長時間家庭を離れて働き，妻は家庭にあって育児，介護などのケア労働や家事を一手に引き受ける。企業は経済成長の中で熟練労働者を抱えておく必要があったこと，相対的に人件費が低い若い労働力が多かったので男性正社員には家族を養える水準の年功賃金と，安定雇用を保障するようになった。

　当時は恋愛結婚が増えつつあったが見合い結婚も多く，女性たちは23～24歳ごろの結婚適齢期に集中的に結婚し，20代後半の未婚率は2割以下と低かった（1970年国勢調査によれば25歳から29歳の女性の未婚率は18.1％）。国民のほとんどが

結婚し，1970年の婚姻率が人口1000人当たり10.0にたいし，離婚率は0.93と低く，日本の結婚は安定した制度として機能していた。出生率も1966年の丙午の落ちこみ（1.58）を除いて女性の合計特殊出生率は2.0前後を維持し，20代後半に2回出産する者が多かった。

　雇用者が増え，家庭と職場が分離し両立が困難になる中で，男性は家事，育児，教育を妻に任せ，企業の要求にあわせた異動・転勤をうけいれた。企業は男性社員に雇用の安定，すなわち不況になっても雇用を維持する代わりに好況時には長時間労働を要求し，配置転換も広く行なわれた。「男性は仕事，女性は家事」という性別役割分担はこの日本型雇用制度維持に不可欠でこの時期に一般の家庭に浸透する。

　家事育児のうち，1960年代から各家庭に洗濯機，掃除機，冷蔵庫などの家庭電化製品が普及し，また既製服や加工食品・インスタント食品が普及するとともに家事労働は著しく軽減される。しかし，清潔さ，教育の重視など家事への要求水準が上がり，家庭のマネージメント機能が加わるなど家事の内容が変化したこともあって，主婦の家事時間はNHKの生活時間調査でもほとんど減らなかった。そして，高度経済成長のはじまる直前の1959年，梅棹忠夫が「妻無用論」[3]で述べたように育児，教育が主婦の存在意義を高める仕事となっていく。

　1967年には住民登録法に代わって住民基本台帳法が制定され，世帯主および世帯主との続き柄の記載は統一された。「世帯とは，居住と生計を共にする社会生活上の単位であり，その世帯を主宰するものが世帯主である」「世帯を主宰するものとは主として生計を維持するものであり，その世帯を代表するものとして，社会通念上認められるもの」との住民基本台帳事務処理要領が出されている。

　アメリカでは1960年代に女性解放運動が盛んになるが，日本における影響は一部に限定され，60年代後半の学生闘争においても性別役割分担は問題にされることがなかった。

3　女性教育水準の上昇

　経済成長の中で各家庭は子どもを進学させる経済的余裕をもちはじめ，高校進学率は1965年の約50％から65年の70％，70年の81％まで急速に伸びた。

　1955年には女性の高校進学率は47.4％と男子の進学率を8ポイント以上下回っていたが，1965年には69.6％に伸び，男子との差も急速に縮まり，1969年には逆転している。

　しかし，男女共学が行なわれていても男女の役割分担は強調された。それを象徴しているのが家庭科履修をめぐる動きである。1956年の学習指導要領では男女の差異を強調し，外で働く男子には技術科，家を守る女子には家庭科の履修が望ましいとされたが，さらに1960年の学習指導要領では女子は原則として家庭科4単位を必修とすることとなった。1962年「高等学校家庭科教育の振興方策について」の中央産業教育審議会建議や，1966年「後期中等教育の拡充整備について」の中央教育審議会答申などにおいても女子の特性，家庭に責任をもつ家庭の経営者は女性であると強調された。たとえば1968年の「家庭の設計」（文部省社会教育局）は，女性の役割は第一に主婦，第二が妻，第三が母，第四が勤労者，第五が市民であるとし，核家族のチーフリーダーは所得を得る夫，サブリーダーは家事労働を行なう妻と位置づけている。1970年の学習指導要領改訂では高等学校の家庭科については従来の「原則として女子のみ必修」から「全ての女子に家庭一般を履修させるものとする」と女子必修は強化されている。

　女性の大学・短大進学率は1960年には5.5％に過ぎなかったが，1970年には17.7％に大きく増加している。しかしその内訳をみると短大が11.2％と約6割を占め4年制大学進学率は6.5％で，男性では4年制大学進学率が27.3％に達しているのに比べて少なく，大学生に占める女性の割合は2割あまりにとどまっていた（図表2-2）。

　また専攻分野も人文系や家政系，教育系が多く，理工系だけでなく社会科学

第Ⅰ部　女性政策の変遷

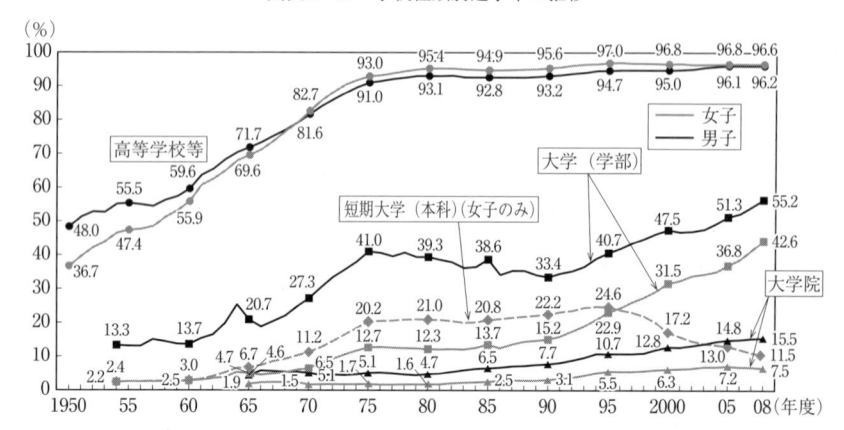

図表2-2　学校種類別進学率の推移

注：1．高等学校等：中学校卒業者および中等教育学校前期課程修了者のうち，高等学校等の本科・別科，高等専門学校に進学した者の占める比率。ただし，進学者には，高等学校の通信制課程（本科）への進学者を含まない。
　　2．大学（学部），短期大学（本科）（女子のみ）：浪人を含む。大学学部または短期大学本科入学者数（浪人を含む。）を3年前の中学卒業者および中等教育学校前期課程修了者数で除した比率。ただし，入学者には，大学または短期大学の通信制への入学者を含まない。
　　3．大学院：大学学部卒業者のうち，ただちに大学院に進学した者の比率（医学部，歯学部は博士課程への進学者）。ただし，進学者には，大学院の通信制への進学者を含まない。
出所：文部科学省「学校基本調査」より作成。

系も少なかった（図表2-3）。

　教職など一部を除いて高学歴女性の就職は少なく，1950年代より大卒女性の就職率は低下する。また就業しても結婚・出産で退職する者が多く，高卒，短大卒の女性が，事務員として補助的な業務につくのが一般的だった。

4　女性の労働

　高度経済成長の間に，就業構造の変化，職業別構成の変化，年齢別構成の変化が急速に進展した。まず就業構造は「国勢調査」によると，女性の雇用者は数のうえでも，就業者に占める割合でも増加を続け，高度経済成長がはじまる1960年には716万人，41.6％だったが，1970年には1084万人に増加し就業者に占める割合も53.3％と過半数を超えた。しかし，女性の就業率は1950年の60.1

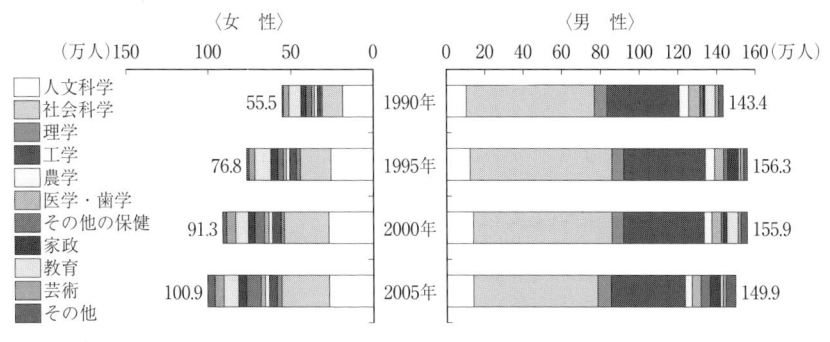

第2章　高度経済成長時代の女性政策と日本型福祉社会

図表 2-3　専攻分野別にみた学生数（大学（学部））の推移

〈女性〉　　　　　　　　　〈男性〉

```
人文科学
社会科学
理学
工学
農学
医学・歯学
その他の保健
家政
教育
芸術
その他
```

1990年　女性 55.5　男性 143.4
1995年　女性 76.8　男性 156.3
2000年　女性 91.3　男性 155.9
2005年　女性 100.9　男性 149.9

出所：図表 2-2 に同じ。

%から1960年の50.6%，1970年の46.1%と低下を続けた。

　年齢構成も変化した。女性の年齢別就業率をみると高度成長期以前の1950年には15～19歳層の就業率が54.5%，20～24歳層が62.7%，その後25～29歳で48.2%に低下するが，40～49歳層で53.1%にもどり，山も谷も明確でないなだらかなM字型を描いていた。出産育児期も家族従業者として就業している女性が多くいたからである。1970年になると高校進学率が高まったので15～19歳層の就業率は35%に低下し，20～24歳で69%にはね上がり，25～29歳で44.1%に低下し，40～49歳で63.4%と再び上昇するという谷も山も明確なM字型になってきた。20代の前半の山では雇用者が多く，40代の後半の山ではまだ農林水産業の家族従業者が多い。

　雇用者の数自体は増えているが，農業などで家族就業者として働く女性は大きく減少したので，前述のとおり女性の就業率は低下した。これは高度経済成長の中で，都市部への人口移動，核家族化の進展，男性の雇用者化の中で，女性の家族従業者が減ったことを反映している。女性雇用者は結婚前の若年短期型で，男性の長期雇用，年功処遇が高度経済成長期に一般に広がったのと時を同じくして性別役割分担もこの間に広がり，いわゆる専業主婦が増大した。1960年の夫は雇用者，妻は無職という世帯は1114万にたいし，夫も妻も有職の共働き世帯は614万で片働き世帯が主流だった（図表2-4）。

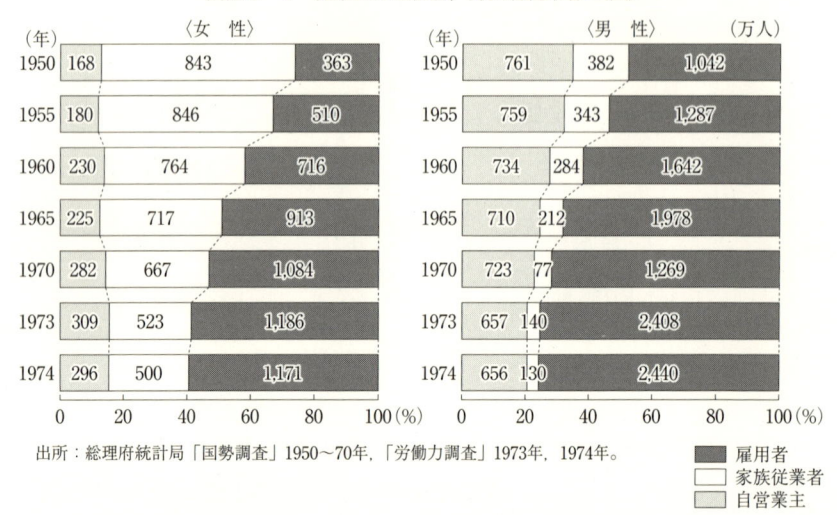

図表2-4　従業上の地位別，男女別就業者の推移

〈女性〉
(年)	自営業主	家族従業者	雇用者
1950	168	843	363
1955	180	846	510
1960	230	764	716
1965	225	717	913
1970	282	667	1,084
1973	309	523	1,186
1974	296	500	1,171

〈男性〉(万人)
(年)	自営業主	家族従業者	雇用者
1950	761	382	1,042
1955	759	343	1,287
1960	734	284	1,642
1965	710	212	1,978
1970	723	77	1,269
1973	657	140	2,408
1974	656	130	2,440

出所：総理府統計局「国勢調査」1950～70年，「労働力調査」1973年，1974年。

■ 雇用者
□ 家族従業者
▨ 自営業主

　企業は60年代から1973年のオイルショックまでは経済成長が続き，熟練労働力不足基調の下，男性を正規雇用者として長期安定的に抱え，オンザジョブトレーニング（企業内で実務を通じて訓練する）を施し，人事異動や転勤などを繰り返して人材養成を図る，いわゆる日本型雇用慣行が大企業を中心に広がっていった。給料は定期的に上昇し，職場でも責任と権限が増していく年功制は男性社員たちにとっても，熟練労働者を確保したい企業にも好ましい慣行だった。男性社員は景気が悪いときにも解雇されない代わりに好況時には長時間の残業をこなし，企業は社宅や家族手当，診療所などの福利厚生を整えコミュニティとしての機能も併せもち従業員にとって地域にかわる帰属先として忠誠心と愛情の対象となった。

　しかしそのような日本的雇用慣行の恩恵は臨時雇いなどの非正社員，中小企業の従業者，そして女性には及ばなかった。女性たちは結婚や出産までは雇用者として就業していても，出産子育ての期間は家庭に入り，その後30代後半から夫の収入を補うため就業するが，その多くは家庭に軸足を置いたパートなどの低賃金単純労働の非正社員としての不安定就業であった。

第2章　高度経済成長時代の女性政策と日本型福祉社会

　男性労働者を支える女性の家庭責任が強調され，育児，家事を行ないながら，安価な労働力として活用するためのM字型雇用が経済界から支持・要望され広がっていく。一方，幼い子どもを育てる母親の重要な役割が強調され，女性を基幹労働力として位置づけているのは教職や看護職など一部の職種に限られていた。

　60年代後半からは女性雇用者にたいする結婚退職制や若年退職制にたいする訴訟が行なわれるようになる。1964年に提起された住友セメント事件は結婚退職の念書に基づき結婚を理由に解雇されたケースである。66年，裁判所は原告勝訴とし，(1)合理的な理由のない性差別による契約は公序良俗に反し無効，(2)結婚するか，働き続けるか二者択一を迫るのは女性差別であると同時に，結婚の自由を侵害する，(3)結婚退職制には合理的な理由がない，と判決理由を述べた。その後も職場での性差別を禁止する法律がない中で「公序良俗に反する」として会社が敗訴する判例は積み上げられていく。(4)しかし，訴訟にまで至る事案は少なく賃金の安い若年未婚女性と中高年既婚女性が単純労働に従事するという体制が続いた。

　女性は結婚したら退職する，25歳（35歳）で退職する，出産したら退職するなどの明文化されない慣行をもつ企業も多く，これを採用の条件とする企業もあった。当時，女性が家庭をもち子育てをしながら男性と同様の残業や転勤の多い働き方を続けるのは不可能に近かったので，多くの女性は早期退職せざるを得なかった。早期退職が企業に女性差別の合理的な根拠を与えることになって，女性たちは補助的な仕事をするだけで訓練や人材養成の対象とされることは少なく，そのためさらに意欲を失い退職するという悪循環が定着していく。

　高度経済成長の後期，労働力が不足しはじめると子育て終了後の女性の就業が奨励されるが，ほとんどがパートなどの非正規雇用だった。男女の賃金格差は大きく男性が家計を支える家庭が大部分であった。それを前提とした社会保障制度や税制度が高度経済成長が終わった時期から構築されていき，それがさらにこうした性別役割分担型の職場と家庭のあり方を補強する役割を果たすようになる。

5　社会保障・社会福祉体制の整備と日本型福祉社会論

　高度経済成長がはじまる直前の1958年には国民健康保険法の改正，1959年には国民年金法が制定され国民皆年金，皆保険の枠組みができた。全ての国民が加入しているといっても雇用者とその家族が加入する職域保険・年金と自営業者とその家族が加入する地域保険・年金に分立しており，前者は世帯単位，後者は個人単位で設計されていた。産業構造の変化により職域ごとに財政基盤が異なる中で，安定度の異なる制度をどう維持していくかは大きな課題であったが，全体として人口構成が若かったので制度の統合でのりきり深刻にはならなかった。自営業者は資産や家業がありそれを子どもが継承すると考えられていたので，国民年金水準は高いものではなかった。

　公的年金における女性の位置づけに関しては被用者世帯の無業の妻，自営業世帯の家族従業の妻の扱いが大きな問題となった。国民年金は個人単位に設計されており，自営業の妻は国民年金に夫とは別に保険料を拠出する独立の被保険者として加入する。一方被用者の妻は夫の年金に加給されることで一定の保障はされていたが，自分名義の年金はもたず，離婚，障害などの場合保障されないことが当時から問題になっていた。しかし，負担能力の乏しい被用者の無業の妻を国民年金に強制的に加入させることは見送られ，任意加入とすることとされた。

　1954年の厚生年金保険改正では，老齢給付に配偶者にたいする扶養加算が導入される。

　1961年，1969年の改正でも妻の年金権の問題は先送りされ，とりあえず加給年金を増額して妻の地位の向上を図るとされた。その後の年金改正でも被用者の無業の妻に独自の年金は与えず，夫を通してカバーされる状態が84年改正まで続く。被用者の妻の国民年金への任意加入は徐々に増加し，78年当時は7割近くに達していた。遺族年金の水準が高く設計されたので，男女の賃金格差を反映して，自分の老齢年金より，夫の遺族年金のほうが高いという共働きの妻

図表2-5 児童手当制度の国際比較

事項	日本	フランス	スウェーデン	ドイツ	イギリス
支給対象児童	第1子から 小学校6学年修了前	第2子から 20歳未満	第1子から 16歳未満(義務教育修了前),20歳の春学期まで奨学金手当等	第1子から 18歳未満(失業者は21歳未満,学生は27歳未満)	第1子から 16歳未満(全日制教育を受けている場合は19歳未満)
支給月額	・第1子,第2子 0.5万円 ・第3子〜 1.0万円	・第1子 なし ・第2子 約1.7万円 ・第3子〜 約2.2万円 〈割増給付〉 11〜16歳 約0.4万円 16〜19歳 約0.9万円	・第1子,第2子 約1.6万円 ・第3子 約1.9万円 ・第4子 約2.7万円 ・第5子〜 約3.0万円 奨学金手当 児童が17歳以上でも学生の場合,児童手当と同額を支給	・第1子〜第3子 約2.3万円 ・第4子〜 約2.7万円	・第1子 約1.6万円 ・第2子〜 約1.0万円
所得制限	あり	なし	なし	原則なし	なし
財源	公費と事業主拠出金	家族給付全国基金,事業主拠出金,税	国庫負担	公費負担	国庫負担

注:各国の為替レートについては,日銀報告省令レート(2006年11月分)により換算。
出所:厚生労働省編『海外情勢白書 世界の厚生労働2004』,フランス家族手当金庫ホームページを基に内閣府少子化対策推進室において作成。なお,フランスでは第1子から3歳未満までを対象とする「乳幼児迎入れ手当」がある。

も多かった。

　児童手当は1972年の児童扶養手当法によりスタートしたが,貧困多子世帯への経済的支援と考えられていたので第3子以降,18歳未満の子をもつ世帯に所得制限のもとで支給された(図表2-5)。その後,1991年に支給対象は第1子からに拡大された。

　この時期社会福祉サービスにおいては,1960年精神薄弱者福祉法,1963年老人福祉法,1964年母子福祉法が制定され,従来の児童福祉法,身体障害者福祉法,生活保護法の福祉3法に加え福祉6法体制となったが,あくまで保育や介

護など福祉の基本は家庭で，すなわち主婦が担うと考えられていた。

福祉の中で女性の労働とのかかわりが大きいのは保育サービスである。

6　保育サービスの変遷

1947年の児童福祉法は第39条で「保育所は日日保護者の委託を受けて，その乳児または幼児を保育する施設である」と規定しており全ての児童に門戸を開いていたが，その後入所児童が急激に増加して財政的に対応できなかったことと，幼稚園との区別を明らかにするため，51年の改正で「保育に欠ける」という言葉が挿入される。これにより，保育所は全ての乳幼児の施設ではなく「保育に欠ける」乳幼児のための施設へと性格を変えた。

幼稚園は学校教育法上の施設で小学校入学前の児童が自由契約で教育を受けるために申し込む施設，保育所は公的機関の行政処分（措置）として入所する施設となった。53年以後は保育所の入所児童の伸びは鈍化したが，ニーズは引き続き大きかった。

しかし1960年の中央児童福祉審議会意見でも家庭教育の重要性がうたわれ，63年の保育制度特別部会中間報告「保育問題を考える」では家庭保育重視の「保育7原則」が打ち出される。とくに第一原則では両親による愛情に満ちた家庭保育，第二に母親の保育責任と父親の協力義務があげられており母親の保育責任を強く打ち出している。同年の家庭対策特別部会「家庭対策に関する中間報告」でも家庭重視が強調されており，母親の就労を児童の福祉，健全育成の視点から問題視している。

この背景には経済成長の中で増加する少年非行，共働きや離婚の増大などに危機感がもたれたこと，またボゥルビー（J. Bowlby）の「母性剝奪が子どもの健全な発達を妨げ，生涯にわたって影響する」という説が受け入れられ母性へのノスタルジーと相まって「母性神話」を形成したことがあげられる。[5]

1961年の児童局長通達では保育所入所措置基準は，(1)母親が居宅外で就労する場合，(2)母親が居宅内で労働に従事する場合，(3)母親のいない家庭，(4)母親

の出産・疾病等，(5)母親が病人等の看護に従事している場合，(6)災害等の場合，(7)その他子どもを養育できない場合の7項目があげられている。

しかし，共働きの増加，核家族化の進展は保育ニーズを増大させ，抜本的な対策を必要としていた。1966年には「児童福祉施策の推進に関する意見」が出され，1967年4月から厚生省は保育所緊急整備5カ年計画を策定し，約36万人の保育所定員増を図る。さらに，1968年12月に中央児童福祉審議会は「当面推進すべき児童家庭対策に関する意見具申」を出し，従来否定的だった乳児保育にたいしても受け入れる方向を示した。しかし，その対応はニーズに押されてやむを得ないという消極的なもので，家庭保育，とくに母親との親密な関係を推奨する姿勢は変わらなかった。

理想は家庭保育，しかし現実対応のためやむを得ず低年齢保育も整備しなければならない，という矛盾したメッセージは保育所に子どもを預けて働く母親に一種の罪悪感を植えつけた。とくに小児科医は子どもの心身の健康を優先する立場から母親の就業に批判的な立場をとる者が多かった。たとえば1979年には保育所に子どもを預けて働くことに批判的な久徳重盛の『母原病――母親が原因で起こる子供の異常』（教育研究社）がベストセラーになった。

保育関係者にもこの姿勢は浸透しており，当時は子どもが幼い間は母親は働くべきではないという考え方が一般的で，3歳未満の児童を受け入れている保育所は極めて少なかった（図表2-6）。

それでも保育のニーズは増大しつづけ，働く母親たちの中には足りない保育サービスを自分たちで調達する共同保育所運動を行なう動きもあった。60年代後半に誕生した大阪市，東京都などのいわゆる革新自治体では，保育所を求める働く母親のニーズに応えようとして国の基準以上の保育所の整備が図られた。

また小中学校の女性教員の比率が増加する中で，1961年11月には「女子教育職員の出産にさいしての補助教育職員の確保に関する法律」が成立し，産休教員の確保が図られることとなったが，それでも保育所がないため退職する教員は多かった。社会党は女子教員の育児休業法を1967年，68年と提出するが，審査未了，廃案になっている。1975年，「義務教育の女子教員，国公立病院の看

第Ⅰ部　女性政策の変遷

図表 2-6　年齢別認可保育所入所児童数の推移（1956年）　　　（人）

年	計	1歳未満	1歳～2歳未満	2歳～3歳未満	3歳～4歳未満	4歳～6歳未満	6歳以上
1951	580,485 (100.0)	410 (0.06)	2,099 (0.33)	—	463,540 (77.06)		114,436 (22.55)
1955	923,724 (100.0)	551 (0.09)	2,121 (0.32)	14,582 (2.23)	740,431 (71.96)		166,039 (25.40)
1960	689,296 (100.0)	782 (0.11)	6,364 (0.92)	23,577 (3.42)	423,087 (61.38)		235,486 (34.17)
1965	829,740 (100.0)	1,286 (0.14)	9,379 (1.13)	32,152 (3.88)	540,419 (65.14)		246,504 (29.71)
1970	1,131,361 (100.0)	3,047 (0.27)	19,696 (1.74)	60,792 (5.37)	148,933 (13.16)	608,623 (53.80)	290,270 (25.66)
1973	1,303,218 (100.0)	7,790 (0.60)	38,148 (2.93)	106,766 (8.19)	201,116 (15.43)	805,563 (61.81)	143,835 (11.04)

注：（　）内は構成比，％。
出所：厚生省「社会福祉統計」。労働省婦人少年局「婦人の歩み30年」（1975年）。

護婦，保母の育児休業に関する法律」が成立し，これら3業種に限って，1年間の無給の育児休業が制度化された。

これより先の1965年，多数の女性が電話交換手として働く電電公社（当時）において育児休業が全電通の要求で制度化された。無給だが2年間の休業を認め現職復帰を保障する画期的なものだったが，他の企業には普及しなかった。

7　税における女性の位置

1950年，日本の政府は財政健全化のためGHQが招いたシャープ博士の勧告に基づいて税制改革を行ない，所得税の課税単位は原則として個人単位となった。1953年には税制調査会が設置され，その勧告に基づき毎年のように所得税減税が行なわれた。その内容は基礎控除・扶養控除の引き上げ，および税率の引き下げであった。1人目の扶養控除（実質的には配偶者控除）がそれまでの1800円から1万2000円に引き上げられた。さらに59年の6万5000円まで毎年引

き上げられた。自営業の妻にたいしては青色専従者控除が54年から8万円設けられた。

　1960年の税制調査会の答申に基づいて1961年に実施された税制改正においては配偶者控除が創設され基礎控除と同額とされた。配偶者控除の創設は事業所得者の妻に専従者控除が認められたのとバランスを取ったものだが、配偶者の貢献いわゆる内助の功が税制上認められ、専業主婦の擁護、そうした妻をもつ夫への税制上の優遇がこの時期からはじまった。それ以後も配偶者控除は基礎控除と同額ずつ引き上げられてきた。また児童扶養手当、同居老親扶養控除などこうした家族関係の控除が増大した。1961年に配偶者控除が創設されたときは基礎控除、配偶者控除はともに9万円であったが、70年にはともに18万円に、75年には26万円に引き上げられてきた。

　このように自然増収が続く中で、当時の大蔵省は税率を上げないで、こうした諸控除で減税して重税感の緩和を図ったが、こうした配慮により本来個人単位の税体系が世帯単位の色を濃くしていく。しかし、夫婦の所得を合算してその半分に課税する2分2乗方式は高額所得者に有利として、見送られた。

　先にみた被用者年金が世帯単位だったこととあわせ、日本の税・年金制度は夫が稼ぎ手で、妻は専業主婦という世帯を標準とし、そうした世帯と専業主婦の優遇への配慮が積み重なっていくこととなる。

8　妻の座の強化と家族法の改正

　所得税制度だけでなく相続にあたっても法律婚の妻は優遇される。
　1975年、法制審議会民法部会の報告では相続制度に関する改正が提言された。配偶者相続分の引き上げ（民法第900条）、兄弟姉妹の代襲相続の制限（同第889条第2項）、遺産分割基準の改定（同第906条）、遺留分の改定（同第1028条）、寄与分制度の創設（同第904条の2）である。法定相続分が配偶者と子どもの場合、妻が3分の1、子どもが3分の2とされていたものが、妻2分の1、子ども2分の1に改正された。親と妻が相続者の場合は妻は3分の2、兄弟と相続する

場合は4分の3であり，妻の相続分は増加した。

　民法改正にあたって，現行の夫婦別産制か夫婦財産共有制か，意見が分かれたが，相続分の引き上げで「内助の功」を評価することになった。妻の相続分については相続税がほとんどかからない。相続にあたって家産は子どもに伝えるべきものという性格が薄れ，配偶者の内助の功を評価する方向に変化した。1980年には婚姻期間が20年以上の夫婦の間で，居住用不動産または居住用不動産を取得するための金銭の贈与が行なわれた場合，基礎控除110万円のほかに最高2000万円まで控除（配偶者控除）できるという特例が設けられた。

　これより前，1976年に家族法が改正されて婚氏続称制度が創設される。これは民法第767条は「婚姻によって氏を改めた夫又は妻は，協議上の離婚によって婚姻前の氏に復する」としているのを第2項を加え，離婚後3カ月以内に届出をすれば婚姻中の氏を称することができるようにしたものである。あわせて戸籍法も改正され，離婚後の氏についての規定が設けられた（戸籍法第77条の2）。

　このほか，主要な改正として嫡出出生届の届け出義務者の順位変更が行なわれ，父母を同順位で1位とした。

　このように法律上の妻の座は強化され，中でも夫が死ぬまで添い遂げて死別した妻については相続においても，遺族年金においても内助の功が評価され優遇された。

9　女性の意識

　高度経済成長当時の女性の結婚や就業，家庭に関する意識をみてみよう。戦後家族体制が1970年代までに個人の意識に深く浸透していることがわかる。
　1972年10月，総理府に設けられた「婦人に関する諸問題調査会議」（議長，中川善之助）は婦人に関する施策の基礎資料とするため総合的な調査を実施した。18歳以上の女性2万人を対象として大規模な「婦人に関する意識調査」（総理府広報室）が行なわれている（このほかにも農村女性や男性の意識調査もあわせて行

なわれている)。

　この調査から結婚についての意識をみると「是非結婚したい」(32%)、「是非というわけでないが結婚したい」(36%) という者が女性未婚者の68%を占め、20代未婚者では80%に達している。「生涯結婚する気はない」という者は2%にとどまっている。結婚したい理由としては「なんといっても結婚は女の幸福だから」(34%)、「結婚するのが当たり前だから」(25%) が多く、「みんなが結婚するから」(10%) という理由をあげる者も含め結婚が意味や効用を考えるまでもない社会的規範として考えられていたことがわかる。高い婚姻率、低い離婚率を支えた家族観が浸透しており「精神的に安定するから」(22%)、「経済的に安定するから」(10%)、「社会的に安定するから」(10%) などの具体的効用を期待する者より多かったのである。

　しかし年齢が若い女性ほど結婚は「女の幸福」「当たり前」という者は少なく、結婚観が急速に変わっていくことが推察される。

　夫婦の役割分担に関しては「夫は外で働き、妻は家庭を守る」という考え方に「賛成」、「どちらかといえば賛成」の者は男女とも80%以上を占め、「反対」、「どちらかといえば反対」という者は女性11%だが、男性と平均すると10%に満たない。この時期には性別役割分担が国民の意識に根づきそれが当然と考えられていたことがよくわかる (図表2-7)。その3年後、1975年、国際婦人年に開催されたメキシコ大会で「性別役割分担は女性の能力発揮を妨げる障害」とされたのは、こうした役割分担観にたいする大きな挑戦となる。

　女性のライフコースについても「出産後もできるだけ働き続ける」は6%に過ぎないのに比べ「出産まで働く」28%、「出産で一旦勤めを止め、子どもが大きくなってから再び勤める」というM字型就労を支持する者が53%と圧倒的に多く、女性のほうが男性以上に家庭志向が強い。共働きの女性にたいして、「夫の身の回りの世話が十分できているか」という質問も行なわれており、妻は夫や子どもの身の回りの世話をするのが義務と考えられていた。それだけに妻の「内助の功」を評価する声も強くなっていた。先にみたとおり、配偶者の遺産相続分の引き上げ、所得税における配偶者控除の創設など、この時期の女

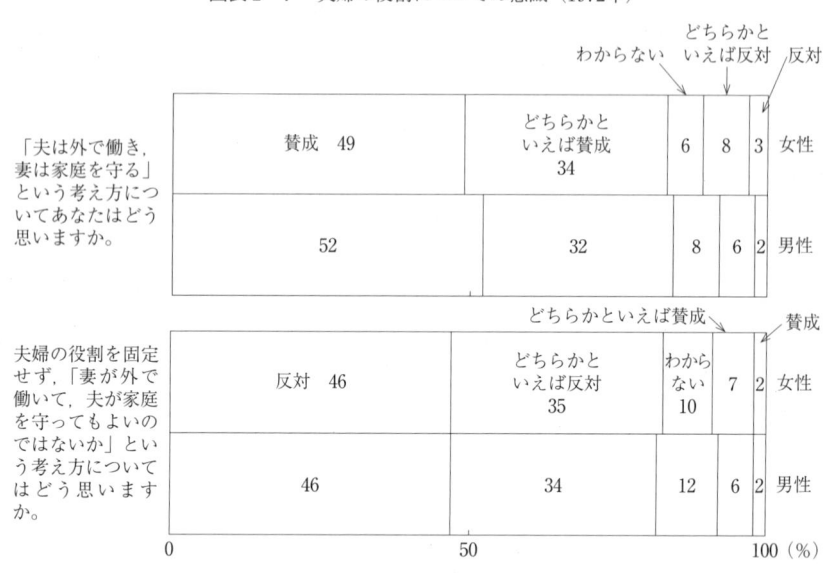

図表 2-7　夫婦の役割についての意識（1972年）

質問	賛成	どちらかといえば賛成	わからない	どちらかといえば反対	反対	性別
「夫は外で働き，妻は家庭を守る」という考え方についてあなたはどう思いますか。	49	34	6	8	3	女性
	52	32	8	6	2	男性

質問	反対	どちらかといえば反対	わからない	どちらかといえば賛成	賛成	性別
夫婦の役割を固定せず，「妻が外で働いて，夫が家庭を守ってもよいのではないか」という考え方についてはどう思いますか。	46	35	10	7	2	女性
	46	34	12	6	2	男性

出所：総理府広報室「婦人に関する意識調査」（1972年）。

性政策は「妻の座」を強化するものと考えられていた。

　他の質問としては「男女の地位は平等になっている」という者は17.5％に過ぎず，62.3％が「平等ではない」と答えている。平等でない点としては「社会通念や慣行」があげられている。

10　高度経済成長期の女性政策の特徴

　このように戦後の夫婦を中心とする家族にかかわる制度改革は高度経済成長の結果，国民に浸透し，政策もそれを補強する方向で進んだ。それは経済成長の成果を社会保障に向け，福祉国家を目指す方向ではなく，家族単位あるいは企業内で福祉を提供するものであり，日本はエスピン-アンデルセンの3類型とは異なる方向へ踏み出す。その中で性別役割分担は強化され，企業は女性を縁辺的労働者としてだけ活用し，男性正社員を長期安定雇用，企業内教育訓練，

年功序列賃金と福利厚生によって処遇し，企業・家庭中心の日本レジームともいうべき福祉体制が形作られていく。

高度経済成長がオイルショックによって終わりを告げ，安定成長期に移行したのち財政制約が高まる中で社会保障を充実させる予算を抑制し，「より質の高い，個別性にこたえる福祉サービスは家族によって提供される」とする日本型福祉社会論が提起される。しかしこれは家庭がより小規模化，脆弱化する中で実現不可能であり女性の変化を考慮しない議論だった。

その後国際的な女性の役割の見直し，女性の高学歴化，長寿化が進む中で生じた長い介護期間，将来の労働力不足に対応した女性労働力の活用の必要性，これまで主に女性が負担していた育児，介護，家事などについての役割分担の見直し等の点から，従来の価値観を変革していく必要が生じてきた。

具体的には，(1)女性が差別なく働ける職場変革，(2)育児，介護の社会化による公的サービス・民間サービスの導入，(3)男性の長時間労働や企業中心の価値観の変更，(4)男性の家事や育児にたいする理解や分担，(5)男性の女性にたいする意識変革などである。しかしこうした変革は高度経済成長期に適合し確立したシステムを変えることであり，それに対し大きな抵抗，困難があった。また，欧州諸国に比べ遅れて福祉政策の充実をはじめた日本はまだ社会保険財政的に余裕があり，根本的な改革を先送りできた。本来ならばこの時期は財政的にも余力がありケアを家庭にまかせず，改革する好機だったが，年金水準の向上に国民の関心がむいていた。これが，第Ⅱ部でみるように欧米諸国との差をもたらしている。

注
(1) 落合恵美子（1997）『21世紀家族へ（新版）』有斐閣。
(2) 最判昭和27年2.19民集6巻2号。夫が別の女性との間に子どもをもうけたことを怒った妻が暴力を振るい，夫は家を出てその女性と同居し，離婚を請求した事案である。夫婦関係の破綻の責任は夫にあるとして，有責配偶者からの離婚を認めなかった。
(3) 「妻無用論」『婦人公論』1959-6。梅棹忠夫（1988）『女と文明』中央公論社，223頁。

第Ⅰ部　女性政策の変遷

(4) 1965年，小野田セメント事件「有夫の女子，30歳以上女子」の指名解雇を無効とした。
(5) 大日向雅美（2000）『母性愛神話の罠』日本評論社。バダンテール，E. 鈴木晶訳（1991）『母性という神話』筑摩書房。
　　第2次世界大戦後の戦災孤児収容施設を調査した児童精神医 J. ボゥルビーによると施設に収容されていた子どもたちには，ホスピタリズムと呼ばれる一連の心身の発達に問題が出る症状が現れていた。とくに3歳未満児に顕著だった。彼はホスピタリズムの原因は，「母性的養育の欠如」であると結論づけ，かつその悪影響は生涯に及ぶと述べた。

第3章
安定成長期からバブル経済期の女性政策
―――性別役割分担と差別撤廃―――

1 社会的，経済的背景

　日本経済は高度経済成長期の後も1973年の第1次オイルショック，80年の第2次オイルショックも乗り越え，安定的な経済成長を続けた。石油を原材料とする重化学工業や一般的な家庭電化製品だけでなく，高付加価値の技術水準の高い製品を生み出すようになり，円がドルにたいして次第に高くなって価格面で優位を失っていたにもかかわらず，品質の点で国際競争力を増し膨大な国際収支黒字を積み上げていった。

　高度経済成長期に急激に進んだ雇用や家庭の変化は社会に浸透し，男性は雇用者として家族を養い，女性は家庭で育児や介護，家事などに従事するという性別役割分担がより広く定着した。職場の雇用管理も社会保障制度や税制もそれを定着させる方向で設計され調整された。高度経済成長期に若年・未婚の雇用者として就労した女性の多くは結婚・出産後，低年齢児を受け入れる保育所定員が極めて少ない中で退職して家庭に入った。企業は人件費を抑えるため女性に関しては若年定年制や結婚退職制，出産退職制を規定しているところが多かった。1966年の住友セメント事件以降，若年退職制は民法第90条に違反する[1]制度として企業側は敗訴を続けていたが，明文化されていなくても強制されなくとも慣行として多くの女性が退職していた。

　1978年に出版されたハーバード大学教授エズラ・ボーゲル博士の『ジャパンアズナンバーワン』は長期勤続・年功序列を基本とする日本的雇用慣行や，政府と企業の緊密な連携，長期的経営方針，高い初等・中等教育水準，社会や家

庭の安定などを高く評価して，日本人に大きな自信を与えた。

　当時人々の関心を集めていたのは高齢者問題である。豊かさの中で日本人の平均寿命が急速に伸び，総人口に占める65歳以上人口の割合も急激に増加していた。当時大半の企業で55歳だった定年は1985年（昭和60）までに60歳に引き上げるよう企業努力が要請され，昇進・昇給の50歳代前半での頭打ちなど賃金制度の手直しが行なわれた。

　女性と男性の定年に差を設けた伊豆シャボテン公園事件，日産自動車事件ではいずれも会社側が敗訴し，秋田相互銀行事件でも男女別賃金体系が違法とされた。しかし女性の勤続年数は伸びず，育児後再就職して女性はパートタイマーとして働くようになっていった。

　福祉関係予算は高度経済成長が終焉するとともに，「福祉見直し」の機運が高まり，「日本型福祉社会」が唱えられた。福祉予算は年金・医療にむけられ，福祉サービスの需要は増えていたが，急激に増える高齢者の介護は家庭の責任とされ，大平内閣では「家庭基盤充実構想」が提示された。

　筆者は1980年，経済企画庁国民生活局国民生活政策課課長補佐として報告書「日本の家庭——家庭基盤充実のために」，いわゆる家庭白書を執筆した。当時3世代同居は福祉の含み資産といわれ，スウェーデン型の高福祉高負担は経済の活力を失わせると批判されていた。筆者の問題意識は「家庭の福祉機能にたいする期待は高まっているが，小規模化，核家族化，雇用者化，都市化，そして女性の家庭外就労によって家庭の基盤はもろくなっている現実を認識し，公的サポートが必要」というもので各種の統計からそれを実証したが，その声は小さく，経済企画庁内部では理解されたが，自民党にも論壇にも十分な説得力をもたなかった。

　「日本型福祉」という言葉が注目を集めたのは，1979年に出された自由民主党の政策研修叢書『日本型福祉社会』からである。その内容を大沢真理は次のようにまとめている。

　①「ナショナル・ミニマム(3)」の概念は有害無用であって，国家による

「救済」はハンディキャップをもつ場合に限る。②リスクは基本的に個人（家族，親類を含む）が負担する。③「結果の平等」を追求するような政策は，「堕落の構造」を生む。④企業と競争的市場にまかせたほうが効率的な福祉を提供する分野が大きい（たとえば供給住宅）。

ここで考えられている「日本型福祉」とは，個人の生活を支える安定した家庭と企業を前提にし，さらに個々人が市場から購入できる各種の福祉によってそれを補完し，国家は最終的に最低限の保障のみを提供する，という「小さな政府」を想定している。中曽根内閣における臨時行政制度調査会は日本経済の活力を保つためには将来にわたっても税と社会保障を合わせた国民負担率を50％以下にするという目標値を打ち出した。アメリカのレーガン大統領のレーガノミクス，イギリスのサッチャー首相が規制緩和，民営化，自由競争，福祉削減などを柱とする新自由主義路線で経済を活性化させていた世界的風潮が影響したが，日本型福祉論ではそうしたアングロサクソン的な民間企業に福祉サービスへの参入を促進するのではなく，伝統的な家族，すなわち妻や嫁に福祉の担い手としての役割を期待するのが大きな特色である。

また，その後1986年に発表された『厚生白書』昭和61年版の社会保障制度の基本原則の中には，上記の「日本型福祉」の視点をさらに明確化した文章をみることができる。「『自助・互助・公助の役割分担』。『健全な社会』とは，個人の自立・自助が基本で，それを家庭，地域社会が支え，さらに公的部門が支援する『三重構造』の社会である，という理念にもとづく」。こうした日本型福祉社会論は性別役割分担を前提としており，女性が妻として，母として，嫁として家庭にあって無償の福祉の担い手となることが期待されていた。

しかし，こうした機能を担うと期待された家庭・家族は都市化・雇用者化が進む中で，多世代世帯は減少して核家族化・小規模化が進み，家産・家業を失い脆弱なものとなっていた。各種意識調査によれば，各年代で男性は伝統的家族を支持していたが，嫁姑の当事者である女性は核家族化の支持者だった。既婚女性の就労は家庭の福祉機能を阻害すると批判されながらも，一方で企業は

安価な労働力を求めていたので子育てを終えた女性たちがパートタイマーなどで「家庭に迷惑をかけない」範囲で働くのは歓迎された。非正規雇用と正社員の処遇格差は、「女性だから」、「家計補助だから」と問題にされることはなかった。その中で、配偶者特別控除、配偶者の法定相続分の引き上げ、公的年金制度における第3号被保険者などの妻の座を優遇する政策は着々と実行された。[6]
第2章でもみたとおり1980年の民法改正で配偶者の相続分の引き上げ（民法第900条）、兄弟姉妹の代襲相続の制限（同第889条第2項）、寄与分制度の新設（同第904条の2）などが行なわれた。子どもの数が減り、また女性の平均寿命が伸び、女性が夫の死後長い老後を生きるようになった中で、その資金として、また「内助の功」の評価として女性＝妻の相続分を増やそうという考えは自民党にも受け入れられた。しかし、非嫡出子の相続分を嫡出子のそれと同じくしようという案は、法律婚を守るという趣旨から時期尚早として見送られた。

女性の教育水準はこの時期にも徐々に高まっていったが、4年制大学より短期大学への進学が多く、また女性の特性に適した専攻とされた家政系、人文系への進学が多く、社会科学系・自然科学系への進学は少なかった。企業は女性を経営幹部にすることは想定しておらず、若年時に補助的な業務につき、出産育児で退職する前提で採用していたので、大学・短大での専攻は教養系でよしとされていた。また高校の家庭科は女子のみ必修で、女性の特性を尊重しようという論は根強かった。

少子化はまだ顕著ではなかったが、次第に初婚年齢が上がりはじめ、3人以上の子どもをもつ家庭は少なくなり、出生数や合計特殊出生率も1970年代前半の第2次ベビーブームの後、緩やかに低下していたが政府も民間も危機感はなかった。

2　国際婦人年と世界女性会議

日本の政策は女性を再生産の担い手として位置づけ、家庭外への社会的進出を促進するものではなかったが、この時期の日本国内の女性政策の推進に大き

な影響を与えたのは国連の動きである。

国連は1945年の設立当初から国連憲章に人権保障に関する規定を設けており，「性による差別の撤廃」に積極的に取り組んできた。女性にかかわる国連の機関は総会の第3委員会のほか経済社会理事会の下に「女性の地位向上委員会」（Committee for Status of Women: CSW）が置かれており，ここで法律上，事実上の男女平等達成の方法を追求してきた。

1952年には婦人参政権条約，1966年には人権条約にかかわる社会権規約，自由権規約，自由権規約第1選択議定書の採択が行なわれ，1967年11月には4年間にわたる草案討議を経て女子差別撤廃宣言を採択している。この宣言は政治，教育，雇用，結婚，家庭等において婦人の権利の行使を阻む法律，習慣，態度の排除を目的とし，男女平等にとって必須の権利を列挙している。1979年12月にはこれを発展させ国際条約として強制力をもった「女子差別撤廃条約」が採択された（後述）。このような文書づくりと並行して国連は各国政府，国際世論に直接働きかける啓蒙行動にも乗り出した。

1972年，国連総会は1975年を「国際婦人年」(7)に指定し，6月19日から7月2日にかけて，メキシコシティで「国際婦人年世界会議」を開催した。そこで「世界行動計画」や「メキシコ宣言」（男女の平等と開発，および平和への婦人の寄与に関する1975年メキシコ宣言）など30以上の決議，決定を採択し，80年に第2回の世界会議を開くよう勧告した。また，1976年から85年を「国連婦人の10年」とすることが1975年12月の国連総会で決定された。

1980年には「国連婦人の10年・中間年，1980年世界会議——平等・発展・平和」がデンマークのコペンハーゲンで7月14日から30日まで開催され，「国連婦人の10年後半期行動プログラム」を採択した。この後半期プログラムは平等・発展・平和の3目標の達成を目指す中で，雇用，教育，保健を発展の重要な要素として捉え重点を置いている。また，前半期に達成された成果を評価し，この期間中にみえてきた障害を克服するため，48の決議案が採択された。この会議開催中に女子差別撤廃条約の署名式が行なわれ，51カ国が署名した（それ以前の署名国は13カ国，1カ国が署名と批准書寄託，1カ国が批准書寄託）。日本政府

は当初批准に必要な国内制度の整備のめどが立たず、署名しない予定であったが、そのことが新聞で報道されると、女性団体、女性議員の強い反対運動が盛りあがった。そのため婦人問題企画推進本部は「国内法制の整備を行なう」との申し合わせを行ない、閣議決定を経て署名をした。さらに1985年「国連婦人の10年」の最終年にはケニアのナイロビで第3回世界婦人会議が開催された。この会議ではこれまでの実績について検討と評価を行なうとともに、将来に向けての「西暦2000年に向けての女性の地位向上のための将来戦略（ナイロビ将来戦略）」を採択した。そこでは発展途上国の要望に応えて「平和的生存の権利」「発展の権利」にかかわる人権の保障が、色濃く盛り込まれている。

ナイロビ世界会議以降は国連婦人の地位委員会が中心となって、ナイロビ将来戦略の実施状況の検討および評価を行なうとともに、第4回世界会議の準備にあたった。

1990年の第34回婦人の地位委員会はナイロビ将来戦略の見直しと評価を行ない、「第1回見直しおよび評価に基づく勧告および結論」がコンセンサスで採択された。その勧告および結論は経済社会理事国で採択されるとともに総会決議に反映され、各国政府、国際機関、およびNGOにたいしその実施が要請された。

3 人権尊重気運の高まり

当時の大きな国際的潮流は人権の尊重、中でも女性にたいする暴力の撤廃への関心の高まりである。1993年6月にはウィーンで世界人権会議が開催され、171ヵ国の代表と国際機関の代表、NGOなど約7000人が集まり、ウィーン宣言と行動計画をコンセンサスで採択した。その際に強調されたのは"Women's right is human right（女性の権利は人権である）"というスローガンである。行動計画において6つの項目のうちの一つに平等、尊厳および寛容に関する項目を設け、そのうち9つのパラグラフで女性の人権、女性の地位の平等について言及している。女性の人権尊重の立場から女性にたいする暴力根絶が行動計画

に盛り込まれ、1993年12月「女性に対する暴力の撤廃に関する宣言」が国連総会において採択された。また1995年、北京における第4回世界女性会議で採択された行動綱領では、「女性に対する暴力」が12の重大問題領域の一つに位置づけられた。

　1994年には、エジプトのカイロで国際人口・開発会議（ICPD）が開催され、179カ国の代表が出席し行動計画を採択した。そこには出産する性としての女性の諸権利が盛り込まれている。第一の「原則」において、男女間の平等、とくに女性の出産調整の権利が人口問題解決のための鍵とされている。第4章（両性間の平等、公平および女性のエンパワーメント）において、(1)両性間の平等、(2)あらゆる社会活動における意思決定プロセスへの女性の参加、(3)教育機会の促進をあげ、そのために各国政府に女性に対する差別の撤廃、暴力の根絶などの措置を採るよう求めている。第7章はリプロダクティブ・ヘルス／ライツの概念、およびその実現のための行動が規定されている。リプロダクティブ・ヘルス／ライツとは、人々が安全で満ち足りた性生活を営むことができ、生殖に関し自ら決定する自由をもつことを意味し、2015年までに全ての個人がプライマリーヘルスケア制度を通してリプロダクティブ・ヘルス／ライツが得られるよう努力するものとされた。いつ何人子どもを産むか産まないかを選ぶ自由、安全で満足のいく性生活、安全な妊娠・出産、子どもが健康に生まれ育つことなどが含まれており、また、思春期や更年期における健康上の問題等、生涯を通じての性と生殖に関する課題が幅広くカバーされている。女性の地位の向上が今後の人口政策の大きな柱となるべきことが合意された。このため、人口政策の焦点がそれまでの国レベル（マクロ）から個人レベル（ミクロ）、中でもとくに女性に大きくシフトした。また、人口問題と開発問題は密接に関連し、相互に影響しあうことが国際的な共通認識となった。

4　差別撤廃条約と採択

　このような国際的な動きの中でもとくに日本の女性政策に大きな影響を与え

たのは「女子に対するあらゆる形態の差別の撤廃に関する条約」(Convention to Eliminate all forms of Discrimination Against Women),略してCEDAWである。1967年差別撤廃宣言が採択された後も,国連は女性にたいする差別が続いていることを憂慮して,法的拘束力をもつ条約制定の努力を続けた。1975年のメキシコシティでの第1回世界婦人会議での決議や気運の盛り上がりを受け,1979年国連総会で差別撤廃条約が採択され,その後各国政府にたいし署名・批准に開放され,81年に発効した。

この条約は,4部,30条からなる。「第1部　一般規定」,「第2部　政治的,公的活動における平等」,「第3部　経済的,社会的活動における差別の撤廃」,「第4部　法の前の平等と差別の撤廃」,「第5部　差別撤廃委員会」,「第6部　最終規定」からなる。条約締結国はここであげられている各権利を男性と同様に女性に保障する義務を負う。

条約の前文では,

　　「国際連合憲章が基本的人権,人間の尊厳及び価値並びに男女の権利の平等に関する信念を改めて確認していることに留意し,世界人権宣言が,差別は容認することができないものであるとの原則を確認していること」
　　「人権に関する国際規約の締結国がすべての経済的,社会的,文化的,市民的及び政治的権利の享有について男女に平等の権利を確保する義務を負っていること」
　　「しかしながら,これらの種々の文書にもかかわらず女子に対する差別が依然として広範に存在していること」
　　「女子に対する差別は,権利の平等の原則及び人間の尊厳の尊重の原則に反するものであり,女子が男子と平等の条件で自国の政治的,社会的,経済的及び文化的活動に参加する上で障害となるものであり,社会及び家族の繁栄の増進を阻害するものであり,また,女子の潜在能力を自国及び人類に役立てるために完全に開発することを一層困難にするものであること」
　　「家族の福祉及び社会の発展に対する従来完全には認められていなかつた

女子の大きな貢献，母性の社会的重要性並びに家庭及び子の養育における両親の役割に留意し，また，出産における女子の役割が差別の根拠となるべきではなく，子の養育には男女及び社会全体が共に責任を負うことが必要であることを認識し，

社会及び家庭における男子の伝統的役割を女子の役割とともに変更することが男女の完全な平等の達成に必要であることを認識し，

女子に対する差別の撤廃に関する宣言に掲げられている諸原則を実施すること及びこのために女子に対するあらゆる形態の差別を撤廃するための必要な措置をとることを決意して，

次のとおり協定した。」　　　　　　　　　　　　　　　　　　　　　　（外務省訳）

とうたっている。

中でも「家族の福祉及び社会の発展に対する従来完全には認められていなかつた女子の大きな貢献，母性の社会的重要性並びに家庭及び子の養育における両親の役割に留意し，また，出産における女子の役割が差別の根拠となるべきではなく，子の養育には男女及び社会全体が共に責任を負うことが必要であることを認識し，社会及び家庭における男子の伝統的役割を女子の役割とともに変更することが男女の完全な平等の達成に必要であることを認識し……」と述べられていることは重要である。女子差別撤廃宣言では家事，育児を女子が担当することを前提として女性の権利を守っていくという考え方だったが，条約では固定的な性別役割分担そのものが差別の根源とみなしていることが大きな特色である。単に法制上の地位の平等を目指すだけでなく，男女の伝統的役割の変更まで求める画期的な条約である。

そして第5条には，

「締約国は，次の目的のためのすべての適当な措置をとる。
　(a)両性いずれかの劣等性若しくは優越性の観念又は男女の定型化された役割に基づく偏見及び慣習その他あらゆる慣行の撤廃を実現するため，男女の

社会的及び文化的な行動様式を修正すること。

　(b)家庭についての教育に，社会的機能としての母性についての適正な理解並びに子の養育及び発育における男女の共同責任についての認識を含めることを確保すること。あらゆる場合において，子の利益は最初に考慮するものとする。」

とうたっている。

5　条約の批准

　日本が条約を批准するにあたって，国内法制の整備が必要だったのは第9条第2項「締約国は，子の国籍に関し，女子に対して男子と平等の権利を与える」，第10条(b)「同一の教育課程」，第11条(b)「同一の雇用機会（雇用に関する同一の選考基準の適用を含む。）についての権利」の3点であった。

① 　子の国籍

　子の国籍について従来，日本の国籍法は自分の子どもに日本国籍を与える権利は父親を優先していたが，これを改正し母親にもその権利を平等に保障した。1984年（昭和59）改正，翌年施行の改正国籍法により，父系優先血統主義から父母両系血統主義へと改められた（その結果として生ずる重国籍者の多発にたいして，国籍選択制度を導入した）「国籍法第2条」，また配偶者の帰化条件が男女で異なっていたのを改正し男女同一とする「国籍法第7条」を改正した。さらに，戸籍法を改正し外国人と婚姻した日本人は婚姻の日から6カ月以内に届出をすることにより，外国人配偶者の称していた氏に変更することができる。離婚等により婚姻を解消したときは，その日から3カ月以内に届け出ることにより，婚姻の際に称していた氏に変更できるとされた。

② 　家庭科共修

　第10条の同一の教育課程については，第2章でみたとおり，当時高校の「家庭一般」が女子のみ必修とされていたことが違反とされ，学習指導要領の

改訂が必要とされた。家庭科の履修については1970年の学習指導要領の改訂で「全ての女子に家庭一般を履修させるものとする」とされ母性教育・特性教育としての家庭一般が女子生徒のみに必修となっていた。それ以降,「家庭科の男女共修を進める会」などの反対運動があったが,「家庭科を女子必修のまま残してほしい」という家庭科教師の署名運動,高等学校長協会家庭部会の決議など存続を求める声も大きく女子のみ必修が続いていた。

　しかし,1987年からの教育課程で「家庭は女子必修だが男子も選択できる」とされ,これによって条約でいう差別にはあたらなくなったというのが文部省の見解だった。政府が差別撤廃条約に署名した後もこの態度は変わらなかったが,日本弁護士連合会など各方面からの批判が高まる中で,1984年6月「家庭科教育に関する検討会議」が設置された。検討会議は12月には男女とも選択必修にするという報告書を出す。それでも会議の委員にも家庭科教育を女子の特性に適した教育であり,母性教育の重要性を強調する論者も多かった。この報告を受けて教育課程審議会が1985年9月に発足し,87年12月最終答申を提出する。この答申では中学校の技術・家庭科に関しては男女別履修を改め,11の領域から男女とも7領域を選択することとなった。高校の家庭科は「家庭一般」の女子のみ必修は廃止され,「生活技術」「生活一般」「家庭一般」の中から1科目を全ての生徒に履修させることとした。この答申に基づき1989年に学習指導要領が告示され,中学校は1993年度から,高校は94年度から男女共修の家庭科となった。

　新学習指導要領では高校家庭科を女子のみの必修から男女必修として普通教科とした。

③　男女雇用機会均等法の制定

　そして批准にあたって一番重要かつ困難だったのが,男女の同一の雇用機会を保障する法律の制定である。1947年に制定された労働基準法は第4条において同一労働同一報酬を規定しているものの,母性保護をはじめ女子にたいする保護を数多く規定しており,男女同一雇用機会を保障する規定はない。前述のとおり,男女差別賃金や定年への判決でも民法の「公序良俗」を適用してい

た。

1979年から労働省は婦人少年審議会のもと男女平等問題専門家会議を発足させ、2年余りの討議を経て1982年5月「雇用における男女平等の判断基準に関する考え方について」という報告書をまとめた。

ところで、条約では第11条で以下のように定められている。

1　締約国は、男女の平等を基礎として同一の権利、特に次の権利を確保することを目的として、雇用の分野における女子に対する差別を撤廃するためのすべての適当な措置をとる。
　(a)　すべての人間の奪い得ない権利としての労働の権利
　(b)　同一の雇用機会（雇用に関する同一の選考基準の適用を含む。）についての権利
　(c)　職業を自由に選択する権利、昇進、雇用の保障並びに労働に係るすべての給付及び条件についての権利並びに職業訓練及び再訓練（見習、上級職業訓練及び継続的訓練を含む。）を受ける権利
　(d)　同一価値の労働についての同一報酬（手当を含む。）及び同一待遇についての権利並びに労働の質の評価に関する取扱いの平等についての権利
　(e)　社会保障（特に、退職、失業、傷病、障害、老齢その他の労働不能の場合における社会保障）についての権利及び有給休暇についての権利
　(f)　作業条件に係る健康の保護及び安全（生殖機能の保護を含む。）についての権利
2　締約国は、婚姻又は母性を理由とする女子に対する差別を防止し、かつ、女子に対して実効的な労働の権利を確保するため、次のことを目的とする適当な措置をとる。

1982年、婦人少年審議会は専門家会議の報告を受けて審議をはじめ、83年10月に問題点を取りまとめた。主な意見の対立点は現行法における女性保護規定の見直しと、雇用における機会均等の範囲とその実効を担保する方策だった。

この審議会も労働省の他の審議会と同じく使用者側，労働者側，および公益側の委員から構成されていた。使用者側4団体（日経連，経済同友会，経団連，日本商工会議所）は男女平等の前提として，女性保護の見直しが必要としていた。

中でも日経連は1983年9月には「雇用における男女平等の法制化は女性保護法規の撤廃が先決である」との意見を表明し，84年3月には女子差別撤廃条約が企業経営に与える影響についての質問書を提出して，厳しい反対姿勢を示した。使用者は職場での男女差別をなくすと性別役割分担を前提とする終身雇用，年功序列などの日本の雇用慣行が維持できなくなることを認識していた。比較的リベラルとされた経済同友会も「男女差別は法律によって解決できるものではなく人材の養成は時間をかけて企業の責任で行なうべきで，女子の自覚と努力が必要」との意見を発表していたように，使用者側は均等法の制定には全面的に反対だった。

労働者側4団体（総評，同盟，中立労連，新産別）は1984年4月に，(1)雇用のあらゆる段階での機会と待遇の差別禁止と法的救済措置，(2)母性保護の充実と母性保護を理由とした差別の禁止，(3)労働時間の短縮と時間外労働規制の強化，(4)全職種を対象とする育児休業法の制定を申し入れた。

このように労使の意見が対立する中で1984年2月，公益側委員は試案を提示する。その案は募集採用については企業の努力を期待する，それ以外の雇用の段階では男女差別の強行禁止，一方，休日，時間外労働，深夜業の規制は緩和ないし廃止，生理休暇は廃止という内容だったが，双方から不満の強いものだった。84年3月の建議は見解を統一できず，両論併記，少数意見を付記するものだった。

1984年4月に労働省の法案要綱は勤労婦人福祉法の改正として提出され，関係する中央職業安定審議会，中央職業訓練審議会，そして婦人少年審議会に諮問された。法案要綱の内容は雇用の各段階での差別の禁止は企業の努力義務とされ，定年退職，解雇についてのみ強行禁止とされた。母性保護については産後休業の延長など直接の母性保護は強化されたが，間接的な母性保護といわれる女性保護は工業的職種については規制が一部残ったが，原則廃止となった。

各審議会からは法案要綱について大筋で認める答申が出され、84年5月法律は101回特別国会に提出されたが、継続審議となり、85年5月17日の102回国会で成立する。法成立を受けて日本は女子差別撤廃条約を批准し批准書をナイロビ会議に寄託することができた。

　1986年4月から施行されたこの法律は採用、昇進についての差別禁止を努力義務にとどめており、十分な強制力をもたず、違反事件についての制裁措置も規定されず、婦人少年室の調停も労使双方の合意がなければ開始できない不十分な法律だった。それでも初めて雇用の場で女性差別を禁止する法律が成立したことは大きな意義があった。

　プラザ合意の後、日本経済はバブルに突入し、労働力不足になったこともあって、4年制大卒女性にも企業は採用の門戸を開いた。銀行・証券や商社では男性並みに残業や転勤もする総合職と従来どおりの処遇の一般職というコース別採用をする企業もみられた。しかし多くの企業はこうした総合職の女性をどのように扱うか戸惑い、女性たちも男性並みの働き方は家庭との両立が困難なうえに、将来の展望の不透明感などが払拭できなかったので、結婚・出産を機に退職する者が依然として多かった。

　また90年代に入りバブルが崩壊して日本経済が低迷するようになると女子学生の就職は氷河期ともいわれ、厳しい状況が続いた。企業は正社員を削減し非正社員を増やし、雇用機会均等法と同時期に制定された人材派遣法はその適用される業種を広げた。新卒から派遣で働く新卒派遣や、いわゆるフリーターなど、非正規社員として働く者が増えたが、それは男性より女性に顕著であり、正社員との処遇の格差、社会保障からの脱落は放置された。

④　男女雇用機会均等法改正

　制定当初から均等法は施行後適当な時期に見直すことが規定されていた（附則第20条）。

　しかしバブル経済崩壊後、日本経済が長い低迷に苦しんだこともあって、改正は先延ばしされ、95年の北京会議の盛り上がりを受けてようやく改正への動きがはじまった。

第3章　安定成長期からバブル経済期の女性政策

　1995年10月労働省は婦人少年審議会において均等法と労働基準法の改正について審議を再開した。主な論点は3点であった。第一は努力義務にとどまっていた募集，採用，昇進もふくむ全ステージにおける差別的取り扱いの禁止である。第二は実効性の確保についての調停のあり方である。第三は女性保護規定の存続の可否である。いずれも労使の意見は対立していたが調整の末，1996年12月「雇用の分野における男女の機会および待遇の均等の確保のための法的整備について」と題する建議が行なわれ，97年，建議に基づき均等法，および労働基準法の改正案が140回国会に提出され，6月11日成立した。この改正均等法の特徴は，(1)従来雇用主の努力義務だった募集，採用，配置昇進，教育訓練における差別的取り扱いを禁止へと強化した，(2)制裁措置として差別是正勧告に従わない企業名を公表する，(3)紛争の双方の合意がなくとも一方の当事者の申し立てにより調停を開始する，(4)企業のポジティブアクションにたいする国の援助，(5)雇用主のセクシャルハラスメント防止配慮義務，(6)女性労働者の母性健康管理の義務づけ，(7)「女子のみ」募集採用をガイドラインで禁止したことである。同時に行なわれた労働基準法の改正で，女性保護規定については女子のみにたいする規制が撤廃された。深夜業も原則規制撤廃で，育児休業中など一定の要件の労働者が免除を請求できるとされた。

　このように均等法は大幅に差別禁止にむけて強化されたが，女子保護を撤廃するだけで男女共通の労働保護規制は盛り込まれなかった。いわば女性が男性並みに働く方向で平等を認めたわけである。しかし日本では，週15時間，年間360時間という時間外労働の規制や休日労働の基準も国際的水準より規制が緩やかであるが，こうした規制さえ現実には守られておらず，サービス残業が横行する状況である。その中で女性にとって雇用と家庭との両立は厳しかった。男性の家庭責任の分担が進まない限り，女性の仕事と家庭の両立は難しいが，いまだに日本の職場では高度経済成長期の意識，体制が続いている。その中で男性の過労死や自殺が多くなり，21世紀に入りようやく男性労働者も含めた「ワークライフバランス」の必要性が検討されるようになってきた。

　2006年6月にも均等法は改正され，国連の差別撤廃委員会の勧告を受け間接

差別の禁止等が盛り込まれた。2006年改正の主な点は次のとおりである。

Ⅰ 差別禁止規定の強化
① 募集，採用について性別を理由とする差別的取り扱いを禁止
② 配置（業務の配分・権限の付与を含む），昇進，降格，教育訓練，職種・雇用形態の変更，退職の勧奨，定年・解雇・労働規約の更新について性別を理由とする差別的取り扱いを禁止
③ 間接差別（具体的には省令で定める）は業務の遂行上特に必要である場合，その他の合理的理由がある場合以外は禁止

Ⅱ 妊娠・出産等を理由とする不利益取り扱いの禁止
① 解雇以外の不利益取り扱いも禁止
② 妊娠中・産後1年以内の解雇は，事業主が妊娠・出産等を理由とする解雇でないことを証明しない限り，無効

6 ナショナルマシーナリーの強化

国連は女性政策を推進する国内本部機構（ナショナルマシーナリー）の確立を各国政府に要請した。1975年世界行動計画においても，政府の中に総合的に女性政策を調整推進する部署の設置を各国政府に求めており，日本政府もこの要請に応えて，1975年9月内閣総理大臣を本部長とする婦人問題企画推進本部および各界の有識者からなる婦人問題企画推進会議を設置した。その事務局として，総理府に婦人問題担当室が設置されたが，それぞれ内閣総理大臣の私的諮問機関，閣議決定により設置された事務局という位置づけで法令に根拠のある組織ではなかった。総理府婦人問題担当室というのは通称で，正式には内閣総理大臣官房審議室の参事官が婦人問題担当として発令され，定員は1名，文部省，厚生省，労働省それに総理府から併任で5名の職員が配された臨時的な組織だった。

国連は引き続きナショナルマシーナリーの強化を求め，1988年には「実効的

な国内本部機構および広報」についての勧告が出され，日本のナショナルマシーナリーの強化，確立は国際的な要請となっていった。

　国際婦人年以来，婦人問題企画推進本部とその事務局である婦人問題担当室は，国内行動計画以来，数次の計画を策定し徐々にその機能を強化してきた。

　法令に基づく正式な組織にすべきだという声は，民間団体，有識者からしばしば提起された。しかし，労働省設置法第3条に「婦人行政の連絡調整」という一項が書きこまれていたこと，また戦後労働省婦人少年局が婦人関係行政を担当してきた実績，森山真弓氏以下OG・現役の女性人材の層の厚さが他の省庁を圧していたこと等で総理府の婦人問題担当室を正式の組織とし，婦人行政の総合調整機能を移すことは困難だった。筆者以前の8代の婦人問題担当室長は，全員労働省の課長経験者の出向だった。

　ところで男女共同参画という言葉は，1991年4月10日の婦人問題企画推進有識者会議の提言の中ではじめて使われた。それまでparticipationを「参加」と訳していたが，ナイロビ将来戦略の中で使われたfull participationの訳を「共同参画」として用いており，「男女共同参画型社会システムの形成」を提言し，「変革と行動のための5年」と題する「意見」を本部長に報告した。これをうけて1991年5月，「西暦2000年に向けての新国内行動計画（第1次改定）」を決定した。

　この第1次改定で「共同参加」から「共同参画」へ改められた。この際婦人問題担当室は本部省庁の担当課に事務連絡の中で「参画」と「参加」および「女性」と「婦人」の使用を変更するように通知している（それまでの世界婦人会議もこれ以降，世界女性会議と呼称が改められた）。

　またこの行動計画に基づき「婦人問題企画推進本部機構に関する検討会」（赤松良子会長）が設置された。1993年5月同検討会は「今後の婦人問題企画推進本部機構のあり方について」を報告した。これを受け，同年7月推進本部は，(1)本部の改組（閣僚をメンバーとすること，各省庁に局長級の担当官を置くことなど），(2)審議会等による国民の意見の取り入れ，(3)事務体制の整備，(4)地方公共団体におけるより積極的な施策の取組みの要請，を内容とする「男女共同参画型社

会づくりに向けての推進体制の整備について」を決定した。

　この決定にそって，労働省は設置法上の「女性行政の連絡調整」を担当し，総理府は「男女共同参画形成の促進に関する事務の連絡」「調査，企画，立案」を担当することで合意が成立した。

　この間労働省（当時は松原亘子女性局長）と総理府（高岡完治大臣官房審議官）の間にたって調整に尽力したのが，石原信雄官房副長官（当時）である。氏は労働省設置法に書いてある限り，婦人行政の調整は労働分野に限定されると解され，内閣全体で女性政策に総合的に取り組んでいくには総理府に置いたほうがよいという考えだった。労働省女性局も雇用機会均等法の成立により根拠となる法律をもったことで，女性行政全般の連絡調整に固執する必然性は失われていたこともあり，女性行政は労働省，男女共同参画は総理府とすみ分けることとなった（9代目にして初めて労働省以外から筆者が婦人問題担当室長に就任し，この組織改正を担当した）。

　おりしも1993年8月，38年間の自民党単独政権が終わり，細川内閣が成立し，続いて羽田内閣が政権を担当した時期だった。

　1994年予算の成立とともに総理府婦人問題担当室は「総理府本府組織令の一部を改正する政令」（1994年6月24日）に基づく内閣総理大臣官房男女共同参画室となった。その中で初めて「男女共同参画とは，男女が社会の対等の構成員として，政治的，経済的，社会的および文化的なあらゆる分野の活動に参画する機会を持ち，その成果を享受するとともに責任を分担する」と定義している。この定義は後の男女共同参画社会基本法にもそのまま使われている。

　労働省が「女性局女性政策課」等の女性政策という名称をもつ組織をもっているのに国民になじみのない「男女共同参画」などという名前の部署になるのは，総理府が労働省に負けたという評もあった。しかし筆者はかねがね女性の地位を本当に向上させ，差別や抑圧をなくし，女性が能力を発揮するには男性の働き方，生き方も含めた社会全体のシステムの見直しが必要と考えていたので，女性政策ではなく，男女共同参画政策というネーミングは新しい時代にふさわしいと思っていた。その後男女共同参画という言葉は男女共同参画本部，

男女共同参画基本法，男女共同参画会議，男女共同参画局，と広く使われていく。

同時に男女共同参画審議会も正式に設置された。当時新設の審議会は全て時限が原則でありスクラップアンドビルドで廃止する既設の審議会があれば恒久化できるとされていた。男女共同参画審議会は将来，売春防止審議会をスクラップする合意の下，3年の時限で設置された。1994年8月22日の第1回会合で男女共同参画審議会は，内閣総理大臣から「男女が均等に政治的，経済的，社会的及び文化的利益を享受することができ，かつ共に責任を担うべき男女共同参画社会の形成に向けて，21世紀を展望した総合的ビジョンについて」の諮問を受け，答申に向けてビジョンの検討を進めた。さらに同年7月12日の閣議決定で内閣に設置された男女共同参画推進本部は，本部長を内閣総理大臣，副本部長を内閣官房長官，本部員を全閣僚とし，男女共同参画社会の形成の促進に関する施策の円滑かつ効果的な推進を図る取組みを行なうこととなった。

7 担当大臣の設置

1992年12月の宮澤改造内閣で河野洋平内閣官房長官に「婦人問題を総合的に推進するための行政各部を所管する事務の調整を担当させる」旨の発令があり，初のいわゆる婦人問題担当大臣が置かれた。

1993年8月の細川内閣では，その名称が「女性問題担当」に，さらに羽田内閣でも官房長官が指名された。その後，1996年11月の第2次橋本内閣で梶山静六官房長官ではなく，武藤嘉文総務庁長官が女性問題担当に指名されたが，反対も多くその後は官房長官が引き続き任命された。1997年9月の第2次橋本改造内閣からは男女共同参画担当と名称がかわった。また2001年1月6日の中央省庁再編において，特命担当大臣である男女共同参画担当大臣が兼ねて任命された。しかし2005年第3次小泉内閣において猪口邦子氏が，また2006年9月第1次安倍内閣では高市早苗が，2007年8月第2次安倍内閣で上川陽子が男女共同参画担当大臣に任命され，官房長官は男女共同参画担当大臣から外れた。

内閣官房長官は歴代内閣において総理大臣に近い強力・有能な政治家が任命されている。総理大臣を助ける内閣の要となるポストで，しばしば内閣の大番頭と呼ばれる。他の省の大臣への影響力が大きく調整力をもつ。

しかし内閣機能の強化が求められる中で，官房長官は極めて多忙である。そのため従来から，男女共同参画担当大臣を官房長官でなく別に専任の大臣を置くべきという声がでていた。たしかに官房長官は多忙なので，国連特別総会，APEC閣僚会議など国際会議への出席が困難というハンディはある。しかし官房長官が男女共同参画担当を兼ねていることによるメリットはデメリットを補って余りあった。今後，専任の男女共同参画担当大臣がどのような政治力を発揮するか見守る必要がある。担当大臣が官房長官だった影響力は大きく，他の省庁に協力を求める際にそれが効果を発揮した。北京行動要綱のような国連文書でもジェンダーを担当する部署は政府の周辺ではなく，中心に近いところに置くように強調されているのはそのためである（筆者の経験では多忙な官房長官に，「男女共同参画」は重要課題であると理解し，支援してもらうのが担当者の重要な仕事であり，それができれば大きい支援が得られた）。

その後，総理府男女共同参画室は男女共同参画社会基本法の成立をうけ，2001年の中央省庁再編の中で内閣府男女共同参画局に格上げされていく。内閣総理大臣のもと内閣官房長官を担当大臣に据えていた効果は大きかった。

注
(1) ㈱住友セメントに「結婚または35歳に達したときには退職する」との念書を入れて雇用された女子社員が結婚により解雇された事例，1964年提訴，66年原告側勝訴。
(2) 1975年の平均寿命は男性71.7歳，女性76.9歳，65歳以上人口は総人口の7.9%。1990年の平均寿命は男性75.9歳，女性81.9歳，総人口の12.0%。
(3) 男子57歳，女子47歳という男女別定年は民法第90条に反し無効とした。1975年8月最高裁判決。
(4) 男子55歳，女子50歳の男女別定年。
(5) 大沢真理（1993）『企業中心社会を超えて――現代日本をジェンダーで読む』時事通信社，205頁。
(6) 配偶者特別控除1986年，配偶者の法定相続分の引き上げ1980年，第3号被保険

者制度1986年。
(7) 国際婦人年，世界婦人会議など1992年まで「婦人」を正式の訳語としていたが，以後「女性」を使うこととなった。第4回北京女性会議以降は「女性」を使用する。原語はいずれも women。
(8) 縫田曄子（2002）『あのとき，この人――女性行政推進機構の軌跡』ドメス出版，59-71頁。

第4章
グローバル経済の進展と構造改革期の女性政策

1 バブル崩壊後の経済と日本型福祉社会の模索

　1990年末にピークを打った証券価格・不動産価格が急速に下落をはじめ，いわゆるバブル経済が崩壊するとともに日本経済は長い調整期に入る。その一因は急激な金利引き上げ，総量規制などの行過ぎた緊縮型金融政策の誤り（1990, 91年），社会保険料と消費税の引き上げ（1997年）などマクロ経済政策のミスもあったが，その背景の大きな流れとしては冷戦終了後の世界の政治の激変，経済の大変動があった。

　かつてのソ連や，東ドイツ，ポーランドなど中東欧の共産主義を採っていた国々が1990年以降は続々と自由主義経済へと体制を変え，また中華人民共和国のように広い国土と資源を有し，教育水準が一定以上の豊富な労働力をもつ国が世界経済に組み込まれ，低価格の製品を大量に輸出し国際競争が激化した。また金融技術は高度化し，インターネットの実用化など情報通信の急激な発達が経営の様相をすっかり変え，商品だけでなく，資本や技術や人も国境を越えて大量に移動するようになってきた。新しいビジネスモデルが次々と生まれる中で，日本は戦後の製造業を中心とした分野での「日本的経営」の成功体験から脱却できず，新しい情報・サービスを中心とした技術革新，ビジネス革新に適応するのに苦しんだ。1997年には北海道拓殖銀行，山一證券，三洋証券が破綻し，それ以後金融再編が急速に進んだ。

　このような経済的苦境の中でアングロサクソン的自由主義経済が改めて評価され，日本の強みとされた長期的投資，人材養成，安定的取引関係，そして終

身雇用や年功昇進・昇給に代わって実力主義,即戦力の重視が強調されるようになってきた。企業は人件費を削減するためリストラ,早期退職,片道出向などで正社員を減らしてパートや契約社員,派遣社員を多用するようになり,日本的雇用関係は変貌してしまった。また1989年のリクルート事件なども影響して政治は混迷し,短期間だった非自民党連立政権の細川内閣の後,社会党と自民党の連立政権,自由党や公明党との自民党を中心とする連立内閣が続いた。

その中で,1992年宮澤内閣が策定した政府経済計画「生活大国5カ年計画——地球社会との共存を目指して」は社会的公正にも十分配慮した視点に立ち,個人の尊重,生活者重視,内需主導型の経済成長の必要性をのべている。それは91年末の国民生活審議会の中間報告「個人生活優先社会を目指して」などが打ち出した考え方と共通するものだった。しかしすでにバブルは崩壊し,株価が下がる中で野村證券や日興證券が大口顧客に損失補塡をしていたのが明らかになり,株価はさらに低下した。企業は資金繰りに苦しみ,生き残りに必死であった。その中で企業中心社会の見直し,脱会社人間というスローガンを実効たらしめる施策をとる余裕はなかった。そのため日本がエスピン-アンデルセンのいうアングロサクソン型の福祉の提供を市場に期待する方向に大きくシフトしたが,アメリカと異なり,市場からのサービス供給は少ないまま,家族も企業も福祉提供者としての力を失っていった。橘木(2005)[1]は高度経済成長期に整備された福利厚生を企業が負担に感じるようになり,(1)企業年金の解散,(2)社宅や保養所の閉鎖,(3)公的年金・医療保険などの未加入となった。家族・家庭が男女共同参画社会に対応できず,弱体化しただけでなく,企業も社員の福利厚生から撤退しているにもかかわらず,国家は財政規律・小さな政府路線から新たな対応をとらず,格差は大きくなっていった。

1993年8月に成立した非自民8党連立の細川内閣は,政治改革として小選挙区比例代表制と政党への補助金を制定しただけで退陣し,短期間の羽田内閣のあと94年6月には村山内閣となり自民党が政権に復帰した。

1994年3月末には厚生省の高齢社会福祉ビジョン懇談会の報告書「21世紀福祉ビジョン——少子・高齢社会に向けて」では,従来の年金中心に経済保障を

重視する社会保障から介護や子育てのような福祉サービスを重視する社会保障制度を再構築する必要性を指摘し，まず「新ゴールドプラン」「エンゼルプラン」を策定するよう提唱した。新ゴールドプランは1989年消費税導入に際して策定されたゴールドプラン（高齢者保健福祉推進10カ年計画）の目標値を思い切って引き上げるというものである。エンゼルプランは子育てを社会的に支援する総合的な計画で，いずれも1994年12月に策定された。また同年9月には社会保障審議会が「社会保障将来像委員会第2次報告」を出したが，その中で「妻が家庭にとどまり，夫に扶養されるのが一般的だった家族を前提とした社会保障・税制などの社会制度を見直し，世帯単位中心のものから，できるものについては個人単位に切り替える必要がある」と提言しているが，厚生省の実務的計画に反映されるには至らなかった。社会保障制度審議会は95年7月に「社会保障体制の再構築——安心して暮らせる21世紀の社会を目指して」と題する勧告を行なった。この勧告は男女平等の視点に立って社会保障制度全体を見直していく必要性を指摘していた。

その後も村山内閣の後，登場した橋本内閣の6大改革など多くの改革の試みが行なわれたが十分な効果をあげられないでいた。しかし橋本内閣は「男女共同参画社会の実現」は日本の構造改革の大きな鍵，大きな柱として打ち出し，その後をうけた小渕内閣では男女共同参画社会基本法が成立した。

政治的，経済的には混迷が続いたこの時期だが，1995年の阪神・淡路大震災におけるボランティア活動の盛りあがりに端を発した97年のNPO法案の制定，雇用機会均等法の改正（1997年），児童買春・児童ポルノ禁止法案（1999年）などが立法され，また介護保険法（1997年）も制定され2000年から実施されるなど，日本型福祉社会も大きく変貌した。そして1995年北京で行なわれた第4回女性会議は日本の女性と女性政策に大きなインパクトを与えた。「男女共同参画」は新しい時代のキーワードとして好意的に迎えられていた。

2001年には中央省庁が再編され，内閣府に男女共同参画局が設置された。国民的支持を受けて登場した小泉首相は構造改革を強力に推進し，2005年の総選挙で圧倒的な支持を得た。

第Ⅰ部　女性政策の変遷

2　北京会議と行動綱領

　1995年9月，ナイロビ会議から10年ぶりに北京で開かれた第4回女性会議はアジアではじめて開催され，日本からは5000人以上の女性がNGOフォーラムに参加した。第4回北京会議では，実質的な男女平等の推進とあらゆる分野への女性の全面的参加などをうたった38項目からなる「北京宣言」と，戦略目標および行動指針を提示した「行動綱領」が全会一致で採択された。「この『行動綱領』は，女性のエンパワーメント（力をつけること）に関するアジェンダ（予定表）である。これは，『婦人の地位向上のためのナイロビ将来戦略』[2]の実施と経済的，社会的，文化的及び政治的意思決定の完全かつ平等な分担を通じて，公的及び私的生活のすべての分野への女性の積極的な参加に対するあらゆる障害の除去を促進することを目的とする」とされている。行動綱領であげられている12の重大関心領域は次のとおりである。

a．女性への持続し増大する貧困の重荷
b．教育及び訓練における不平等及び不十分並びにそれらへの不平等なアクセス
c．保健及び関連サービスにおける不平等及び不十分並びにそれらへの不平等なアクセス
d．女性に対する暴力
e．武力又はその他の紛争が女性，特に外国の占領下に暮らす女性に及ぼす影響
f．経済構造及び政策，あらゆる形態の生産活動及び資源へのアクセスにおける不平等
g．あらゆるレベルの権力と意思決定の分担における男女間の不平等
h．あらゆるレベルにおける女性の地位向上を促進するための不十分な仕組み

ⅰ．女性の人権の尊重の欠如及びそれらの不十分な促進と保護
　ｊ．あらゆる通信システム，特にメディアにおける女性の固定観念化及び女性のアクセス及び参加の不平等
　ｋ．天然資源の管理及び環境の保護における男女の不平等
　ｌ．女児の権利に対する持続的な差別及び侵害

　全体で361の項目からなる行動綱領を貫くのはジェンダーの主流化（gender mainstreaming）の考え方であり，「あらゆる政策や施策にジェンダーの視点を主流化し，決定の行われる前段階で，女性と男性それぞれへの効果を分析すること」とうたっている。
　ジェンダー主流化について国連経済社会理事会は，以下のように定義している。

　「ジェンダー主流化とはすべての分野のすべてのレベルの法律，政策，施策を含め，女性と男性が等しく便益を受け，不平等が永続しないよう，女性及び男性の関心と経験を政治，経済，社会すべての分野における政策や施策の計画，実施，監視及び評価の不可欠な要素とするための戦略である。最終目標は，ジェンダー平等を達成することである。」[3]

　1996年から男女共同参画審議会に加わり，男女共同参画社会基本法の制定にも大きな役割を果たした大沢真理（東京大学教授）はジェンダーへの影響をもつあらゆる政策の総体を「広義の女性政策」といい，広義の女性政策に含まれるジェンダーバイアスを見抜き，あらゆる分野で女性と男性に中立的な施策を実施していくことが必要としている。[4]

3　男女共同参画社会基本法制定までの経緯

　日本においてはおりしも第3章第6節でみたとおり男女共同参画推進本部，

男女共同参画室がスタートしたところであり、1994年8月村山富市内閣総理大臣は、新設の男女共同参画審議会にたいして「男女が均等に政治的、経済的、社会的及び文化的利益を享受することができ、かつ、共に責任を担うべき男女共同参画社会の形成に向けて21世紀を展望した総合的ビジョン」について諮問を行なった。その後、1995年の北京会議の北京宣言と行動綱領の成果も取り入れて、1996年7月に概ね2020年までを念頭に目指すべき方向とそれに至る道筋を提案する「男女共同参画ビジョン——21世紀の新たな価値の創造」を内閣総理大臣に答申した。このビジョンは審議会に専門委員として加わった大沢真理などによって「性別による偏りのない社会を作る施策体系を目指す」ことを打ち出した。

ビジョンの中には「男女共同参画社会の実現を促進するための基本的な法律について、速やかに検討すべきである」との記述がなされていたが、法の性格や盛り込むべき内容についての言及は行なわれなかった。

その後1996年12月、内閣総理大臣は「男女共同参画2000年プラン——男女共同参画社会の形成の促進に関する平成12年（西暦2000年）度までの国内行動計画案」を策定し、同案について男女共同参画審議会に意見を求めた。審議会は同日「計画案は男女共同参画ビジョンの趣旨に沿うもの」として計画案が妥当である旨の答申を行なった。[5]

翌日、男女共同参画推進本部は「男女共同参画2000年プラン——男女共同参画社会の形成の促進に関する平成12年（西暦2000年）度までの国内行動計画」を決定し、同月の閣議に報告、了承された。これで「行動綱領」が各国政府に求めていた「できれば1996年中に自国の行動計画を策定する」という北京会議における国際的要請にも応えた。

政治状況は基本法制定に幸いした。自由民主党、日本社会党、新党さきがけの連立政権が続く中で、1996年1月の3党による政策合意が結ばれ、10月には「社民、さきがけ両党提案の女性政策については、男女共同参画社会を実現するための「女性基本法」制定、男女雇用機会均等法の改善・強化などについて」3党政策協議が概ね合意した。その推進力として日本社会党は土井たか子

党首，新党さきがけの堂本暁子代表の2人の存在があった。

　1994年に3年の時限で新設された男女共同参画審議会は，当初の予定どおり1997年6月には売春審議会を廃止して法律に根拠をもって設置された審議会とされ，橋本総理大臣は「男女共同参画社会の実現を促進するための方策に関する基本的事項について，貴審議会の意見を求める」と諮問した。また，同日，「男女共同参画社会の実現を阻害する売買春その他の女性に対する暴力に関し，国民意識の変化や国際化の進展等に伴う状況の変化に的確に対応するための基本的方策について，貴審議会の意見を求める」とも諮問されている。

　この諮問を受けて審議会では9月に基本問題部会（部会長，岩男寿美子）を設置し，検討を開始した。この間，1998年2月16日，第142回国会における施政方針演説で，橋本総理は「差別のない公正な社会の実現に努力しなければなりません。中でも，男は仕事，家事と育児は女性といった男女の固定的な役割意識を改め，女性と男性がともに参画し，喜びも責任も分かち合える社会を実現することは極めて重要であり，そのための基本となる法律案を来年の通常国会に提出いたします」と述べている。これによって基本法の国会提出は具体的な日程にのってきた。

　その後，基本部会では基本法の必要性，目的理念，責務，基本計画等が検討され，6月16日「男女共同参画社会基本法（仮称）の論点整理——男女共同参画社会を形成するための基礎的条件づくり」が公表された。

　論点整理にたいして意見募集が行なわれ，新聞等でも大きく取りあげられたことから3611件の意見が寄せられた。さらに全国6カ所で審議会委員による意見交換会が開催された。また1998年8月から9月にかけて「男女共同参画社会に関する有識者アンケート」が実施された。

　このように国民の意見を聞く段階を経て，10月21日の基本部会の決定をうけ，11月4日「男女共同参画社会基本法について——男女共同参画社会を形成するための基礎的条件づくり」を答申した。

　答申では，「第一　はじめに」において，男女共同参画社会の形成を促進するための総合的枠組みづくりが必要かつ有効と判断し，男女共同参画社会基本

法の制定を提言し,「第二　男女共同参画社会基本法の必要性」では,まず男女共同参画社会を実現することの意義として5つを示している。これは「人権の確立」「政策,方針決定過程への参画による民主主義の成熟」「男女共同参画の視点の定着・深化」「新たな価値の創造」および「地域社会への貢献」である。そのうえで「各分野で総合的,効率的に進めるための手段として基本法の制定が必要」としている。「第三　基本法に盛りこむべき内容」では,「法律の目的」「基本理念」「国,地方公共団体,国民の責務」「法令上又は財政上の措置」「年次報告」「基本計画」「国民の理解を深めるための措置」「推進体制」「苦情等の処理」「国際的協調のための措置」および「地方公共団体及び民間団体による活動を促進するための措置」が掲げられている。

　1998年7月,参議院選挙で自民党が敗れた責任をとって橋本内閣が退陣し,小渕内閣（自民党単独）となり,野中広務内閣官房長官が就任し男女共同参画担当も兼ねた。答申にたいして各政党の対応は次のとおりだった。

　社会民主党は男女平等基本法プロジェクトチームを設置し「男女平等基本法」制定にむけた党の考え方を示した。名前を男女平等法とするなどの意見を土井党首名で申し入れた。

　公明党は1999年1月22日の参議院本会議において,浜四津敏子代表が基本法制定にあたっての意義について質問するなど積極的,好意的に対応し,基本法の早期制定を求める申し入れを行なった。それは,(1)積極的特別暫定措置として,クォーター制度を推進すること,(2)苦情処理（オンブズパーソンの機能を含む）を可能とする明確な体制を作ること,(3)基本法の精神や内容を学校教育や教科書にも盛り込むこと,など積極的なものだった。

　民主党も党内に男女共同参画プロジェクトチームを設置し,「男女共同参画基本法の国会審議にむけて」を発表した。

　その中で,(1)前文をつける,(2)ジェンダーについては「社会的・文化的に形成された性差」とし,目的に「社会的・文化的に形成された性差にとらわれず個人としてその個性と能力を発揮する機会が保障される社会の形成」を明記する,(3)アファーマティブアクションの訳語については「積極的是正措置」とす

る，(4)間接差別について明記する，などを提言している。

男女共同参画審議会の答申後，法案作成作業は総理府において行なわれ，1999年年明けから各省との協議が開始された。

1999年1月の145回国会における施政方針演説で小渕総理大臣は「今国会には男女共同参画社会基本法案を提出いたします」と述べた。同年2月26日に法案は閣議決定され，国会に提出された。この法案は参院先議とされ，その後総務委員会で審議された。民主党からも男女共同参画基本法案が提案され，政府案とともに審議されたが，民主党の提案は撤回され，政府案に前文を追加する修正動議が可決された。

前文を加えたうえで法案は全会一致で可決された。

この採決にあたって自由民主党，民主党，新緑風会，公明党，日本共産党，社会民主党・護憲連合，自由党，参議院の会の8会派共同提案による付帯決議案が提出され，全会一致で決定された。その後衆議院に付議され，6月15日の本会議で可決された。1999年6月23日に法律第78号として公布，同法の付則により公布日に施行された。

4　男女共同参画社会基本法

（1）基本法の特徴

男女共同参画社会基本法はいくつかの特徴をもっている。まずその第一は「基本法」という法律の性格からきている。「基本法」の名称が付けられた法律としては，教育基本法，高齢社会対策基本法などがある。これらの「基本法」は，国政の重要な分野について，国の政策に関する基本方針を明らかにすることを主な内容としており，直接的に国民の権利義務に影響を及ぼすような規定は設けられていない。ここが雇用機会均等法などの個別法と異なるところである。「基本法」は法形式としては，一般の法律と同じ位置づけであるが，その対象とする分野の施策の方向を示すものであり，その対象分野について他の法律に優越する性格をもつ。いわば「基本法」は憲法と個別法をつなぐ位置づけにあ

る。

　第二の特徴は前文をもつことである。この前文は政府提案にはなかったが，1999年5月，参議院総務委員会において，政府案に前文を置くとする自由民主党，民主党，新緑風会，公明党および自由党の修正動議が可決され，衆議院においても可決された。この中で注目されるのは「男女共同参画社会の実現を二十一世紀の我が国社会を決定する最重要課題」と位置づけていることである。

　これは他の施策と比較して最重要というよりも，男女共同参画社会の実現自体が最も重要な政策課題であることを示しているというのが，政府の見解である。また筆者自身は，経済，外交などあらゆる施策を行なう際に決して忘れてはならない視点が男女共同参画であると考えている。いわば他の重要分野を横断するクロスカッティングイシュー（cross cutting issue）としての男女共同参画であり，すなわちジェンダーメインストリーミング（gender main streaming），あらゆる施策にジェンダーの視点をもつことと解している。また前文の中で「社会のあらゆる分野」とされているのは，例外なくあらゆる分野で男女共同参画の実現に積極的に取り組んでいかなければならないということである。それにたいし，宇部市など基本法の修正が行なわれた地方自治体の条例では「あらゆる分野」を「さまざまな分野」と修正している。

　「性別にかかわりなく」との文言も基本法本文にはなく，前文にのみ使われている。ビジョンでは「社会的・文化的に形成された性別に縛られず，各人の個性に基づいて共同参画する社会の実現を目指す」とされていたが，男女共同参画審議会で「ジェンダー」「社会的，文化的に形成された性別」という言葉は一般にまだ理解されていないという意見が出されたので，基本法案においては使われなかった。しかし第1条，第3条，第4条，第5条，第6条の中に「反映」はされていると解釈されている。

　第三の特徴は，積極的改善措置について言明していることである。「男女間の格差を改善するため必要な範囲内において，男女のいずれか一方に対し，当該機会を積極的に提供することをいう」と定めている。

　社会的，経済的に大きな格差が現実に存在するところでは，「法制上の平等」

は形式的なものに過ぎない。個々の活動の場において一方の性や特定グループが置かれた状況を考慮して、それらの者に現実に機会を利用できる実質的な「機会の平等」を担保するための措置が、積極的改善措置である。これは逆差別ではないかという声もあるが、女子差別撤廃条約第4条でも暫定的な特別措置は差別ではないと規定されている。後日、2003年7月の差別撤廃委員会での日本審査の際、ポジティブアクションといわず、暫定的差別是正措置という方が誤解を招かないという意見が出された。

現状では女性の活動の場が少ないので女性を対象とした積極的改善措置が多いが、基本法において定義された積極的改善措置は両性を対象としている。たとえば看護師、保育士などにもっと男性をという特別活動はありうる。

(2) 基本理念

第3条から第7条においては5つの基本理念が規定されている。この基本理念は、国、地方公共団体、国民が第8条から第10条に定められている責務を果たすうえで基本となる考えであり、「男女」ともに対象としている。

その第一が第3条の「男女の人権の尊重」である。単に「人権」とせず、「男女の人権」と規定したのは、性別に起因する点に着目し、その観点を強調したものである。また、男女の人権の享有する主体は全ての人であり、マイノリティの女性への差別問題もこの「人権」の中に含まれている。

具体的には男女の個人の尊厳が重んじられること、性別に起因する暴力の根絶、明示的ではないがリプロダクティブ・ヘルス／ライツの尊重も含まれている。

また「性別により差別的取扱いを受けないこと」は憲法第14条にも規定されている基本的な人権である。差別的取扱いという用語については、直接差別、間接差別という視点からは整理されていない。これは法律で定められた当時、間接差別の概念について社会的コンセンサスが得られておらず、問題としている範囲も人によって異なっていたからである。明確な差別的意図がなくても、三陽物産事件判決（東京地裁1994年6月）のように、種々の状況から差別を容認したとの推認が行なわれた例もある。また住友化学事件和解において、採用時

には差別の意図がなく，社会的に容認されていても，社会の変化，国際動向の中で，差別と認定されたケースもみられた。

このため，第3条においては行為者に着目した「差別をしないこと」という文言でなく，「差別的取扱いを受けない」と，行為の受け手に着目した規定としている。すなわち差別する側にその意図があってもなくても，受け手が差別されないことを要件とみなしている。国連差別撤廃委員からは，より明確に差別を禁止する新たな法律が必要という意見も出された（国連差別撤廃委員会第4次，第5次報告にたいする勧告，2003年）。その他の男女の人権は，たとえば生存権，自由権，幸福追求にたいする権利や政治的信条の自由など例示以外の広い範囲の基本的人権を意味すると解される。

第二が制度または慣行についての配慮である。

第4条は男女共同参画社会の形成にあたって，社会制度・慣行が，性別による固定的な役割分担等を反映して，結果として就労など活動の選択を困難にするような偏った影響を与えないよう，できる限り中立的なものとするように配慮されなければならないことを求めている。

この規定は狭義の女性関係施策だけでなく，税制，社会保障制度，賃金制度など男女の活動や生活に大きな影響を与えるものについては，現実の社会の状況や諸外国の動向もみながら，広く議論することを求めている。「法令」ではなく「制度又は慣行」とされている点で，法律上の平等のみならず現実の平等（結果の平等ではない）を目指している。しかし条文でも「できる限り中立なものとするように配慮」という表現にとどまっており，完全に中立を保つのは難しい場合もあることを想定している。

中立的なものとする対象は，個々の制度や慣行が男女の活動に影響しているかどうか，どの程度か等を考慮する。基本計画では，「男女共同参画の視点に立った社会制度・慣行の見直し」として，具体例として税制，社会保障制度，賃金制度をあげており，2001年以降，影響調査専門調査会で検討が行なわれた。

子どもの祝いごと（鯉のぼり，雛祭り）のような慣行は「男女の社会における活動に影響を及ぼす」とはみなされないが，たとえば女性が大相撲の賜杯を土

俵で授与できないこと，いくつかの宗教行事・山岳登山が女人禁制としていることにたいしては，「国民の間で議論がなされ，その結果として自ずと社会の中でいろいろな慣行の見直し，検討がなされていくと期待している」との官房長官の国会答弁が，政府の公式の立場である。

筆者個人の見解として，純粋に信仰にかかわる行事・慣行はその信者や教団など当事者の判断にまかせるべきだと思うが，政府からの補助金で実施されている公式行事や公共事業では許されない。たとえば「トンネル工事に女性がかかわると山の神が怒る」等の理由で女性作業員をしめ出すのは改めるべきである。現に女性が入っても事故が起こらない事例が積み重なることで，根拠のない迷信に基づく反対も消えていく。相撲協会も伝統にのっとり女人禁制を貫くというのは一つの見識だが，それならば国からの補助金は返上すべきだろう。

第三は第5条の政策等の立案および決定への共同参画である。

社会の構成員が政策あるいは方針の立案および決定に参画する機会が確保されることは民主主義社会の根本原則である。わが国は，国連開発計画（UNDP）のジェンダーエンパワーメント指数（GEM）では90カ国中54位（2007年）と他の先進諸国に比べてかなり低い。第5条において男女共同参画社会の形成は男女が，(1)国，都道府県，市町村，地方公共団体の組合，財産および地方開発事業団，(2)民間の企業，公益法人，労働組合，独立行政法人，教育・研究機関，共同組合，NPO法人やPTA，任意団体等の法令，条例，事業計画等の立案および決定に，男女が共同して参画する機会が確保されることを旨として行なわなければならないとしている。

これは単に形式的に機会の平等を確保するだけでなく，実質的に参画できるよう条件を整備し，積極的改善措置を行なうことも視野に入っている。

第四が第6条の家庭生活における活動と他の活動の両立である。

男女がともに社会のあらゆる活動に参画していくためには，家族を構成する男女が相互に協力するとともに，社会の支援を受けながら子の養育，家族の介護，その他の家事を行ない，家庭生活と，働く，通学する，地域活動をするなどの活動との両立が図られるようにする。現在は，家庭責任，育児，介護，家

事などは主として女性が担っているが，男性にとっても家庭生活に目を向けることは，子どもに社会性を与え，青少年の健全育成や，少子高齢社会を生きぬくうえでも重要である。

「仕事と子育ての両立支援」「少子化に関する」専門調査会もこの理念に基づいて検討し提言している（第5章第10節参照）。

第6条は「家族的責任を有する男女労働者の機会及び待遇の均等に関する条約」（ILO156号）を前提としている。わが国はこの条約を1995年に批准しており，「各加盟国は，家族的責任を有する者が，差別を受けることなく，また，できる限り職業上の責任と家族的責任との間に抵触が生ずることなく職業に従事する権利を行使することができるようにすることを国の政策の目的とする」。

ILO156号条約第7条では，家族的責任を有する労働者が労働力の一員となり，労働力の一員としてとどまり，および就業しない期間の後に再び労働力の一員となることができるようにするため，国内事情および国内の可能性と両立するすべての措置をとるとしている。

第五が第7条の国際的協調である。

わが国の男女共同参画社会の形成がここまで進んできたのは，国連をはじめ国際社会の取組みと連携したからである。今後もわが国は国際社会の一員として，女子差別撤廃条約や4回にわたる世界女性会議の成果，ILOの活動，国連の活動等をふまえ，国際的な連携，協力のもとに行なう理念を明らかにしている。

論点整理の中では基本理念として「国際的に確立された理念の尊重と国際協力の積極的推進」が示されていた。基本法第7条ではこの文言がなくなっているが「国際的協調」の中にこうした確立された理念も含まれていると野中官房長官は国会で答弁している。

これは特定の国と協調するということを定めたものではなく，先進国に限らず，途上国への積極的貢献も含んでいる。具体的には第19条で，国際協力の推進のために措置を講ずる旨規定している。

（3）国，地方自治体の責務

　以上の5つの理念を述べたあと，基本法では第8条で国，第9条で地方公共団体，そして第10条で国民の責務を述べている。国の責務の具体的内容は，第11条（法制上の措置等），第12条（年次報告等），第13条（男女共同参画基本計画），第15条（施策の策定等にあたっての配慮），第16条（国民の理解を深めるための措置），第17条（苦情の処理等），第18条（調査研究），第19条（国際的協調のための措置）で定めている。

　第9条の地方公共団体には「国の施策に準じた施策」およびその他の「その地方公共団体の区域の特性に応じた施策」を策定し実施する責務を有するとされている。責務の具体的内容は，第14条（都道府県男女共同参画計画等），第15条（施策の策定等にあたっての配慮），第16条（国民の理解を深めるための措置）である。

　論点整理に対するパブリックコメント（公聴会）において，「地方公共団体の独自性を完全に認めると地域の状況に適応するという理由で，国の施策より遅れる地方公共団体が出てくるおそれがある」との意見が多数出されたので，「国の施策に準じた施策」が加わった。条例の制定は，各自治体の固有の権限であり，基本法では法定せず，自主性にまかせている。地方公共団体の条例の制定については，「法律の範囲内で」制定できる旨，憲法（第94条），地方自治法（第14条）に規定されている。内閣府男女共同参画局は地方公共団体にたいして地方自治法でいうところの「専門的助言」，「国際協調のための措置」，「地方公共団体および民間の団体に対する支援」等を行ない「情報の提供その他の必要な措置」（第20条）を講ずるよう努めるものとするという範囲の関与しかできない。

　なお最高裁判例においては，条例が法令に違反しているかどうかは，国の法令と条例の趣旨，目的，内容および効果等を総合的に勘案して個々に判断すべきものとされている。

　国民（日本国籍を有する者および日本に居住する外国人を含み，もちろん法人も含まれる）は，あらゆる分野で男女共同参画社会の形成に寄与するよう努めなければならないと規定されている。国や都道府県は「責務を負う」と義務づけられ

ているのに，国民は努力義務となっている。個々の国民の男女共同参画にかかわる活動を期待される分野は幅広くこれらを全て「義務」とすることは困難なので，努力義務規定となっている。

（4）基本的施策

第2章は第13条から第20条まで，基本的施策について規定している。この中で注目されるのは苦情の処理等である。

男女共同参画社会の形成を促進するためには，苦情の処理のために必要な措置，および人権が侵害された場合における被害者の救済を図るために必要な措置を講じなければならないと規定されている。個別の苦情にたいする処理手続き等を定めたものでなく，苦情が適切に処理されるよう仕組みが整備され，適切に運用されること，被害者について適切に救済がなされるよう仕組みが整備され，適切に運用されることを求めるものである。北欧等の政府から独立したオンブズパーソン（オンブッド）の設置を求める声もあったが，新たなポストをつくるより既存の行政相談制度や人権擁護相談委員制度の活用，各省庁の苦情処理担当などを通じて対処することを想定している。

この規定に沿って男女共同参画会議苦情処理・監視専門調査会で，苦情処理システムについて検討を行ない，2002年10月「男女共同参画に関する施策についての苦情の処理及び人権侵害における被害者の救済に関するシステムの充実・強化について」としてとりまとめられた。

（5）調査研究とジェンダー

第18条では，「社会における制度又は慣行が男女共同参画社会の形成に及ぼす影響に関する調査研究」を推進するよう努めるものとしている。基本理念の第4条に対応するもので，男女共同参画会議影響調査専門調査会で検討されている。

第3章第21条から第28条は男女共同参画会議について規定している。

論点整理において使用されていた「ジェンダー」という言葉は，一般に十分

理解されていないとして「基本理念」の中には入っていない。「ジェンダーとは人間には生まれついての生物学的性別（セックス／sex）がある一方，社会通念や慣習の中には，社会によって作り上げられた『男性像』，『女性像』があり，このような男性，女性の別を『社会的性別』（ジェンダー／gender）という」と内閣府では定義している。ジェンダーの視点とは社会的性別（ジェンダー）が性差別，性別による固定的役割分担，偏見等につながっている場合もあることを意識するものである。これにたいし，男性と女性は肉体的に異なるだけでなく，生まれつき，能力適性が異なり，それぞれが変えることのできない特性をもっているという考え方が，戦後も教育や雇用など各方面で保持され続けてきた。この考えに立てば女性の社会進出はその特性に適した分野に限定されるべきとなる。後に安倍内閣においてジェンダーバッシングといわれるように，ジェンダー，あるいはジェンダーフリーという言葉は性別や性による特性をなくそうとするものだとの批判が行なわれた。そのため，第2次の基本計画の策定にあたって内閣府は「ジェンダーという言葉自体には善悪の意味合いはなく国際的にも使われている」とわざわざ明言している。

（6）基本計画

　1999年8月に内閣総理大臣は男女共同審議会に，「男女共同参画社会基本法を踏まえた男女共同参画社会の形成の促進に関する施策の基本的な方向について，貴審議会の意見を求める」と諮問した。2000年9月に同審議会は「男女共同参画基本計画策定に当たっての基本的な考え方——21世紀の最重要課題」を答申した。この基本方針に沿って政府は男女共同参画基本計画を策定し，12月11日付で審議会に意見を求め，審議会はこの計画が答申の趣旨に沿うものであり概ね妥当と答申し，12月12日基本法に基づく初めての計画として閣議決定された。

　基本計画は11の重点目標を掲げさらに5年以内に行なう具体的施策をあげている。この計画は，総合的かつ長期的に講ずべき男女共同参画社会の形成の促進に関する施策の大綱として，第1部において，基本法の制定までの経緯とそ

れを踏まえた計画の基本的考え方と構成を示し，第2部において，中央省庁等改革後の新たな体制の下での施策の基本的方向性および具体的な施策の内容を示した。なお，第2部では，各章の冒頭で，施策の基本的方向性について概観を付した。第3部においては，男女共同参画社会の形成の促進に関する施策を総合的かつ計画的に推進するために必要な方策を示している。

第2部では，11の重点目標を掲げ，それぞれについて「施策の基本的方向」において2010年までを見通した，長期的な政策の方向性を記述し，「具体的施策」において2005年度末までに実施する具体的施策を記述している。これらの取組みを総合的かつ計画的に推進するための体制の整備・強化については第3部に記述している。

5年後の2005年12月27日には第2次の基本計画が閣議決定され，2020年を見据えた基本的方向と2010年までに実施する具体的施策があげられている。12の重点分野のうち11までは第1次計画と同じだが，12に新たな分野として科学技術（防災を含む），街づくり，地域おこしが入っている。また2020年までにあらゆる分野の指導的地位の女性を30％にするという2003年のチャレンジ支援策で本部決定した目標も取り入れられた。

男女共同参画社会の形成にあたっては，国だけでなく，地方公共団体や国民の取組みも重要である。このため政府においては，地方公共団体，国民との連携をより一層深めつつ，本計画に掲げた施策を着実に推進することとしている。

注
(1) 橘木俊詔（2005）『企業福祉の終焉』中央公論新社。
(2) 国連「婦人の地位向上のためのナイロビ将来戦略」1985年7月。
(3) 大沢真理（2000）『21世紀の女性政策と男女共同参画社会基本法』ぎょうせい。
(4) 内閣府男女共同参画局ホームページより。
(5) なお審議会は別紙として「男女共同参画社会の実現を促進するための基本的な法律の制定に向けて早急に検討を進めること」を「十分留意することを強く要望する」としている。

第5章
少子化と男女共同参画

1　国により異なる少子化の状況

　これまでの章でみてきたように日本では，女性の地位の向上のための施策が推進されてきたが，このような変化は性別役割分担を前提として構築されてきた日本の社会保障制度，税制，そして雇用制度全般の見直しをせまるものだった。しかし制度の見直しが行なわれない中で多くの歪みが起こっていて，その一つが少子化である。女性の地位向上は出生率にどう影響するであろうか。

　国連人口基金は開発途上国においては家庭や社会における女性の地位の低さ，教育水準の低さ（非識字率の高さ），家庭外の就業機会の乏しさ，などがあいまって高出生率をもたらしているので，女性・女児の教育水準を高め家庭や社会における女性の地位の向上をはかることが，出生率の抑制に効果的だとして戦略的に取り組んでいる。たとえば1994年の国際人口開発会議（カイロ会議）で採択された行動計画を基に，リプロダクティブ・ヘルス／ライツ[1]を推進していくことを重要目標に掲げ，とくに家族計画に重点を置いて援助を行なっている。

　開発途上国においては理論的にも経験的にも女性の地位の向上が出生率を抑制する関係は明らかにされているが，先進国においてはどうであろうか。

　内閣府男女共同参画会議「少子化に関する専門調査会」の国際環境調査報告書[2]によれば1960年代後半から先進諸国では女性の高学歴化，雇用者化が進行し，結婚や家族にかかわる価値観が多様化した。このことが出生率の低下をもたらした。1970年代においては女性の労働力率，教育水準が高い国ほど出生率は低いという逆相関がみられた。しかし90年代以降，女性の労働力率の高い国々で

第Ⅰ部　女性政策の変遷

図表 5-1　OECD 加盟24ヵ国における女性労働力率と合計特殊出生率

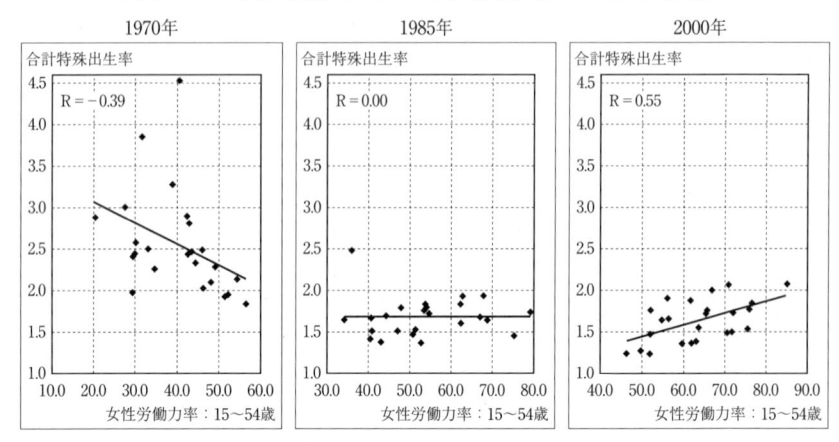

1970年　　　　　　　　　　　1985年　　　　　　　　　　　2000年
（$R = -0.39$）　　　　　　　　（$R = 0.00$）　　　　　　　　（$R = 0.55$）

女性労働力率：15〜54歳

注：女性労働力率：国により一部，調査年および対象年齢が異なる。
資料：Recent Demographic Developments in Europe 2004，日本：人口動態統計，オーストラリア：Births, No. 3301, カナダ：Statistics Canada, 韓国：Annual report on the Vital Statistics, ニュージーランド：Demographic trends, U.S.: National Vital Statistics Report, ILO Year Book of Labour Statistics より作成した。内閣府男女共同参画会議少子化に関する専門調査会。

は出生率が上向きはじめ，2000年現在ではむしろ女性の労働力率の高い国々で出生率が高まっている。それに引き換え，女性の労働力率が比較的低い日本，韓国などの東アジアの国々，イタリア，ギリシャ，スペインなどの南欧の国々では少子化はさらに進んでいる。女性の労働力率が高く，家族のあり方や社会における価値観などにおいて男女共同参画が推進され，政府が育児・介護などの福祉サービスを提供している国々で出生率が回復している。この状況は男女共同参画が少子化をもたらしているという一部の論者は80年代の古いデータに基づいて発言していることを示している（図表 5-1）。

2　日本の少子化の進展

日本における出生率の変化をみると図表 5-2 のようになる。1947年から49年の戦後のベビーブームは3年で急速に収束し，その後1966年の丙午の落ち込みを除いて80年代半ばまでは30年以上にわたって安定した「子供は2人」の状

第5章 少子化と男女共同参画

況が続いた。この出生率の低下には第1章でみたとおり，優生保護法の制定・改正も大きな役割を果たしたとみられる。

1960年代までは日本は資源小国で，国土狭小にもかかわらず人口が過大であるとの認識が一般的であった。人口問題調査会も産児制限の普及方法を検討していた。またブラジルなど南米への移民も政府の支援で送り出されていた。しかし高度経済成長の後半期の70年代には経済界からむしろ人手不足，労働力不足という声が上がりはじめた。それでも，社会保険制度が十分信頼されるほど成熟していなかったこと，住宅水準の低さや社会資本の未整備もあり，少子化に関する関心は高くはなく，むしろ平均寿命伸長のもたらす高齢化の影響のほうに人々の関心は向けられていた。[3]

第2章でみたとおり高度経済成長期以降，高齢期の経済的不安に応えるため公的年金が全国民をカバーし，その水準は第3章でみたとおり順次引き上げられてきた。医療保険に関しても高齢保健制度がはじまるなど高齢化には多くの政策的対応がとられた。しかし少子化にたいしては政府も国民も危機感が薄かった。

現実には日本の合計特殊出生率は1974年以降，人口の置換水準である2.07を下回っていたが，80年代半ばまでは日本の出生率は先進諸国の中では最も高い水準を維持しており人口減少は遠い将来のこととして考えられていた。国連からの人口に関するアンケートにたいしても70年代には「日本政府は現在の出生率水準に満足している」「出生率向上・抑制のための政策を採っていない」と答えていた。

少子化が一般に認識されたのは1989年の合計特殊出生率が1.57と統計を取りはじめてからの最低を記録して以降である。それ以後も1990年代後半になれば，1970年代前半に生まれた第2次ベビーブーム世代の女性たちが20代半ばになるので，出生率は上向くであろうと期待されていたが，この世代の晩婚化が進み出生率は将来予測を下回る低下を続けた。1996年には深刻な労働力減少，人口減少の将来予測が出されるようになり，1997年には1.39となった出生率が，2003年には1.29，2005年には1.26とさらに低い水準にまで落ち込んだ。阿藤は[4]

第Ⅰ部　女性政策の変遷

図表 5-2　出生数, 合計特殊出生率の推移

年		出生数（人）	合計特殊出生率	年		出生数（人）	合計特殊出生率	年		出生数（人）	合計特殊出生率
1872	〈明治5〉	569,034	…	1918	〈大正7〉	1,791,922	…	1964	〈昭和39〉	1,716,761	2.05
73	〈6〉	809,487	…	19	〈8〉	1,778,685	…	65	〈40〉	1,823,697	2.14
74	〈7〉	836,113	…	20	〈9〉	2,025,564	…	66	〈41〉	1,360,974	1.58
75	〈8〉	869,126	…	21	〈10〉	1,990,876	…	67	〈42〉	1,935,647	2.23
76	〈9〉	902,946	…	22	〈11〉	1,969,314	…	68	〈43〉	1,871,839	2.13
77	〈10〉	890,518	…	23	〈12〉	2,043,297	…	69	〈44〉	1,889,815	2.13
78	〈11〉	874,883	…	24	〈13〉	1,998,520	…	70	〈45〉	1,934,239	2.13
79	〈12〉	876,719	…	25	〈14〉	2,086,091	5.11	71	〈46〉	2,000,973	2.16
80	〈13〉	883,584	…	26	〈15・昭和元〉	2,104,405	…	72	〈47〉	2,038,682	2.14
81	〈14〉	941,343	…	27	〈昭和2〉	2,060,737	…	73	〈48〉	2,091,983	2.14
82	〈15〉	922,715	…	28	〈3〉	2,135,852	…	74	〈49〉	2,029,989	2.05
83	〈16〉	1,004,989	…	29	〈4〉	2,077,026	…	75	〈50〉	1,901,440	1.91
84	〈17〉	975,252	…	30	〈5〉	2,085,101	4.72	76	〈51〉	1,832,617	1.85
85	〈18〉	1,024,574	…	31	〈6〉	2,102,784	…	77	〈52〉	1,755,100	1.80
86	〈19〉	1,050,617	…	32	〈7〉	2,182,742	…	78	〈53〉	1,708,643	1.79
87	〈20〉	1,058,137	…	33	〈8〉	2,121,253	…	79	〈54〉	1,642,580	1.77
88	〈21〉	1,172,729	…	34	〈9〉	2,043,783	…	80	〈55〉	1,576,889	1.75
89	〈22〉	1,209,910	…	35	〈10〉	2,190,704	…	81	〈56〉	1,529,455	1.74
90	〈23〉	1,145,374	…	36	〈11〉	2,101,969	…	82	〈57〉	1,515,392	1.77
91	〈24〉	1,086,775	…	37	〈12〉	2,180,734	4.37	83	〈58〉	1,508,687	1.80
92	〈25〉	1,207,034	…	38	〈13〉	1,928,321	3.82	84	〈59〉	1,489,780	1.81
93	〈26〉	1,178,428	…	39	〈14〉	1,901,573	3.74	85	〈60〉	1,431,577	1.76
94	〈27〉	1,208,983	…	40	〈15〉	2,115,867	4.12	86	〈61〉	1,382,946	1.72
95	〈28〉	1,246,427	…	41	〈16〉	2,277,283	…	87	〈62〉	1,346,658	1.69
96	〈29〉	1,282,178	…	42	〈17〉	2,233,660	…	88	〈63〉	1,314,006	1.66
97	〈30〉	1,334,125	…	43	〈18〉	2,253,535	…	89	〈64・平成元〉	1,246,802	1.57
98	〈31〉	1,369,638	…	44	〈19〉	…	…	90	〈平成2〉	1,221,585	1.54
99	〈32〉	1,386,981	…	45	〈20〉	…	…	91	〈3〉	1,223,245	1.53
1900	〈33〉	1,420,534	…	46	〈21〉	…	…	92	〈4〉	1,208,989	1.50
01	〈34〉	1,501,591	…	47	〈22〉	2,678,792	4.54	93	〈5〉	1,188,282	1.46
02	〈35〉	1,510,835	…	48	〈23〉	2,681,624	4.40	94	〈6〉	1,238,328	1.50
03	〈36〉	1,489,816	…	49	〈24〉	2,696,638	4.32	95	〈7〉	1,187,064	1.42
04	〈37〉	1,440,371	…	50	〈25〉	2,337,507	3.65	96	〈8〉	1,206,555	1.43
05	〈38〉	1,452,770	…	51	〈26〉	2,137,689	3.26	97	〈9〉	1,191,665	1.39
06	〈39〉	1,394,295	…	52	〈27〉	2,005,162	2.98	98	〈10〉	1,203,147	1.38
07	〈40〉	1,614,472	…	53	〈28〉	1,868,040	2.69	99	〈11〉	1,177,669	1.34
08	〈41〉	1,662,815	…	54	〈29〉	1,769,580	2.48	2000	〈12〉	1,190,547	1.36
09	〈42〉	1,693,850	…	55	〈30〉	1,730,692	2.37	01	〈13〉	1,170,662	1.33
10	〈43〉	1,712,857	…	56	〈31〉	1,665,278	2.22	02	〈14〉	1,153,855	1.32
11	〈44〉	1,747,803	…	57	〈32〉	1,566,713	2.04	03	〈15〉	1,123,610	1.29
12	〈45・大正元〉	1,737,674	…	58	〈33〉	1,653,469	2.11	04	〈16〉	1,110,721	1.29
13	〈大正2〉	1,757,441	…	59	〈34〉	1,626,088	2.04	05	〈17〉	1,062,530	1.26
14	〈3〉	1,808,402	…	60	〈35〉	1,606,041	2.00	06	〈18〉	1,092,674	1.32
15	〈4〉	1,799,326	…	61	〈36〉	1,589,372	1.96	07	〈19〉	1,089,818	1.34
16	〈5〉	1,804,822	…	62	〈37〉	1,618,616	1.98				
17	〈6〉	1,812,413	…	63	〈38〉	1,659,521	2.00				

備考：1. 1898年までは内務省・内閣統計局「国勢調査以前日本人口統計集成」, 1899年以降は国立社会保障・人口問題研究所「人口統計資料集」, 厚生労働省「人口動態統計」による。
　　　2. 「合計特殊出生率」とは, 15〜49歳までの女子の年齢別出生率を合計したもので, 1人の女子が仮にその年次の年齢別出生率で一生の間に生むとしたときの子どもの数に相当する。

合計特殊出生率が1.3以下の国を超少子化国（lowest-low facility countries）とするコーラーの分類を紹介しているが，日本も2003年以降は超少子化国の仲間入りをしたわけである。ついに2003年には政府も出生率の低下に歯止めをかけることを目標とする少子化対策を立法するようになった。

3　政府の少子化対策の始動

　1.57ショック以降，政府は次々と少子化対策を打ち出した（図表5-3）。

　1990年8月に1.57ショックを受けて政府は内閣内政審議室に厚生省，労働省，文部省，建設省などからなる「健やかに子供を生み育てる環境作りに関する関係省庁連絡会議」を設置し，91年1月に「健やかに子供を生み育てる環境づくりについて」と題する政策指針を出した。この指針は「出生率の低下は個人のプライバシーに深く関わる問題である」との基本方針に立ち，「結婚や子育てに意欲を持つ人々を支えるような環境づくりを進めるべきである」として，抑制的な態度をとりつつも子育て環境を整備すべきとの見解が示されている。そのうえで対応を進めるべき具体的な施策として，(1)家庭生活と職業生活の調和，(2)生活環境の整備，(3)家庭生活と子育ての支援に資する施策を行なうとしている。

　これより少し前の1990年12月に中央児童審議会は「今後の児童手当制度のあり方について」の答申を行ない，家庭内扶養のみに頼ることは難しい状況の中で，世代間扶養の観点から，児童手当制度を通じて児童の養育に社会的支援を行なうことが必要であるとの認識を示し，3歳未満児に児童手当の給付を重点化するよう提言した。この提言は91年1月の政策指針と呼応して実施に移され，1991年5月に児童手当法が改正された（1992年11月施行）。支給対象は第1子からに拡大され，支給期間を3歳までに重点化し，第1子，第2子は5000円，第3子は1万円に増額という大幅に引き上げる内容だった。

　最後の社会保障といわれる児童手当制度は1972年1月からはじまった。児童手当の創設については大蔵省は財政負担の増大を恐れ，経済界は日本の賃金給料体系に家族手当，子育ての必要コストはカバーされていると両者とも消極的

第Ⅰ部　女性政策の変遷

図表5-3　少子化対策の経緯

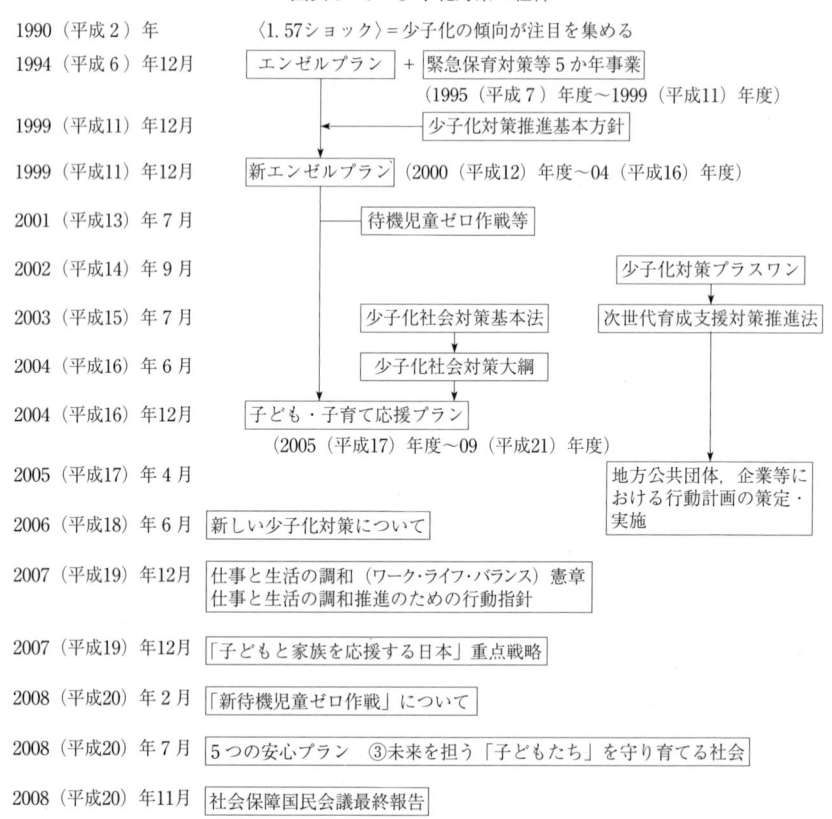

1990（平成2）年	〈1.57ショック〉＝少子化の傾向が注目を集める
1994（平成6）年12月	エンゼルプラン ＋ 緊急保育対策等5か年事業 （1995（平成7）年度～1999（平成11）年度）
1999（平成11）年12月	少子化対策推進基本方針
1999（平成11）年12月	新エンゼルプラン（2000（平成12）年度～04（平成16）年度）
2001（平成13）年7月	待機児童ゼロ作戦等
2002（平成14）年9月	少子化対策プラスワン
2003（平成15）年7月	少子化社会対策基本法　／　次世代育成支援対策推進法
2004（平成16）年6月	少子化社会対策大綱
2004（平成16）年12月	子ども・子育て応援プラン （2005（平成17）年度～09（平成21）年度）
2005（平成17）年4月	地方公共団体，企業等における行動計画の策定・実施
2006（平成18）年6月	新しい少子化対策について
2007（平成19）年12月	仕事と生活の調和（ワーク・ライフ・バランス）憲章 仕事と生活の調和推進のための行動指針
2007（平成19）年12月	「子どもと家族を応援する日本」重点戦略
2008（平成20）年2月	「新待機児童ゼロ作戦」について
2008（平成20）年7月	5つの安心プラン　③未来を担う「子どもたち」を守り育てる社会
2008（平成20）年11月	社会保障国民会議最終報告

資料：「平成21年度少子化の状況及び少子化への対処施策の概況」。

だったが，雇い主負担と国庫負担で折半をするかたちで制度が設計された。発足当初は第3子以降，月額3000円で義務教育修了までが支給対象とされ，多子世帯の防貧を目的としていた。その後1974年に月額4000円，1975年に月額5000円に引き上げられたが，70年代後半から日本型福祉社会が強調される中で支給額は据え置かれ，所得制限が厳しくなり支給対象を限定してきた。1986年には若い親世代の子育て費用を軽減するため第2子以降に拡大する一方で，支給期間は義務教育就学前に短縮され予算総額が変わらない中で，配分の仕方だけが変わった。

このように児童手当の性格は変わってきたが、1992年改正では少子化にたいする危機感から、子育てコストの軽減の必要性が強調されるようになって、児童手当に育児支援の機能が期待されるようになってきた。それでも第2章図表2-6でみたようにヨーロッパ各国に比べ低い水準だった。

4　育児休業法の成立

少子化は女性労働政策において懸案だった育児休業法の成立に大きな弾みを与えた。第2章および第3章でみたとおり日本の女性の賃金や職場での地位の低い理由の一つは出産を機に退職する女性が多く、勤続年数が男性より短いことである。女性の仕事と出産子育てを両立させる対策は男女共同参画の観点から緊急の課題だった。また、国連やILOなどの国際機関も母性保護の強化、男女労働者の育児責任の支援を打ち出していた。1981年に採択されたILO第156号条約、正式には「男女労働者、とくに家族的責任を有する労働者の機会均等及び均等待遇に関する条約」は従来、女性労働者側に一方的にかかっていた家族的責任の比重を、男女労働者がともに責任を負うべきものとした考え方を明確にした。

労働時間の短縮、転勤の場合配偶者や子どもについて配慮、パートタイム労働者とフルタイム労働者の平等、男女ともにとれる育児休暇、看護休暇などを認めることなどが条約の内容に盛り込まれている。しかし、日本では育児休業法は第3章でもふれたとおり、経済界とその意向を受けた自民党の賛同が得られず難航していた。

しかし深刻な少子化の進行は経済界にも危機感を与え、また当時の政治状況としては1989年7月の参議院選挙で与野党が逆転して自民党は少数与党となり野党との協調が必要とされたこと、社会党も実績として育児休業法を成立させる必要があったことなどがあいまって与野党は対立を避け、話し合い路線を進めた。その結果、育児休業法は1991年5月第120回国会で成立し、92年4月から施行される。

まずは従業員300人以上の企業を対象に休業中の所得保障はなかったが、両親のどちらでも1年間とれる育児休業制度がスタートした。

5 少子化への認識深まる

少子化は多くの政府文書で課題として取りあげられ、出産子育てを社会全体で支援しようという機運が徐々に醸成された。1992年の経済企画庁『国民生活白書』は「少子社会の到来、その影響と対応」を副題として少子化問題に注意を喚起した。ついで94年3月に厚生省は「21世紀福祉ビジョン——少子高齢社会に向けて」を発表し、これを受けて同年12月、厚生、労働、文部、建設4省大臣の合意による「今後の子育て支援のための施策の基本的方向について」（エンゼルプラン）が94年12月に策定された。

エンゼルプランは子育てを夫婦や家庭だけの問題と捉えるのではなく、国や地方公共団体、企業・職場や地域社会も含めて社会全体で子育てを支援していくことをねらいとし、政府部内で今後10年間に取り組むべき基本的方向と重点施策を定めた計画であった。さらにそれに基づいて95年から99年の「緊急保育対策5ヵ年事業」が策定され保育対策などの具体的目標が定められた。

第2章でも見たとおり、従来の保育施策は「保育に欠ける児童」を対象とするもので、女性労働と不可分に結びついていた。女性労働が増加するに伴い保育需要は増加を続けたが、とくに低年齢児童保育については、基本的には家庭保育が望ましいが、働く女性の児童を放置するわけにいかず、需要に応えざるを得ない一種の必要悪として整備するという対応がされ、保育の責任は両親にあるとされてきただけに大きな転換であった。

さらに1994年6月には育児休業法が改正され、95年4月から休業中の所得の25％が雇用保険によってカバーされることとなった。この改正により育児休業中の所得保障を求めるILO第156号条約が批准された。

また1997年に児童福祉法が50年ぶりに大改正された。その内容は、(1)保育所が措置制度から利用者の希望が考慮される選択性に変更され、(2)保育料の負担

第5章　少子化と男女共同参画

区分を均一化するようにと提言が行なわれた。こうした改正は従来の救貧的な対策では，増大し多様化する需要に応えられなくなっているのが明らかになっている現状に対応したものである。

（筆者は当時，埼玉県副知事だったり地方自治体代表として中央児童福祉審議会の委員になり審議に加わったが，児童福祉法でいう保育所に入所する子は「保育に欠ける子」ではなく「保育を必要とする子」に変えるべきであるという意見，また保育料をできるだけフラットにし，必要とする子には別途補助をすべきであるという意見は従来の家庭保育優先理念が変わりつつある状況を反映していたが，他の委員の賛同を得るには至らなかった。）

1997年には人口問題審議会が「少子化に関する基本的考え方について——人口減少社会，未来への責任と選択」と題する報告書を関係各大臣に提出した。「個人の生き方の多様性（妊娠，出産に関する自己決定権）を制約しない」という基本原則を確認したうえで，少子化への対応の基本として第一に固定的な男女の役割分担や仕事優先の固定的な雇用慣行の是正をあげ，第二に子育てを支援するための諸施策の総合的かつ効果的な推進をあげている。人口問題，少子化対策に男女共同参画が必要なことを打ち出した画期的な報告であり，専門家の中では次第に少子化と男女共同参画に対する認識が深まってきた。

1998年6月の『厚生白書』は「少子社会を考える——子供を生み育てることに夢を持てる社会へ」において少子社会を特集し，仕事優先で家庭や子育てに夢をもてない日本の現状を鋭く分析するとともに，3歳児神話——子どもは3歳までは母親が育てるべきだという説は科学的根拠がないことを明言した。

1998年7月には総理大臣のもとに「少子化への対応を考える有識者会議」が設置され，その中に「働き方分科会」と「家庭に夢を分科会」が設けられ，同年12月「夢ある家庭づくりや子育てができる社会を築くために」という提言が出された。この提言を受ける形で，1999年5月に「少子化対策推進関係閣僚会議」が設置され，12月に「少子化対策推進基本方針」が決定された。同月，この方針に基づく重点施策の具体的実施計画として「重点的に推進すべき少子化対策の具体的実施プラン（新エンゼルプラン）」が，大蔵，文部，厚生，労働，

建設,自治の6大臣合意で策定された。

　新エンゼルプランは,エンゼルプランと緊急保育対策等5カ年事業を見直したもので,2000年度を初年度として,2004年度までの5年計画であった。具体的目標値をあげており,その項目には保育サービス関係だけでなく,雇用,母子保健・相談,教育等の事業も加えた幅広い内容となっている。

6　21世紀,加速する少子化対策

　このように1990年代に出生率が低下していく中で,少子化対策に政府あげて取り組むようになったのは大きな特色である。社会と経済の持続的発展のためには出生率の向上が必要であり,そのための施策を行なう方向性が明確に出された中で,男女共同参画の推進の重要性も広く認識されはじめる。

　2001年7月には本章第10節でみるとおり内閣府男女共同参画会議の専門調査会で「仕事と子育ての両立支援策」が閣議決定され,両立ライフに職場改革,待機児童ゼロ作戦などが盛り込まれた。さらに2004年4月には「少子化に関する専門調査会」が設置され,2005年12月に報告書を提出した。

　2002年9月には厚生労働省「少子化対策プラスワン」がまとめられ,それを踏まえて2003年7月には「次世代育成支援対策推進法」が制定された。この法律は10年の時限立法で,自治体および事業主が次世代育成支援のための取組みを促進するために,それぞれ行動計画を策定し,それを実施していくことをねらいとしている。一般事業主のうち,従業員301人以上の事業主は策定を義務づけられ,300人以下の事業主については努力義務とされたが,2006年9月末時点で,行動計画は全都道府県,市町村で策定済みであり,従業員301人以上の企業の99.7%が届け出をしている。

　2003年7月,議員立法で「少子化対策基本法」が制定され,同年9月から施行された。この法律では急速な少子化は国民生活に重大な影響を与えるとの認識の下,少子化の進展に歯止めをかける対策が必要だとしている。この法律に基づき内閣府に特別の機関として,内閣総理大臣を議長とし,全閣僚によって

第5章 少子化と男女共同参画

図表5-4 少子化社会対策大綱の3つの視点と4つの重点課題と28の具体的行動

3つの視点
I 自立への希望と力
II 不安と障壁の除去
III 子育ての新たな支え合いと連帯―家族のきずなと地域のきずな―

↓

4つの重点課題
I 若者の自立とたくましい子どもの育ち
II 仕事と家庭の両立支援と働き方の見直し
III 生命の大切さ、家庭の役割等についての理解
IV 子育ての新たな支え合いと連帯

重点課題に取り組むための28の行動

【若者の自立とたくましい子どもの育ち】
(1) 若者の就労支援に取り組む
(2) 奨学金の充実を図る
(3) 体験を通じ豊かな人間性を育成する
(4) 子どもの学びを支援する

【仕事と家庭の両立支援と働き方の見直し】
(5) 企業等におけるもう一段の取組を推進する
(6) 育児休業制度等についての取組を推進する
(7) 男性の子育て参加促進のための父親プログラム等を普及する
(8) 労働時間の短縮等仕事と生活の調和のとれた働き方の実現に向けた環境整備を図る
(9) 妊娠・出産しても安心して働き続けられる職場環境の整備を進める
(10) 再就職等を促進する

【生命の大切さ、家庭の役割等についての理解】
(11) 乳幼児とふれあう機会の充実等を図る
(12) 生命の大切さ、家庭の役割等についての理解を進める
(13) 安心して子どもを生み、育てることができる社会の形成についての理解を進める

【子育ての新たな支え合いと連帯】
(14) 就学前の児童の教育・保育を充実する
(15) 放課後対策を充実する
(16) 地域における子育て支援の拠点等の整備及び機能の充実を図る
(17) 家庭教育の支援に取り組む
(18) 地域住民の力の活用、民間団体の支援、世代間交流を促進する
(19) 児童虐待防止対策を推進する
(20) 特に支援を必要とする家庭の子育て支援を推進する
(21) 行政サービスの一元化を推進する
(22) 小児医療体制を充実する
(23) 子どもの健康を支援する
(24) 妊娠・出産の支援体制、周産期医療体制を充実する
(25) 不妊治療への支援等に取り組む
(26) 良質な住宅・居住環境の確保を図る
(27) 子育てバリアフリー等を推進する
(28) 児童手当の充実を図り、税制の在り方の検討を深める

資料:「平成17年度少子化の状況及び少子化への対処施策の概況」。

第Ⅰ部　女性政策の変遷

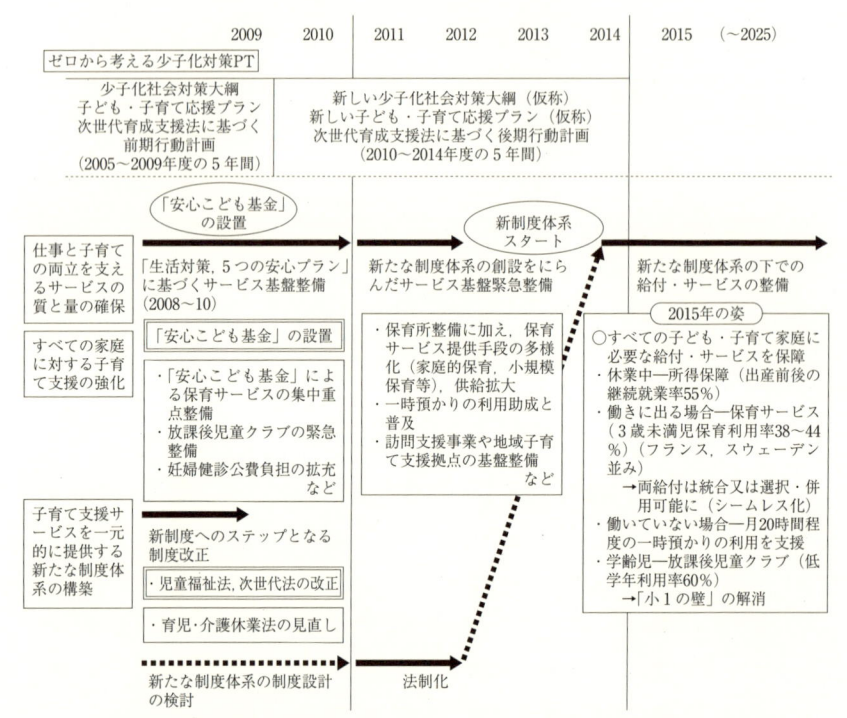

図表 5-5　少子化対策の工程表

	2009	2010	2011	2012	2013	2014	2015	(〜2025)

ゼロから考える少子化対策PT

少子化社会対策大綱
子ども・子育て応援プラン
次世代育成支援法に基づく
前期行動計画
（2005〜2009年度の5年間）

新しい少子化社会対策大綱（仮称）
新しい子ども・子育て応援プラン（仮称）
次世代育成支援法に基づく後期行動計画
（2010〜2014年度の5年間）

「安心こども基金」の設置

新制度体系スタート

仕事と子育ての両立を支えるサービスの質と量の確保

・「生活対策、5つの安心プラン」に基づくサービス基盤整備（2008〜10）

新たな制度体系の創設をにらんだサービス基盤緊急整備

新たな制度体系の下での給付・サービスの整備

2015年の姿

すべての家庭に対する子育て支援の強化

・「安心こども基金」の設置
・「安心こども基金」による保育サービスの集中重点整備
・放課後児童クラブの緊急整備
・妊婦健診公費負担の拡充など

・保育所整備に加え、保育サービス提供手段の多様化（家庭的保育、小規模保育等）、供給拡大
・一時預かりの利用助成と普及
・訪問支援事業や地域子育て支援拠点の基盤整備　など

○すべての子ども・子育て家庭に必要な給付・サービスを保障
・休業中―所得保障（出産前後の継続就業率55％）
・働きに出る場合―保育サービス（3歳未満児保育利用率38〜44％）（フランス、スウェーデン並み）
　→両給付は統合又は選択・併用可能に（シームレス化）
・働いていない場合―月20時間程度の一時預かりの利用を支援
・学齢児―放課後児童クラブ（低学年利用率60％）
　→「小1の壁」の解消

子育て支援サービスを一元的に提供する新たな制度体系の構築

新制度へのステップとなる制度改正
・児童福祉法，次世代法の改正
・育児・介護休業法の見直し

新たな制度体系の制度設計の検討

法制化

資料：「持続可能な社会保障構築とその安定財源確保に向けた「中期プログラム」」における資料をもとに内閣府少子化対策推進室において作成。

構成される少子化対策会議が設置された。2004年6月には「少子社会対策大綱」がこの会議を経て，閣議決定された。

　2003年に制定された「次世代育成支援対策推進法」と「少子化対策基本法」の2つの法律は基本法で「少子化に歯止めをかける」と明確に打ち出したこと，次世代支援対策推進法で民間企業にも行動計画策定を義務づけたことが画期的である。これにより政府は環境づくりを通じて出生率を間接的に向上させるソフトなスタンスから，直接出生率の向上を目指すハードなスタンスに変わった。

　2004年に閣議決定された「少子化社会対策大綱」では，子育て家庭が安心と喜びをもって子育てにあたることができるように社会全体で応援するとの基本

的考え方に立って、「3つの視点」と「4つの重点課題」、「28の具体的行動」をあげている（図表5-4）。2004年12月には「少子化社会対策大綱に基づく具体的実施計画」（子ども・子育て応援プラン）が決定された。

子ども・子育て応援プランは大綱の掲げる4つの重点課題に沿って、2005年度から2009年度までの5年間に講ずる具体的な施策内容と目標を掲げている。施策の項目数は130にも上り、保育関係事業だけでなく若者の自立や児童虐待死の根絶など幅広い分野で目標値を設定している。

さらに少子化が進行する中で、2005年10月には、少子化社会対策会議の下に関係閣僚と有識者からなる「少子化社会対策推進会議」が設置され、さらにその下には少子化担当大臣が主宰する「少子化対策推進専門委員会」が設置された。また政府だけでなく与党も少子化に大きな関心を示し、2006年3月には「少子化に関する政府・与党協議会」が設置され、2006年6月には「新しい少子化対策について」が決定された。

7　現在の子育て支援政策

現在の日本においては社会保障給付費全体の中で児童・家族関係給付費の割合をみると、2004年度において3.1兆円で、全体の3.6％である（図表5-6）。

これにたいし、高齢者関係給付費は60.7兆円で全体の70.8％を占める。高齢化の進展に伴い年金、高齢者医療費、介護福祉費などの支出が増大してきたのにたいし、児童・家族関係給付費は人数が減ったこともあって抑えられてきた。1人当たり給付費で比較すると、65歳以上高齢者には約236万円支出されているのに15歳未満の児童には約17万円支出されているだけである。中でも公的年金への国庫負担が社会保障費の大きな割合を占めている。

国際的にみてもOECD諸国30カ国の中で日本の家族政策にたいする支出は対GDP比で0.6％で第25位で、スペイン、アメリカ、韓国と並んで最低グループに属している。

次に具体的な施策を妊娠出産関係、保育サービス、経済的支援についてみて

図表5-6　社会保障給付費における高齢者関係給付費と児童・家族関係給付費の推移

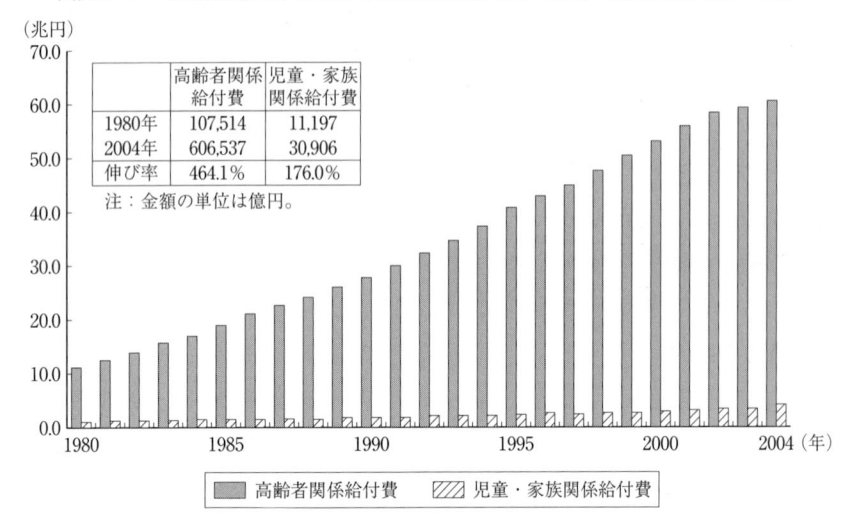

	高齢者関係給付費	児童・家族関係給付費
1980年	107,514	11,197
2004年	606,537	30,906
伸び率	464.1%	176.0%

注：金額の単位は億円。

資料：国立社会保障・人口問題研究所「社会保障給付費」。

みよう。

　日本の母子保健の水準は周産期死亡率，乳幼児死亡率の低さにみるように世界的にも高い水準にある。母子健康手帳による妊娠中の健康管理体制も整備され，雇用機会均等法・労働基準法でも母性健康管理措置として，産前6週間，産後8週間の休業が規定されている。出産休暇中は健康保険から標準報酬の60％が出産手当として支払われる。また医療保険は出産費用をカバーしないが35万円の出産一時金が支払われる。新しい対策として検診費用の無料化や不妊治療にたいする公的助成の拡大が進んでいる。現在の大きな課題は産婦人科医の減少などを改善し安心して出産できる産科医療システムの立て直し，周産期医療の重点化・ネットワーク化による充実を進めることである。

　保育関係はどうだろうか。0歳児では95.8％が家庭内で親に保育されているが，1，2歳になると保育所の利用が増えて，2歳児では25.6％が保育所を利用している。3歳以上になると幼稚園の割合が高くなり，4，5歳児では95％以上がどちらかに通っている（図表5-7）。低年齢児を中心に保育需要は高く，

第5章 少子化と男女共同参画

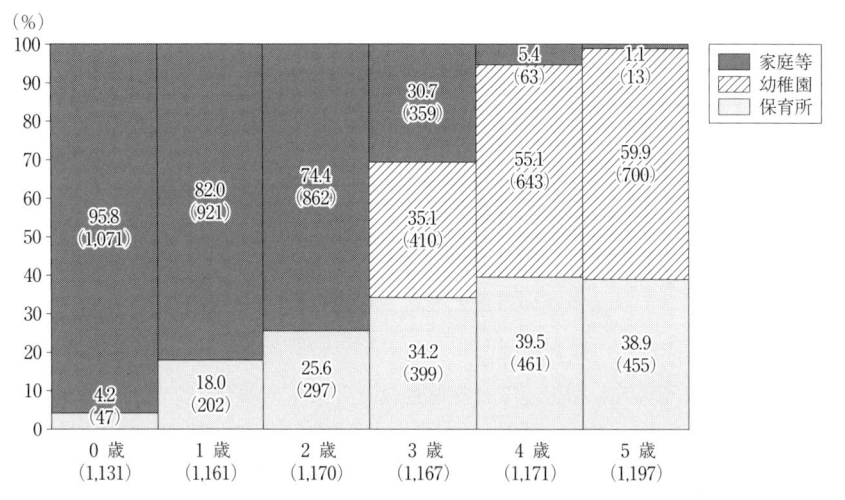

図表5-7 就学前児童の居場所

年齢	保育所	幼稚園	家庭等
0歳 (1,131)	4.2 (47)		95.8 (1,071)
1歳 (1,161)	18.0 (202)		82.0 (921)
2歳 (1,170)	25.6 (297)		74.4 (862)
3歳 (1,167)	34.2 (399)	35.1 (410)	30.7 (359)
4歳 (1,171)	39.5 (461)	55.1 (643)	5.4 (63)
5歳 (1,197)	38.9 (455)	59.9 (700)	1.1 (13)

注：（ ）内は，児童数。単位は千人。四捨五入の関係で合計と合わないことがある。
資料：厚生労働省保育課調べ（2005年10月1日現在），文部科学省「学校基本調査」（2005年5月1日現在），総務省統計局「人口推計」（2005年10月1日現在）。

待機児童ゼロ作戦により，2002年度から2004年度までに15万6000人の定員増が行なわれ，待機児童は2003年度から減りはじめてはいるが都市部を中心に約2万人の待機児童がいる。延長保育は拡大しているが，病児病後児保育，夜間保育，障害児保育等には十分対応していない。これは働き方にかかわり，夜間保育，延長保育を必要としない勤務，子どもが病気の際は親が休暇をとれるような職場環境整備も必要である。

また長い間懸案とされていた幼保一元化も少子化の中でやや進展した。2004年度から就学前教育・保育を一体として捉えた一貫した総合施設の検討が進められてきたが，2006年6月，国会で「就学前の子どもに関する教育，保育等の総合的な提供の推進に関する法律」が成立したことにより，10月からこの法律に基づき，「認定こども園」制度が施行されている。認定こども園とは，(1)就学前の子どもに，幼児教育，保育を一体的に提供する機能，(2)子育て相談や親子の集いの場の提供等，地域において子育て支援をする機能の両者を備えて認定基準を満たし，都道府県から認定を受けた施設である。保育に欠ける子も欠

けない子も受け入れ、利用手続きは利用者と施設の直接契約である。しかしその数は全国で229件（2008年5月）にとどまっている。

家庭の中で子育てする在宅育児にたいする支援のため、親子が気軽に集える場として「集いの広場」等の事業、保育所による一時預かり、ファミリーサポートセンター等の事業の拡充も行なわれている。「子ども・子育て応援プラン」では地域における子育て支援拠点を2009年度までに6000カ所、ファミリーサポートセンターを710カ所設置する目標をあげている。

昭和女子大学では筆者が理事長となってNPO昭和チャイルドファミリーセンターを立ち上げ、認証保育所昭和ナースリーと子育て広場SHIPを運営している。そのサービスを利用している母親たちの意識を調査したが（「2006年女性文化研究所ワーキングペーパー」）、都市部の専業母親の孤立感が明らかであった。2008年4月より昭和ナースリーは、認定こども園となり一時保育、子育て相談等の機能をとりこみ、「子育てステーション」の一部となった。

8　今後の子育て支援の方向

このように次々と少子化対策が策定されて出生率の低下は止まったものの、2007年で1.34と低位が続いており（2005年1.26から2006年は1.32に回復）、この原因の一つは日本の社会の将来のビジョンが明確でなく、少子化対策の名の下にさまざまな立場からの政策が幅広く盛り込まれていることにより、明確なメッセージが伝わっていないことにある。女性の多様な生き方を認めるとの立場から、厚生年金第3号被保険者など子育て期のみならず生涯専業主婦として生きることを推奨するなど、女性の就業についての政策スタンスがいまだに不明確である。たとえば2006年6月に出された「新たな少子化対策」においても、仕事と子育ての両立、労働時間の短縮、パートの均衡処遇、働きやすい環境づくりとともに、「家庭の日」の制定など家庭を大事にする国民運動や食育の推進などがあげられ、確たる方向がみえない中で各種施策が羅列されている。

第2章でみたとおり、60年代から70年代にかけて「子どもは母親が家庭で愛

情をもって3歳まで育てるのが望ましい。しかし，働く女性からの需要が多いのでやむを得ず保育サービスを提供する」とした保育関係者がいわゆる3歳児神話に席捲された影響は今も女性たちのライフスタイルの選択に影響を及ぼしているように，いったん国民に定着したメッセージを変更するには時間がかかる。

あらためて21世紀の社会においては男性も女性も差別を受けることなく教育を受け，能力適性に応じて働きつつ，家庭をもち子どもを育てていくことが可能になるよう環境を整えていかなければならないという国民的合意が必要である。母親の育児，とくに低年齢の子どもを育てる環境を整えるには育児休業の充実が不可欠である。そのための所得保障，代替要員の確保，復職保障などを強力に進めるべきであり，非正規社員が十分な支援を受けられないあり方は少子化対策の面からも規制していくべきである。

また男性の家庭，子育てへの参画が重要であるという認識は深まってきており，ワーク・ライフ・バランス憲章（2007年12月）も出されているが，これを実現するためには残業についての現行の規定さえ守られない状況を変え，サービス残業の禁止・処罰の徹底を図るなどの本格的な取組みが必要である。名目的なスローガンを掲げても実効は上がらない。

大まかな目安として日本女性の約80年の生涯のうち，約25年前後は保育・教育・学習・研修・訓練が主となる時期，約15年前後は出産子育てと仕事を両立する時期，約25年は仕事中心の時期，10年余りは社会貢献を主とする時期とすれば，子育て中の男女が弾力的な働き方，有給休暇・看護休暇などをとるのを社会全体で応援するのは当然であろう。そのうえで，どうこの社会を持続し，発展させていくか新たな取組みが必要とされている。

9　少子化と男女共同参画の統合

日本における少子化の進行は複合要因に因っているので，個々の対策だけでこの流れを変えることは困難である。しかし，少子化の急激すぎる進行が持続する社会経済と人間生活を維持していくうえで，深刻な課題となっている事実

は広く認識されるようになってきた。この結果、長い間日本で支配的だった「出産、子育ては私事、女の仕事」という見方は少なくなり、社会経済にかかわる重要な機能という認識は少子化を契機として広まった。しかし認識はあっても対応はいまだに及び腰である。

改めて少子高齢化の原因でもある男女役割分担型の職場と家庭を維持することは不可能であることを認識する必要がある。すなわち、以下のように図式化される。

強すぎる役割分担 ─┬→ 男性の経済的責任重い → 正社員の長時間労働・非正社員男性の非婚化
　　　　　　　　　└→ 女性のケア責任重い → 両立困難・出産退職 ── 再就職は困難か縁辺労働力

家庭、子育て、介護は「女性の責任領域」……男性のコミット薄い

女性の子育てにおける重すぎる責任や孤立感が出産への意欲をそぐ一因となっている。

女性が出産育児により、退職し、しかも退職後の就業機会が劣悪なことから女性の出産子育てについての機会費用が高まっている。『平成9年版国民生活白書』によれば出産退職、10年後にパートタイマーで就業する際の機会費用は約2億1000万円と推計しており、内閣男女共同参画局の推計で約1億970万円となっている。いずれも児童手当でカバーできる額ではない（図表5-8）。

仕事・職場は家庭責任を負わない男性を前提として、働き方、雇用管理、評価、給与等全てに男性を中心とするシステムが構築されており、女性が職場で就業を続けるためには男性並みの働き方が必要とされる。多くの女性は家庭との両立が困難なため能力を生かせず、職場から退場する。これは経済的にも大きな損失であり、教育の成果を生かすうえでも、優秀な労働力を確保するうえでも問題である。経済的にも子育て後約50年近い女性の人生を片働きの夫だけで支えていくのは、税、社会保障負担というマクロ的にも、家計の維持という

第5章　少子化と男女共同参画

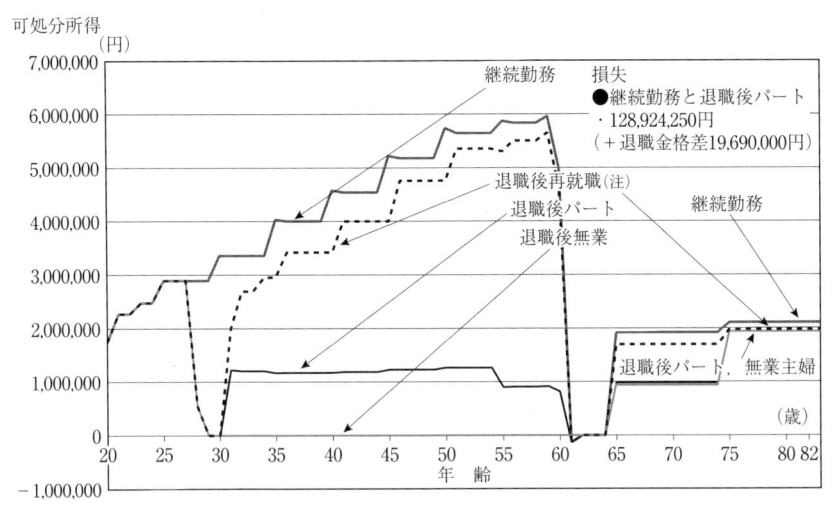

図表 5-8　女性の生涯の可処分所得（継続勤務した場合と一時退職後パート勤務した場合の比較）

（グラフ：横軸「年齢（歳）」20〜82歳、縦軸「可処分所得（円）」−1,000,000〜7,000,000円。凡例：継続勤務、退職後再就職（注）、退職後パート、退職後無業、無業主婦。注記：損失 ●継続勤務と退職後パート・128,924,250円（＋退職金格差19,690,000円））

注：退職後再就職する場合の賃金とは，再就職後の賃金上昇率を継続勤務する場合と同一と仮定した理論値である。
出所：内閣府男女共同参画局「ライフスタイルの選択と税制・社会保障制度・雇用制度の与える影響」2002年。

ミクロ的観点からも効率が悪い。男性だけでなく女性も働くことで，男性だけにかかる経済的負担は軽減され，妻の出産育児だけでなく夫の学習，次世代の教育などの機能も強化できる。

現実は，男女共同参画政策が十分進んでいないので，仕事と出産子育てが両立できず心ならずも専業主婦になったり，一時期子育てに専念するため退職すると，子育ての手が離れて再びまともな仕事に就きたくても就けないで専業主婦を続けざるを得ない女性に孤立感，被害者意識が強い。専業主婦のほうが育児不安，育児負担感が強いという経済企画庁の「国民選好度調査」（1997年調査）もある。これまで多くの女性にとって職場と家庭を両立する選択が可能な環境は整っていなかった。また家庭を選んだ母親が少数の子どもにティーンエージャーになっても過剰な保護，世話を行なう結果，次の世代が「ひよわ」になるという副作用もおこっている。

十分に男女共同参画政策が進み，子育てに社会的支援と男性の分担が期待で

きれば両立が可能になり、また復帰が可能ならば自分の意思で選択して一時期は子育てに専念することができると納得できれば女性たちは出産を選択する。西ヨーロッパや北欧でみられる出生増はそれを示している。

　日本経済研究センターの試算によれば1980年においてはOECD諸国で1人当たり国民所得が高くなるほど出生率が低下していたが、1990年にはその関係は薄れ、2004年には1人当たり国民所得が高い国ほど出生率が高まる傾向をみせている。これは第❻章でみるとおり、女性が就労しても出産育児が可能となる施策が進められたからである。日本においても出生率が低下した一因は男女共同参画が進んだからではなく、家族が生産をともにする自営業が減り、生計が豊かになり、社会保障も整備されて子どものもたらす利益が低下してきたからであり、また女性以上に男性たちが家庭以外の価値を重視し家庭で過ごす時間が少なくなったことも一因である。しかしより豊かさが浸透し、人々がモノの豊かさから、心の豊かさと人間のつながりを重視するようになれば、家庭、家族が見直される可能性は高い。しかしそれは伝統的な家長のもとで性別役割が固定された家族ではなく、お互いが尊重しあい支えあう、愛情重視型の家族である。その中で育児や家事も分担し支えあうことで、お互いへの理解と感謝が生まれ、子どもや子育ての価値も高まると予想される。現実には育児や家事の分担は、男性の優越性や価値を貶めると反発する男性、みんなで分担すると家事育児の分野での貢献を評価されなくなるのではないかと恐れる女性もいるので単純には進まないが、女性の就労と育児を支える施策がとられていけば、こうした反発は少なくなるであろう。

　少子化を食い止め反転させることのみを目指すあまり、女性に出産子育ての機能のみを期待し、女性の就業との両立の可能性を軽視、抑圧をすることは出生率を上げる効果がないことは南欧各国の例をみれば明らかである。

　女性を家庭に帰すことを目指して主婦のみを優遇するのでなく、女性が、子育て後に再就職できる専門職や正社員の仕事の機会を増やしたり、子育てと両立できる公私の保育サービスの充実により少子化対策としての効果があがる。

　女性も85年の人生のうち、15年余り（個人差大）は子育てに比重を置いても

それ以外の期間が圧倒的に長い現在，社会に能力を還元することは不可欠である。しかしそのためには日本的雇用慣行を根本的に見直さざるを得ない。そして年功序列，終身雇用の職場ばかりでなく，雇用の流動性と安定性がある程度確保される任期つきの職場，同一価値労働同一賃金の短時間勤務が可能な職場を広げていくことが求められる。こうした雇用の多様化はともすれば，労働コストの削減，雇用数の調節が容易だという経営の視点から推進されてきたが，働く側が選択できるよう，均等待遇のうえで多様化を進めなければならない。そのためにはある程度の規制も必要である。農業中心の時代には家族が生産を担っており男女とも働いていたが，工業中心時代に生産の主体が企業中心となり，性別役割分担が進んだ。しかしこれからのポスト工業化社会では，個人中心となり男女を問わず教育訓練をうけ，多様な人々と協力し，情報通信を駆使して新しい価値を生み出すことのできる人材，育児や介護，看護，医療，教育など人をケアできる人材がもっと必要とされる。

　第Ⅱ部でみるように，福祉の提供システムに関しては男女とも就労して社会保険料や税を負担するとともに社会，国が福祉や教育に責任をもって担う北欧，男女ともに差別なく働き，税，社会保険負担は低いが個人の責任で市場から教育，福祉サービスを購入するアメリカ，正規労働者に手厚い保護を提供するドイツ，家族の中で福祉サービスや経済的扶養を期待する日本・韓国などの東アジア等，多様な対応がある。女性が差別を受けず，その能力と適性を十分発揮して社会に貢献するとともに，子どもを生み，育て，教育を行ない社会を持続していくにはどのような体制がよいのか。

　それぞれの体制の長所だけをとることは不可能だが，北欧の平等，アメリカの差別の排除と市場サービスの充実と自己責任，東アジアの家族のつながりなどの長所を取り入れて日本に適したシステムは設計できるのか。子どもの福祉を重視することが女性の個性の否定にならず，女性の能力の発揮が出産育児をあきらめることとならないようにするには社会からのサポートや家族からのサポートが不可欠である。同時に男性の働き方や意識の変革，男性の家庭や子育てへの共同参画を可能とする働き方が不可欠である。また，高齢者が積極的に

保育，教育，介護にかかわる仕組みが必要である。男性も女性も家事，育児に携わり，さらに保育所，親族など多様な人々が多様な保育を提供し，子どもに費やす社会全体の総時間（かりに総エンジェル時間（gross angel time）とよぶ）を増やすとともに，総エンジェル費用（GAM: Gross Angel Money，子どもに投資する社会全体の費用）を増やすことが必要である。

10　仕事と子育て両立支援に関する専門調査会

　第4章でのべたとおり，2001年中央省庁再編の中で内閣総理大臣のリーダーシップを助ける総合調整官庁として内閣府が設置され，その中に経済財政諮問会議などの4大会議の一つとして男女共同参画会議が設置され，その事務局として男女共同参画局がスタートした。官房長官を担当大臣として定員は37名，年間予算約4億円という小さい局であったが，日本のナショナルマシーナリーとして大きな期待を背負ってのスタートで，筆者はその初代局長を務めた。

　会議，局設置と同時に当時の森総理から2001年6月の参議院選挙までに，働く女性の子育てを支援する方策を検討するようにという総理の指示がおりてきた。

　基本法に書かれている「女性に対する暴力」「影響調査」「苦情処理」「監視」などの専門調査会を設置する予定だったが，それに先んじて「仕事と子育ての両立支援に関する専門調査会」を立ち上げ，6月までの短期決戦で結論を出すこととなった。

　保育所の供給が不足していることは待機児童の多さが指標となる。地方では少子化が進みつつも，家族・地域のネットワークもまだ機能しており，定員割れの保育所もあるほどだが，大都市およびその近郊では待機児童が約3万3000人いるといわれた。その他に，待機しても入所できないので無認可保育所に預けたり，親など親族に預けて働いている女性，さらに保育手段が確保できなくて仕事をあきらめている女性まで数えれば，潜在的待機児童は30万人ともいわれる。

この保育需要に応えるにはどうすればよいか。公立保育所の保育水準は高いがコストも高いので，規制緩和で民間の参入を促進し合理化すべきとの意見も主張された。

　当時，延長保育，病後児保育など新しいニーズに民間保育所は63％が対応しているのに比べ公立は17％であった。父親のパパクォーター（父親だけが取得できる育児休暇。北欧で実施されている）など，男性の働き方を変えるべきだという意見，ベビーシッターなど民間の保育サービスを利用しやすくし，保育にかかる費用を必要経費として税控除してほしいなどとさまざまな意見も出された。

　保育所を「保育に欠ける」児童のための施設ではなく「保育を必要とする」児童のための施設にするため，児童福祉法から「措置」という言葉をかえるようにという意見も強かった。働く母親が貧しさのため，収入を得るためやむを得ず働くのではなく，女性も働くのが当たり前になっている時代の変化がこうした言葉にたいする違和感をもたらした。

　公立保育所は設備・施設は私立保育所よりもずっと水準が高く，保育士も全員資格をもち研修も行なわれ労働条件は整っているが，財政制約が強くなる中で民間への委託が進んでいる。私立のほうが弾力的な時間延長や習いごとのような付加サービスもある。全体として私立のほうが，保育サービスの多様化に努めており利用者の融通がきく。しかしそこで働く保育労働者の労働条件は公立よりかなり低い。

　多くの公立保育所に入れない子どもの母親は子どもたちを劣悪な条件の無認可保育所に預けたり，仕事を続けるのをあきらめざるを得ない。株式会社などの多様な経営主体が保育に参入することは必要だが，同時にサービスの水準を明らかにし，監視・審査することが不可欠であり，事後チェック体制が必要になる。

　学童保育も足りない。自主的な学童保育クラブ，児童館の放課後児童健全育成事業など，いろいろな取組みが行なわれているが，量も質も不十分である。

　本来投入すべき財源を充てていないからである。それは育児は母親の責任であるという固定観念の下，政策として優先順位が低かったからである。

仕事と育児の両立の一番の課題は職場である。育児を行なわない男性と同じように女性が働かなければ、正規の社員とみなされないような職場はまだまだ多い。こうした職場で多くの女性は仕事をやめており、職場にとどまった女性でも育児休業をとっているのは2000年で56.4％にすぎなかった。ましてや男性（法の趣旨からいえば、女性と同様育児休業をとる権利をもっているはずだが）は0.4％、有給休暇の消化率は50％そこそこ、サービス残業や転居を伴う転勤も辞せずという働き方である。こういう男性も含めて働き方を変えなければ、仕事と子育ては両立しない。この認識は2002年の少子化プラス１、2003年の次世代育成支援対策推進法で改めて打ち出され、2007年12月のワーク・ライフ・バランス憲章につながる。

2001年４月に、⑴両立ライフへ職場改革、⑵待機児童ゼロ作戦、⑶多様で良質な保育サービスを、⑷必要な地域すべてに放課後児童対策を、⑸地域こぞって子育てを、と５本の柱をたてるところまで整備し、中間発表を行なったところで、森総理の退陣表明、自民党総裁選、小泉総裁の選出と政界は目まぐるしく変化した。

しかし小泉新総理は2001年５月７日の所信表明演説の中でも「待機児童ゼロ作戦」の推進、男女共同参画について言明した。

小泉総理が、この「仕事と子育ての両立支援策」に熱心で、最終報告について具体的な数値目標と達成時期をつめるという各省との折衝にも理解を示しているというのが追い風になり、2004年度までに各年度５万人ずつ保育所定員を増加させるとの数値目標設定に持ち込めた。５つの柱にそれぞれ、具体的な目標と施策を書き込んだ。

その後すぐに参議院選挙となり、選挙の応援演説でも小泉総理はこの「待機児童ゼロ作戦」をよく強調した。

いわば政府の公約として認知されたことによって、この施策はそれ以後も地方選挙でもしばしば引用されることとなり、2004年度、05年度においても、保育所定員の各５万人増、放課後児童クラブの増設が進んで目標値は達成した。しかし供給が増えると需要も増え、待機児童は減ってはいない。

こうした施策を講じても合計特殊出生率が下げどまらず，ついに2002年には1.26にまでなったのに危機感を抱いた厚生労働省は省をあげて次世代育成支援法を制定した。これによって「仕事と子育て両立支援策」において「一番大事」と認識していながら民間企業に強制するだけの施策が盛り込めなかった「両立ライフへ職場改革」で提言した事項が実現した。

　この専門調査会の提言は子育てや家族のあり方は労働市場や雇用のあり方と深く結びついていることを示すことができた。たとえば，男性に少なくとも5日間の産休など育児休業・出産休暇の活用の目標として女性80％，男性10％という数値が出され，短時間勤務社員への普及も取りあげられた。企業内保育所への補助の拡大など男女共同参画局の役割は，まず提言することにあり，それを突破口に各省庁がフォローアップするという点で極めて意義があった。従来の行政なら，保育は厚生省管轄だから他の省庁は口出しすべきでないという暗黙のルールがあった。内閣府，そして小泉政権のスタート時は，そうした古いルールが変わった瞬間であり，その変化の潮目の中で「待機児童ゼロ作戦」を柱の一つとする「仕事と子育ての両立支援について」が閣議決定された。その後，2004年7月からは「少子化に関する専門調査会」が設置され，2005年9月に「少子化と男女共同参画に関する社会環境の国際比較報告書」，2006年9月に「国内分析報告書」，2006年12月に「企業等に与える影響に関する報告書」をまとめた。

11　女性政策・少子化対策の変遷

　こうした日本の戦後の女性政策と少子化対策の変遷をⅠ～Ⅳ期に分けたのが図表5-9である。日本の基幹産業が農業から製造業，知識経済に転換する中で，職場，家族のあり方が変わる中で，女性の労働・教育の変化に対応する施策が行なわれてきた。女性に対する施策はこうした社会経済の構造変化と不可分に結びついていることが明らかである。特に今後グローバル化がサブプライムローンの破綻にみられるように行き詰まり「新自由主義」「市場万能主義」

第Ⅰ部　女性政策の変遷

図表5-9　女性政策と少子化対策の変遷

	第Ⅰ期 戦後復興期 1945—60	第Ⅱ期 高度経済成長期 1960—75	第Ⅲ期 安定成長→バブル期 1975—93	第Ⅳ期 グローバル経済期 1993—
産　業	主は農業 軽工業	製造業（重化学・機械・電機）	高付加価値製造業 国際進出	金融・情報・サービス モノ・カネ・ヒトの国際移動・相互依存
職　場	農村・自営 雇用者	都市化 男性雇用者＋専業主婦 社内福利厚生の拡充	正社員が主流 男性雇用者＋パート主婦	男女雇用多様化（非正社員化） 共働き
家　族	三世代家族 家制度残存	核家族（夫婦＋子ども2人） 性別役割分担	晩婚化，高齢夫婦 新・性別役割分担 （妻は家計補助就労）	シングル化
女性労働	若年・未婚・未熟練労働者	OL	総合職 一般職	女性管理職 高度専門職
女性教育	男女共学	高校進学率男子上回る	短大	4年制大学
女性関係施策	基本的人権・法の下の平等 参政権	妻の座の優遇 保護	差別撤廃条約批准 雇用機会均等法 育児休業法	男女共同参画社会基本法 改正均等法 改正育児介護休業法
子育て	ベビーブーム 優生保護法	3歳児神話	母親＋幼稚園・保育所（4歳以上） 1.57ショック エンゼルプラン	次世代育成支援推進法 少子化対策基本法 ピル解禁 少子化 新エンゼルプラン
人口構造	多子社会	高齢化社会	少子高齢化社会	少子高齢社会 労働人口減少社会
福祉理念	救貧	再分配	機会均等	構造改革 再教育・再訓練
福祉施策	児童福祉法 生活保護	国民皆保険・皆年金（職域地域） 老人福祉法	日本型福祉社会 企業・家庭の福祉を税制・社会保険で補完	介護保険 育児支援策の始動

	製造業社会—知識経済社会	
経済	重化学工業（機械・電機） 熟練技能労働者・未熟練肉体労働者 年功，終身（長期安定雇用）	サービス・金融（市場原理） 知識労働者（多様性）・高度専門職 サービス労働者（流動化） 企業家・NPO

	再分配・所得保障→人への投資（教育，訓練）	
福祉	男性世帯主と扶養家族 性別役割分業（男性稼ぎ主・専業主婦）標準家族 高齢化 財の国際移動 応能型	男女共同参画 共働き家族 少子化，人口減少 資本・労働力の国境を越えた移動 応益型（受益者）

出所：各種資料を参考に筆者作成。

第5章 少子化と男女共同参画

がみなおしを迫られる中で,政府,企業,家族そして男性と女性が,どのようにその役割を果たすか新しい社会設計が必要となっている。

補論——育児保険試案

　少子化は複合要因で進んでおり,長期的にみれば多産多死社会から,多産少死社会へ,そして少産少死社会へと転換していくのは必然的であり,今まで人口増・需要増を前提としてきた社会資本整備も設備投資も根本的な見直しを必要としている。

　しかし日本の少子化のスピードは社会システムの転換の余裕を与えないほど危機的であり深刻である。少子化は複合要因でもたらされているだけに特効薬はないが,最大の障害は出産育児は私事であり,個々の親の責任であるとみなされていることである(たしかにこの"自己責任"の考え方が徹底しているアメリカでは連邦レベルでの保育所補助や育児休業制度もない)。介護については家族だけでは担いきれないというコンセンサスが成立し社会化が進められ,介護保険がスタートしたが,出産育児はまだ日本型福祉社会幻想から抜けきっていない。もちろん親が出産育児の第一の責任者であることは当然だが,子どもは社会の宝であり,社会的支援が不可欠である。もはや議論を行なう段階は過ぎ,有効な対策を実行すべき時期になっている。柱は2つ,職場の改革と子育て支援である。

　2003年7月に成立したすべての親が仕事と子育てを両立できるようにと,職場の変革を迫る次世代育成支援対策推進法は,2005年3月末までには従業員301人以上の企業は行動計画を立てることを義務づけており,各企業,自治体の誠実な取組みが期待される。[5]今のように働く母親の約3分の2が出産を機会に退職するのでなく希望者は最長3年育児休業を取得しその後職場に復帰できるようにするには,職場の改革と並んで子育て支援についても画期的な取組みが必要とされる。[6]

　2005年,児童手当の大幅な増額が民主党から提案され,また2007年度予算で

は児童手当が1万円に引き上げられた。たしかに現在の日本の社会保障はひたすら高齢者シフト，それも年金に偏りすぎているのは事実である。介護保険の創設により年金偏重がやや改められて，高齢者へのサービスは充実することとなったが，依然として子育てについては手薄である。日本の児童手当は額も少なく所得制限もあり，多子家庭の防貧か，出産奨励か性格があいまいで効果がみえない。それにたいしフランスのような手厚い児童手当や女性の就業保障で，出生率の低下に歯止めをかけた国もある。世論調査でも子育てにかかる経済的負担が大きいことを少子化の原因とする声は強い。だから日本でも児童手当の増額を要求する声が強いが，あえて筆者は児童手当ではなく育児保険，子育て保険を推奨したい。

なぜなら今，子どもたちに必要なのはお金ではなくサービスである。社会が子どもは宝というメッセージを言葉でなくお金でもなく行動で示すことが必要だからである。もちろん財源の余裕があればサービスに上乗せする現金給付もよいだろうが，まずは不足しているサービスを画期的に増やすことが急務である。子育てにお金がかかるというのも食費や衣服費より教育費である。それを考慮して後に示す育児保険試案では第1段階はサービスの充実，第2段階として子ども手当を含む制度設計とした。

介護保険はそれまで家族の責任とされてきた高齢者介護を社会全体が支えるとした点で大転換が行なわれたが，家庭で介護にあたっている家族への手当より，サービス供給体制の整備に財源を振り向けたことに大きな意義がある。ドイツの介護保険は家族介護に手当を出しているが，手当ではサービスの供給量は増えなかった。同様に子育て支援も供給の絶対量が少ない育児サービスの充実がまず必要である。就業している親だけでなく，専業の母親の孤立した子育ての支援も行なう。すべての親が利用できるように，「保育に欠ける子」だけでなく「保育を必要とする子」すべてが利用できるように，保育のユニバーサルサービスを行なう。そのためには従来の保育所だけでなく，一時保育，保育相談，育児サークル，幼児教育などすべてをカバーする育児保険が最適である。幼保一元化が約半世紀進まなかったのは幼稚園への公的補助と保育所への公的

補助の水準が違いすぎたのが一因であるが，新たに認定こども園がスタートすることになった。少子化と，働く母親の増加の中で，新しいこども園のスタートは遅すぎたとはいえ，時宜を得た改革であるが，今の日本の保育サービス基盤を思い切って充実するには新しい仕組みが必要である。現金給付が求められるのは，出産一時金，乳幼児医療費などであるが，これは無料の現物給付にすればよい。また育児休職する親の代替要員を雇う費用を雇用者に補塡して休業しやすくする[7]。

保険という形をとる第一のメリットは，全ての親が利用できるというユニバーサルサービスを可能にすることにある。税財源ではどうしても所得や必要度による制限がさけられず，量的な拡大にも限度がある。専業主婦の不公平感，所得スライドの保育料にたいする所得補足率の不公平感もうまれる。保険にすればサービスの供給量が飛躍的に増加して，需要に応えるだけでなく，多様な供給主体が参入することは介護保険で実証済みである。

第二のメリットはサービス供給の主体として社会福祉法人，学校法人，NPO，株式会社など多様な主体が参入できることである（公立の保育所は法人化するか，障がいなど特別のニーズをもつ子どもの保育・福祉サービスに特化すべきだろう）。もちろん幼稚園も，幼保一元化した総合施設（こども園）も保険給付の対象となる。多様な供給主体により，新しい雇用機会・就業機会が創出され，さまざまな年齢層の主婦や退職者など多くの人々が子育てというすばらしい仕事にかかわれる。

第三のメリットとしては世代間の連帯の確認である。国民年金の納付率が，20代で40％台，30代で50％台と空洞化しているように若い世代の社会保障への不信感が増す中で，現役世代にとっても手ごたえある給付に結びつけることで連帯意識が生まれる（北欧の人々が高負担に耐えているのは現役世代への給付も手厚いことが一つの理由である）。

このようにメリットが多いにもかかわらず，育児保険は伝統的な社会保険理論では無理だとされてきた。子をもつことは事故ではなく，親の意思によるものだからだという。しかし日本の現実としてそうした理論を超えて少子化が進

んでおり、保険金目当てに出産する親がいてもそれも可として子どもは社会の宝としてみんなで育てるべきであろう。

新たな保険制度を設けるというと大きい政府につながるのではないか、国民負担が増えるのではないかと批判がまきおこる。しかし公立保育所で公務員が育児サービスを行なうより、保険制度のほうがより多様で創意に満ちたサービスが可能であり、新しい雇用機会、就業機会、起業機会に結びつく。

また次に試算するようにサービスの充実を目指す第1段階では新たな負担は極めて少ない。扶養控除は高額所得者に有利な制度で、中堅層以下の恩恵は少ないのでこれを廃止し、育児保険の財源とする。公的年金所得と勤労所得の課税最低限度額も同額にすべきだろう。これだけで現在3.2兆円の児童・家族関係福祉サービスにたいする歳出は倍増し、地方自治体負担、1割自己負担を含めれば10兆円近い財源が確保できる。親の経済的負担が主として教育費に集中しているが、これは公教育への不信からきていることを考慮するならば、現金給付より公教育の充実こそ重要である。それでも現金給付をするというなら、月3万円以上を給付するくらいでないとインパクトは少ない。「高齢者から子どもに」、「ハードからソフトへ」、「道路から子どもへ」という資源の再分配は避けては通れないが、そこまで議論を広げるのは非現実的であろう。

分配の見直しなしで新たに児童手当を積み上げると大きい政府路線でさまざまな無駄を温存することになる。しかし資源再分配は既成の利権構造の変革なしには不可能であり、実現するには政治のリーダーシップが不可欠であり、国民がどの路線を支持するかの選択が問われることになる。

経済的支援に関しては2007年4月から「児童手当制度における乳幼児加算創設」として、3歳未満の児童にたいする児童手当の月額を一律1万円とすることとなった。第1子、第2子は5000円、第3子が1万円であったものが、一律1万円に引き上げられた。医療保険制度においては乳幼児医療費の自己負担分の軽減、保育所や幼稚園の費用軽減や補助、母子家庭などにたいする児童扶養手当、奨学金制度、さらには扶養控除等の税制上の措置も経済的支援に入る。これら国レベルの支援だけでなく地方自治体レベルでも多くの支援が行なわれ

```
○育児保険試案1
  保険者　市町村・特別区
  財源（国庫負担分）
      現行の児童関係給付費                                              3.2兆円
      所得税扶養控除の廃止                                              1.9兆円
      公的年金所得控除の優遇廃止                                          0.8兆円
      幼稚園就園奨励金, 地域教育力等                                       0.3兆円
  自治体負担分（現行どおり）                                              1.5兆円
  保険料（20歳以上の全国民×月額1000円）…介護保険料に上乗せ                  1.2兆円
  給付対象者12歳未満の子ども                                            1300万人
  給付内容（利用者は費用の1割負担, 国5割, 都道府県・市町村各2割）
    保育所・幼稚園              0歳児 10万人　1歳児 40万人　2歳児 50万人
                              3歳児 80万人　4歳児 100万人　5歳児 110万人
                              現行（1.7兆円）の約3倍　5兆円
    一時保育（0歳児から3歳児まで）×年間200時間                        約0.5兆円
    子育て相談　100万×時間                                          0.1兆円
    乳幼児医療費無料化（医療保険）                                     1.0兆円
    学童保育　2万カ所×500万円                                       0.1兆円
    育児サークル, その他                                             0.1兆円
    出産関係給付                                                    0.5兆円
    育児関係給付（現行の5倍）                                         0.6兆円
    現行の児童扶養手当, 児童手当                                       0.9兆円
○育児保険試案2
  試案1の扶養控除手当は現行どおりとする
  保育所, 幼稚園の費用を3.1兆円（現行の約2倍）にとどめる現実的な案
○育児保険試案3
  試案1の給付に子ども手当を加える           月3万円×1200万人（4.6兆円）
  現行の児童手当国庫補助分＋4兆円新財源が必要
                      参考　恩給費 1.1兆円　公共事業関係費 7.5兆円
                            国債費18.4兆円　社会保障関係費20.2兆円
```

（2005年4月当時）

ている。

　筆者はこうした育児に関する経済的支援と保育サービスの供給の抜本的増大を図るため，介護保険制度に統合した育児保険制度を提唱している。育児保険に関しては鈴木眞理子[8]なども提言しているが，介護保険との統合，現金ではなくサービスへ特化することは新しい提言である。筆者は介護保険制度創設によって公的セクターが直接介護福祉サービスを提供するだけでなく，資金的裏づけを得たことにより株式会社，NPOなどさまざまな主体が福祉サービスを供

給するようになったことに注目する。育児手当による子育て支援は公的支出が多いわりに出生率向上には効果は少ない。手厚い児童手当のドイツの出生率が低下し，保育サービス充実に方針転換したことも参考にすべきであろう。考慮すべきは女性が退職し，家庭で子育てをする場合の生涯賃金の逸失利益が2億円以上になることである。これを児童手当だけでカバーすることは現実に不可能である。女性が雇用を維持しつつ出産育児を行なうには，家族以外からも育児サービスの供給が不可欠である。アメリカのように賃金格差・所得格差の大きい社会では市場から育児サービスが購入できるが，日本のようにまだ経済格差の大きくない社会では，市場からのサービスを購入できるのはほんの一部の高収入女性だけである。日本では現金給付より，誰もが適正な価格で利用できるよう保育サービスの供給増大に重点を置くべきである。この育児保険の創設・介護保険との統合により，福祉サービスの供給主体が家族以外に広がる。もちろん保育の質については第三者の評価が不可欠である。日本が保険方式をとれば，北欧型の公務員による供給体制の非効率や非人間性を避けることが期待されるとともに，アングロサクソンの市場に育児サービスを頼ることによる価格と質の格差とバラツキに歯止めをかけつつ供給量を増やすことができると期待される。

注
(1) 人間の生殖システム，その機能と活動過程のすべての側面において，単に疾病，障害がないというばかりでなく，身体的，精神的，社会的に完全に良好な状態であること。すなわち，人々が安全で満ちたりた性生活を営み，生殖能力をもち，子どもを産むか産まないか，いつ産むか，何人産むかを決める自由をもつことを意味する（国連人口基金の定義，ホームページより）。
(2) 内閣府男女共同参画会議，2005年7月。
(3) 内閣広報室 (2005)「国民生活に関する世論調査」。
(4) 大淵寛・阿藤誠編著 (2005)『少子化の政策学』(人口学ライブラリー3) 第2章，原書房。
(5) 2006年3月末現在で，301人以上の企業は100％行動計画を策定している。
(6) 2006年6月改正され，2007年4月から施行された育児休業法によれば保育所に入れないなどの理由があれば18カ月まで育児休業が取得でき，休業中の所得保障

も50%となった。
(7) さらに交通機関の子ども料金を6歳まで無料，18歳まで半額にするとか，いろいろな給付はありうるがこれは次の段階の議論としよう。このような各種の育児の直接の負担を軽減するか，育児クーポンのような形で給付することが考えられる。
(8) 鈴木眞理子編著（2002）『育児保険構想』筒井書房。

第Ⅱ部

世界各国の女性政策と女性の意識

第6章
各国の女性の状況と意識

1　女性の状況の国際比較

　第1章から5章では，日本の女性の状況を1945年以降時系列で概観したが，次にアメリカ，スウェーデン，ドイツ，イギリス，韓国の5カ国の異なる福祉レジームにおいて女性と出生にかかわる状況と意識を概観する。資料は1982年に総理府婦人問題担当室，2002年に内閣府男女共同参画局が実施した「世界婦人意識調査」「男女共同参画に関する国際比較調査」および，2005年の内閣府共生社会担当「少子化に関する国際意識調査」である。国際比較によって男女の役割分担意識が日本では他の国々に比し極めて高く，また育児にかかわる負担感が強いことがうかびあがってきた。

2　結婚，出生——少子化の続く日本・韓国と克服したスウェーデン

　日本における女性政策の変化と晩婚化の進行と出生率の低下は第Ⅰ部でみたとおりである。このような晩婚化と低出生率は日本だけでなく多くの国でみられる。
　1970年には女性の平均初婚年齢は日本だけでなくほとんどの先進国で20代前半だったが，次第に上昇し，2000年には20代後半となっている。日本では2.8歳の上昇だが，スウェーデンで6.3歳，ドイツで4.5歳など，日本以上に上昇している。婚姻率も日本は人口1000人当たり6件台を続けているが，8件以上のアメリカを除いて婚姻率の低い国が多く，スウェーデンは3〜4件台にとどま

第Ⅱ部　世界各国の女性政策と女性の意識

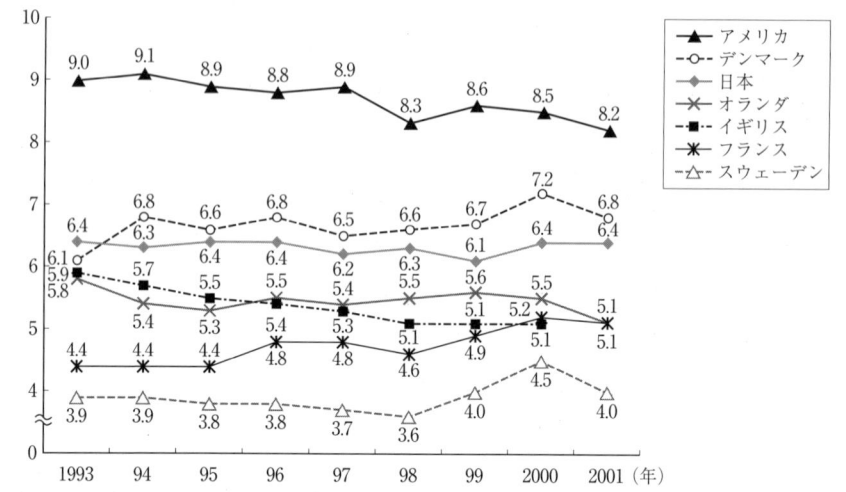

図表6-1　主な欧米諸国の婚姻率の推移

備考：1．国際連合『世界人口年鑑』により作成。日本は厚生労働省「人口動態統計」による。
　　　2．婚姻率は，当該年次の年央人口1000人にたいする婚姻件数を示している。ここでの婚姻は，法的な関係が形成された行為や儀式を対象としており，その合法性が各国の法律によって認められた手段によって決定されるものを指しており，この統計はその結婚登録に基づいている。
　　　3．なお，1993～96年のアメリカ，96年のフランスのデータについては暫定の数値。

っている（図表6-1）。

　この背景には法律婚という形態をとらず，事実婚や同棲をしている女性が増えたことがある。ヨーロッパ諸国では20代前半では国による差はあるが60％以上，スウェーデンでは77％が，こうした事実婚や同棲である。その背景として，多くの国で，(1)性や結婚に関する価値観が変わったこと，(2)離婚率が高まっていること，(3)事実婚も法律婚と同様に社会的に認められるようになったこと，(4)嫡出でない子への差別がなくなったことなど多くの要因が重なり，持続的な婚姻関係に入る前に試験的に同居する男女が多くなってきたことがあげられる。事実婚・同居をしている女性の割合は年齢が高くなるとともに減少し，20代前半で約3分の2だったものが20代後半で約3分の1，30代前半で10％台にまで減少し法律婚が増加している。スウェーデンでは1987年「サンボ（同棲）法」を制定し，非法律婚のカップルが共同で継続的に生活をともにしている場合は，

第⑥章　各国の女性の状況と意識

図表6-2　婚外子の割合　　　　　　　　　　　　　（%）

	1970	1975	1980	1985	1990	1995	2000	2002
日本	0.9	0.8	1.1	1.0	1.1	1.2	1.6	—
韓国	—	—	—	—	—	—	—	1.3
スウェーデン	18.6	32.8	39.7	46.4	47.0	53.0	55.3	56.0
フランス	6.8	8.5	11.4	19.6	30.1	37.6	42.6	44.3
ドイツ	7.2	8.5	11.9	16.2	15.3	16.1	23.4	26.1
アメリカ	10.7	—	18.4	22.0	28.0	32.2	33.2	34.0

資料：日本；厚生労働省「人口動態調査」。
　　　韓国；National Statistical Office, Vital Statistics. http://kosis. nso. go. kr.
　　　アメリカ；U. S. Census Bureau, Statistical Abstract of the United States.
　　　その他の国々；Council of Europe, Recent Demographic developments in europe 2004.

図表6-3　離婚率　　　　　　　　　　　　　　　　（%）

	1970	1975	1980	1985	1990	1995	2000	2002	2006
日本	0.9	1.1	1.2	1.4	1.3	1.6	2.0	2.3	2.0
韓国	0.4	0.5	0.6	1.0	1.1	1.5	2.5	3.0	2.6
スウェーデン	1.6	3.1	2.4	2.4	2.3	2.6	2.4	2.4	2.2
フランス	0.8	1.2	1.5	1.9	1.9	2.1	1.9	2.2	2.3
ドイツ	1.3	1.9	1.8	2.3	1.9	2.1	2.4	2.5	2.3
アメリカ	3.5	4.8	5.2	5.0	4.7	4.4	4.1	4.0	—

資料：図表6-2に同じ。

共同で財産を管理し家計を維持することを認めてさまざまな権利を与えている。1998年にはオランダでは法律婚をしないカップルのために「登録パートナー制度」を導入し，99年フランスでは長く共同生活をしパートナー関係を築いてきたカップルに，法律婚と同様の社会的権利を認める「連帯市民協約（PACS）法」を制定している。

　これらの国では届出なしに同居していても子どもが生まれると法律婚に移行するカップルが多いが，それでも嫡出でない子の割合はスウェーデンで56.0％に上り，フランスで44.3％，アメリカで34.0％と高い割合を占めている。中でもフランスは嫡出でない子の割合が従来は5.6％だったものが，80年代から増えはじめ，90年に30.1％，95年に37.6％と急激に増加してきている。このような欧米諸国に比べ日本や韓国では嫡出でない子の割合は次第に増加してきてはいるが，2000年に日本では1.6％，2002年に韓国も1.3％と極めて低い水準にと

第Ⅱ部　世界各国の女性政策と女性の意識

どまっている（図表6-2）。

　これら東アジアの国で離婚率は1990年代までは低かったが，21世紀に入り上昇しており，日本はヨーロッパ並み，韓国はアメリカについで高い。日本で嫡出でない子の出生が少ないのは，法律婚の尊重，嫡出でない子への法律的社会的差別が続いていることが影響していると思われる。1980年代にはアメリカの離婚率は人口1000人当たり，5件を上回り，ヨーロッパの2～3倍，アジアの4～5倍だったが，次第に減少し，2002年には4.0件，2005年には3.4件にまで落ち着いてきている（図表6-3）。

　合計特殊出生率に関してはアメリカが一番高く2.05で，以下，フランス，ノルウェー，フィンランドが1.8～1.9で，スウェーデン，イギリス，オランダ，オーストラリア等の国々が1.7～1.8，ドイツとギリシャ，イタリア，スペイン等の南欧の国々は1.3～1.4と日本と同水準である。

　第5章で述べたとおり，1960年代までの合計特殊出生率は欧米先進国では全て2.0以上だったが，70年代から80年代にかけて全体として低下する傾向がみられた。その要因としては結婚出産にたいする価値観の変化，避妊ピルなど出生抑制技術の普及，子どもの養育費用の増大，女性の労働力率の高まりなどがある。80年当時は女性労働力率の高い国ほど出生率が低下していた。しかし90年代に入ってから国による出生率の動きに差がみられるようになってきた（図表6-4）。

　スウェーデンは1980年代に1.6台に低下し，1990年には2.13にまで上昇した後，2000年には1.54にまで低下し，2004年には1.75まで回復しているように波動を描きながらも比較的高い出生率を保っている。その理由は第7章でみるように，出産10日前から子どもが8歳になるまで，両親合わせて480労働日の育児休業，その内の390日は休業前の80％の所得保障があり，残り90日も1日60クローナ支給される。制度が充実しているだけではなく実際の取得率も極めて高い。内閣府経済社会研究所「スウェーデン家庭調査」（2004年）によれば，出産時に母親が取得した休業日は321労働日以上とほぼ1年休業している者が43.5％を占め，195労働日（ほぼ9カ月）以下しか取得しなかった者は15.2％に

図表6-4 欧米諸国等の合計特殊出生率の動き

地域	国	1960	1970	1980	1990	1995	2000	2001	2002	2003	2004
北部ヨーロッパ	デンマーク	2.57	1.95	1.55	1.67	1.80	1.77	1.74	1.72	1.76	1.78
	フィンランド	2.72	1.82	1.63	1.78	1.81	1.73	1.73	1.72	1.76	1.80
	アイスランド	4.17	2.81	2.48	2.30	2.08	2.08	1.95	1.93	1.99	2.03
	アイルランド	3.76	3.93	3.25	2.11	1.84	1.90	1.94	1.97	1.98	1.99
	ノルウェー	2.91	2.50	1.72	1.93	1.87	1.85	1.78	1.75	1.80	1.81
	スウェーデン	2.20	1.92	1.68	2.13	1.73	1.54	1.57	1.65	1.71	1.75
	イギリス	2.72	2.43	1.90	1.83	1.71	1.64	1.63	1.64	1.71	1.74
南部ヨーロッパ	ギリシャ	2.28	2.39	2.21	1.39	1.32	1.29	1.25	1.27	1.28	1.29
	イタリア	2.41	2.42	1.64	1.33	1.18	1.24	1.25	1.26	1.28	1.33
	ポルトガル	3.10	2.83	2.18	1.57	1.41	1.55	1.45	1.47	1.44	1.42
	スペイン	2.86	2.90	2.20	1.36	1.18	1.24	1.26	1.27	1.30	1.32
西部ヨーロッパ	オーストリア	2.69	2.29	1.65	1.46	1.42	1.36	1.33	1.40	1.38	1.42
	ベルギー	2.56	2.25	1.68	1.62	1.55	1.66	1.64	1.62	1.64	1.64
	フランス	2.73	2.47	1.95	1.78	1.70	1.88	1.89	1.88	1.89	1.90
	ドイツ	2.37	2.03	1.56	1.45	1.25	1.38	1.35	1.31	1.34	1.37
	ルクセンブルク	2.28	1.98	1.49	1.61	1.69	1.76	1.66	1.63	1.63	1.70
	オランダ	3.12	2.57	1.60	1.62	1.53	1.72	1.71	1.73	1.75	1.73
	スイス	2.44	2.10	1.55	1.59	1.48	1.50	1.41	1.39	1.39	1.42
北アメリカ	カナダ	3.80	2.26	1.71	1.83	1.64	1.49	1.51	1.50	1.53	
	アメリカ	3.64	2.48	1.84	2.08	1.98	2.06	2.03	2.01	2.04	2.05
オセアニア	オーストラリア	3.45	2.86	1.90	1.91	1.82	1.75	1.73	1.76	1.75	1.77
アジア	日本	2.00	2.13	1.75	1.54	1.42	1.36	1.33	1.32	1.29	1.29

注：1．地域内の国の並び方は，国連が定めたものによる。ドイツは旧東ドイツを含む。
　　2．アメリカの2004年は速報値。
資料：ヨーロッパはEurostat，アメリカ（1960年のみ），カナダ（1995年まで），オーストラリア（1980年まで）はUnited Nations "Demographic Yearbook"，その他は各国資料。日本は厚生労働省「人口動態統計」による。

過ぎない。このため，25歳から34歳の女性の休業率は約20％である。スウェーデンでは女性はフルタイムで働き，出産したら育児休業を長くとり，家庭で子育てをした後，再びフルタイム就業者として働くライフスタイルが定着している。父親だけがとれる育児休業（パパクォーター）も定められており，男性の取得も増えはじめている。

　最近出生率の回復で注目されているフランスは子育てに手厚い経済的支援を行なっている。手厚い家族手当が所得にかかわりなく支給され，子育て休職ま

たはパートタイム労働の親には，養育手当が支給されている。また税制もN分のN乗といわれる世帯員の人数で所得を割り，税額を出したうえで世帯員数を掛ける。累進税率が緩和されるので高所得多子世帯には有利である。出産にあたっては産前6週間，産後8週間は80％の所得保障で休業できる。育児については子どもが3歳になるまで，終日休業か，パートタイム労働のいずれかを請求できる。

3 教育・労働

女性の教育水準は各国で大きく上昇している。アメリカやイギリスでは大学学部への進学率は女子のほうが10ポイント以上上回っており（図表6-5），社会科学系を専攻する者も増えている。また進学しても学位取得できずに退学する男子学生が多いのにたいして，女子学生の学位取得者は4～5割多い。日本の女性は短大進学が多いこともあって学部への進学率は男性のほうが高く，専攻分野も人文系に偏っているが，女性の教育水準はさらに上昇を続けると見込まれる。

日本でも高等教育の改革が進み，大学間の競争，社会との連携が強調されるようになっている。その中で女性の高等教育に関する新たな課題としては，第一に女性の専攻をより多様なものとし，とくに自然科学工学系の専攻を奨励するための取組み，第二に女性が，研究者，教育者としてのキャリアを積み重ねる方策，第三に経済のさまざまな場で女性が教育で身につけた能力技能を発揮する機会の確保についての方策が真剣に検討されはじめた。

また大学院レベルへの進学率が，2006年において男性13.8％にたいして女性6.8％と低い。これは女性の在学者が少ない自然科学系では大学院進学率が高く，女子が多い人文系で大学院進学が少ないことを反映しているが，女性の高学歴取得後のキャリアが不透明であったことも大学院進学をためらわせたと予想される。国立大学協会が，2010年までに女子教員比率を20％にする目標を掲げ，東京大学，東北大学，名古屋大学などいくつかの大学が，女性教員登用の行動計画を策定した。このように高等教育の改革が先行したが，初中等教育制

図表6-5　アメリカの進学率
(%)

		1998	1999	2000	2001
フルタイム進学者	男	41.5	43.4	43.1	44.0
	女	50.3	52.1	52.7	54.1
	計	45.8	47.6	47.7	48.9
パートタイム進学者を含む	男	51.4	54.9	54.2	54.8
	女	63.0	66.8	67.1	68.4
	計	57.1	60.7	60.4	61.4

資料：文部科学省「教育水準の国際比較」。

図表6-6　教育支出のGDP比
(%)

	1990			1995			2002		
	公費	私費	合計	公費	私費	合計	公費	私費	合計
日本				3.5	1.1	4.7	3.5	1.2	4.7
韓国							4.2	2.9	7.1
スウェーデン	5.1		5.1	6.1	0.1	6.2	6.7	0.2	6.9
フランス	5.1	0.5	5.7	5.9	0.4	6.3	5.7	0.4	6.1
ドイツ				4.5	0.9	5.4	4.4	0.9	5.3
アメリカ	4.9	2.2	7.1	5.0	2.2	7.2	5.3	1.9	7.2

資料：OECD, *Statistic Outlook*.

度についても新たな検討が始まっている。6・3・3制の見直しや学区制の弾力化，教育委員会制度の見直しなどである。敗戦当時の急激な教育改革の推進については，保守勢力からは，個人を尊重するあまり，愛国心，公共への貢献，伝統の尊重等が軽んじられているとの批判が繰り返されており，2006年には教育基本法が改正された。その中で，男女共同参画社会の構築が教育目標の一つとしてあげられている。しかし，初中等教育においては，男女の機会均等は推進されたが，女性の特性の尊重論が根強く残っている。文部行政の中で女性の社会教育，男女共同参画行政を進めてきたのは社会教育局（現在は生涯教育局）である。このため生涯学習の中での男女共同参画の推進についてはNEWAC（国立女性教育会館）をはじめ強力に推進されているが，初中等教育など学校教育の中の位置づけは確立しておらず，今後の検討課題である。女性教育が抱える今日的課題は，戦後の改革から様変わりしているが，教育の機会均等，教育による女性のエンパワーメントは女性の福祉の増進の基礎であり，将来への投

第Ⅱ部　世界各国の女性政策と女性の意識

図表 6-7　女性の労働力率
(%)

	1970	1980	1990	2000	2004
日本	54.4	51.6	55.3	59.6	60.1
韓国	33.3	41.5	50.0	51.8	54.7
スウェーデン	51.4	67.5	82.6	75.5	75.7
フランス	48.0	53.7	56.1	61.6	63.8
ドイツ	—	—	62.6	63.0	65.2
アメリカ	46.0	60.0	66.5	70.8	69.2

資料：OECD, *Statistic Outlook*.

資である。そのため北欧の国々でも大陸型の福祉レジームの国々も義務教育から大学教育まで公費支出が大きい比重を占める。しかし日本はアメリカとともに公費の高等教育負担が少ない国であり、親が高等教育費の大部分を負担しており、その割合は高い（図表6-6）。

教育投資として子どもへの教育が生涯賃金の上昇に結びつく可能性の高い男子への教育に劣らず女子への教育費用を親が負担してきたことは、日本の経済成長、少子化により教育費を負担できる経済力がついたことと並んで、家庭における男女平等が浸透してきている証といえよう。

女性の労働については20世紀後半に大きな変化があった。1960年代から女性の雇用労働力率（15歳から64歳）は欧米では上昇をはじめていたが、1970年においてもまだ日本（54.4％）を下回っていた。日本は家族従業者として働く女性が多かったので労働力率は比較的高かった。当時スウェーデン51.4％、アメリカ46.0％、フランス48.0％という状況であった。その後欧米各国の女性雇用労働力率は上昇し80年代からはイタリアを除いてすべての国が日本を上回っている（図表6-7）。

とくに印象的なのは25歳から34歳までの出産育児期の女性の雇用率である。図表6-8をみると、スウェーデンは60年代には労働力率はM字形を描き、イギリスでは1970年になっても、労働力率はM字型を描いていたが、80年代までにその落ち込みはなくなり、台形を描くようになっている。それに引き換え、日本は、育児期の落ち込みが浅くなりつつあるとはいえ、2005年になってもまだM字型がはっきり残っている。それはこの間欧米各国では出産育児期

第6章 各国の女性の状況と意識

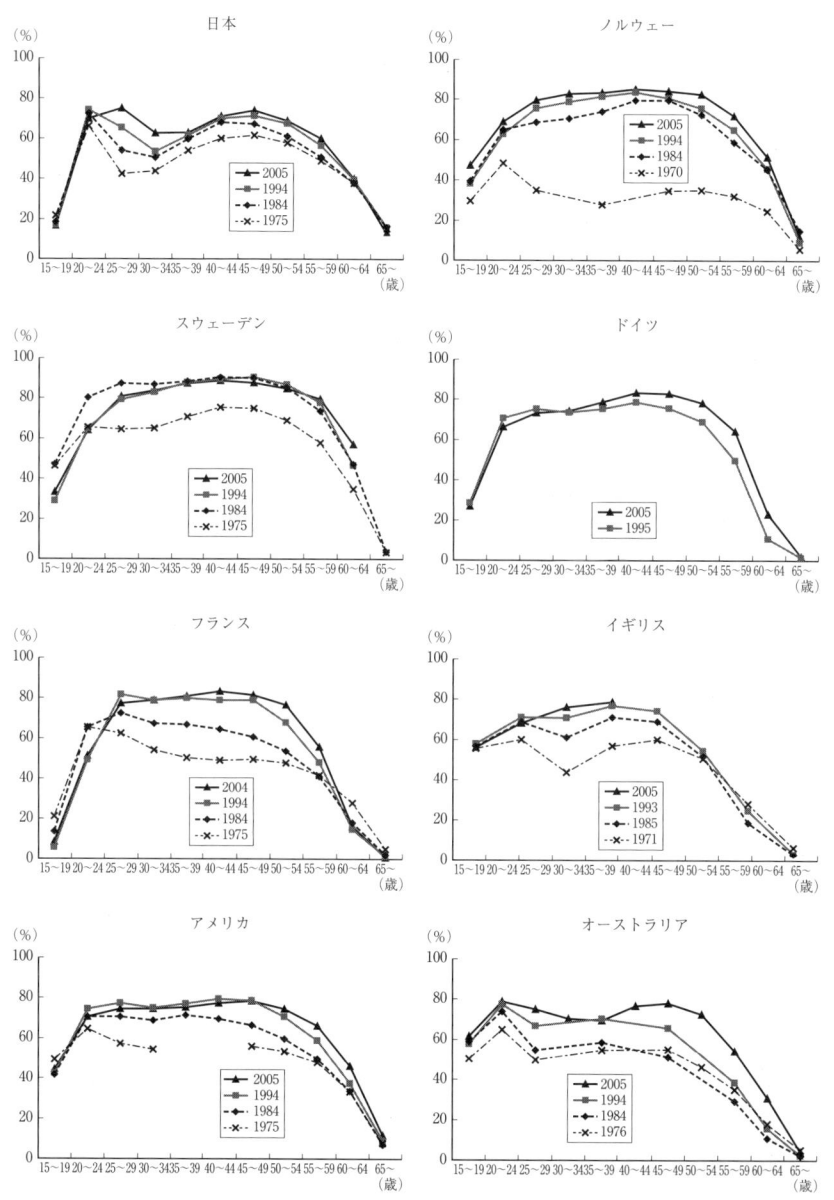

図表6-8 各国年齢階級別女性労働力率

資料：内閣府男女共同参画局『男女共同参画白書』（2002年）。

の休業や保育サービスの充実によって，女性雇用を維持する体制が整ってきているのに引き換え，日本では育児休業法やエンゼルプランなどの保育施策が行なわれているが実効が乏しく，第1子の出産時に約3分の2の女性が退職しているからである。各国では女性労働への配慮，差別の禁止，家庭・子育てとの両立の環境整備が進んでいるが日本では遅れていることが反映している。

4 政策決定への進出——政界，経済界への女性参画

女性の政策決定への参加状況を政治分野でみると，先進国ではスウェーデンが最も多く47.3％を占め，フィンランド，ノルウェー，デンマークなど北欧の国々が高い割合を占めている（図表6-9）。

　国会議員における女性の割合はヨーロッパのうちイギリス（19.7％），イタリア（17.3％），フランス（12.2％）は10％台で，アメリカも16.3％と比較的少ない。コスタリカ，アルゼンチンなど南米の国々は比較的多い。これは小選挙区か比例区かなど選挙のシステムが影響している。アルゼンチン，韓国などのクォーター制(2)をとっている国，フランスのようにパリテ法(3)を作って女性議員の割合を増やそうとしている国もあるが，多くは政党が選挙作戦として女性候補者を立てている。IPU（列国議会連盟）の2007年2月調査によれば日本は9.4％で144カ国中100位である。どの政党も特別に女性候補への優遇や支援を行なわず，ポジティブアクション，クォーターの試みも行なわれていない（2005年9月の総選挙は女性候補が話題となり，立候補数も増え，比例区で優遇された）。民間の女性団体が主催する政治スクールが，立候補しようとする女性に研修の機会を提供し，また，超党派の女性の候補者に資金援助を行なう女性団体 winwin も1998年スタートしたが，会員数1万3400人（2005年）と大きな広がりはみせていない。

　日本のもう一つの特徴は国政よりも地方での女性の政治参画が低調なことである。1980年代半ばまで，都道府県議会議員は2％未満，市会議員は2〜3％，町村議会議員は1％未満という状況が続いた（自治省資料）。地方においては都市部に比べ男尊女卑の風習が残り女性の能力，適性にたいする偏見が強いこと，

第6章　各国の女性の状況と意識

図表6-9　国会議員における女性の割合

順位	国名	女性割合（％）	女性議員数(人)	議員数(人)	選挙月
1	ルワンダ	48.8	39	80	2003年9月
2	スウェーデン	47.3	165	349	2006年9月
3	コスタリカ	38.6	22	57	2006年2月
4	フィンランド	38.0	76	200	2003年3月
5	ノルウェー	37.9	64	169	2005年9月
6	デンマーク	36.9	66	179	2005年2月
7	オランダ	36.7	55	150	2006年11月
8	キューバ	36.0	219	609	2003年1月
	スペイン	36.0	126	350	2004年3月
10	アルゼンチン	35.0	90	257	2005年10月
11	モザンビーク	34.8	87	250	2004年12月
12	ベルギー	34.7	52	150	2003年5月
13	アイスランド	33.3	21	63	2003年5月
14	南アフリカ	32.8	131	400	2004年4月
15	オーストリア	32.2	59	183	2006年10月
	ニュージーランド	32.2	39	121	2005年9月
17	ドイツ	31.6	194	614	2005年9月
18	ブルンジ	30.5	36	118	2005年7月
19	タンザニア	30.4	97	319	2005年12月
20	ウガンダ	29.8	99	332	2006年2月
⋮					
38	オーストラリア	24.7	37	150	2004年10月
39	シンガポール	24.5	23	94	2006年5月
⋮					
61	イギリス	19.7	127	646	2005年5月
⋮					
82	アメリカ	16.3	71	435	2006年11月
⋮					
98	韓国	13.4	40	299	2004年4月
⋮					
106	フランス	12.2	70	574	2002年6月
⋮					
131	日本	9.4	45	480	2005年9月
⋮					
135	マレーシア	9.1	20	219	2004年3月

備考：1．IPU "Women in Parliaments"（2007）より作成。
　　　2．調査対象国は189カ国。
　　　3．二院制の場合は下院の数字。順位はIPU発表資料を基に内閣府にてカウントし直したもの。

図表6-10 管理的職業従事者,専門的職業従事者の国際比較(2005年)

	就業者					管理的職業従事者					専門的職業従事者				
	総数	女性	男性	女性割合	男性割合	総数	女性	男性	女性割合	男性割合	総数	女性	男性	女性割合	男性割合
	千人	千人	千人	%	%	千人	千人	千人	%	%	千人	千人	千人	%	%
アメリカ	141,730	65,757	75,973	46.4	53.6	20,450	8,689	11,761	42.5	57.5	28,795	16,207	12,588	56.3	43.7
イギリス	28,165	13,104	15,061	46.5	53.5	4,135	1,425	2,710	34.5	65.6	3,531	1,495	2,036	42.3	57.7
韓国	22,856	9,526	13,330	41.7	58.3	574	45	529	7.8	92.2	1,839	860	979	46.8	53.2
スウェーデン	4,263	2,038	2,225	47.8	52.2	205	61	144	29.9	70.6	828	421	407	50.8	49.2
ドイツ	36,567	16,432	20,135	44.9	55.1	2,497	932	1,565	37.3	62.7	5,274	2,059	3,216	39.0	61.0
日本	63,560	26,330	37,230	41.4	58.6	1,900	190	1,710	10.1	90.5	9,370	4,310	5,060	46.0	54.0
フィリピン	32,875	12,670	20,205	38.5	61.5	3,767	2,176	1,591	57.8	42.2	1,391	945	446	67.9	32.1
フランス	24,721	11,276	13,445	45.6	54.4	321	23	298	7.2	92.8	1,877	699	1,178	37.2	62.8

出所:内閣府男女共同参画局『男女共同参画白書』(2007年)。
備考: 1. 日本は総務省「労働力調査」,その他の国はInternational Labour Office, LABORSTA Internet (http://laborsta.ilo.org/) より作成。
2. 国により測定方法は異なる。
3. フランスは2004年のデータを使用。

議員が地域代表,利益団体代表という色彩が強く女性が排除されがちだったこと,女性たちが社会的な活動をした経験が乏しかったことから,立候補自体が難しかった。また選挙が一部の政党候補者を除き,個人で資金を集め支持者を集め組織づくりをしなければならなかったことも女性の政治参画を妨げた。

90年代後半以降,男女共同参画の学習をしていた市民グループや,社会福祉,環境等の活動をしている団体での経験をもつ女性たちが市会議員に立候補するようになり,2007年末で都道府県議会議員で8.0%,市会議員で11.9%,町村議会議員で7.7%と急速に増加している。それでも女性議員がいない町村議会が約半数ある。フィリピン,バングラデシュのように女性が大統領になっている国,ドイツやニュージーランドのように首相についている国も増えつつあるのにたいし,日本の女性議員は増えてはいるがそのスピードは遅い。

管理的職業についてはアメリカが42.5%と多く,ヨーロッパの国々はドイツ,イギリス,スウェーデンなど3割程度の国が多い。アジアではフィリピンが57.8%と特別に高い。女性の両立支援制度が整っているスウェーデンで管理職が29.9%であるのに比較して,公的な支援制度が整っていないアメリカで女性管理職が多い(図表6-10)。第8章で紹介したインタビューを行なった女性エ

第6章 各国の女性の状況と意識

図表6-11 HDI，GEM，GGIにおける日本の順位

① HDI（人間開発指数）			② GEM（ジェンダー・エンパワーメント指数）			③ GGI（ジェンダー・ギャップ指数）		
順位	国　名	HDI値	順位	国　名	GEM値	順位	国　名	GGI値
1	アイスランド	0.968	1	スウェーデン	0.925	1	ノルウェー	0.824
2	ノルウェー	0.968	2	ノルウェー	0.915	2	フィンランド	0.820
3	カナダ	0.967	3	フィンランド	0.892	3	スウェーデン	0.814
4	オーストラリア	0.965	4	デンマーク	0.887	4	アイスランド	0.800
5	アイルランド	0.960	5	アイスランド	0.881	5	ニュージーランド	0.786
6	オランダ	0.958	6	オランダ	0.872	6	フィリピン	0.757
7	スウェーデン	0.958	7	オーストラリア	0.866	7	デンマーク	0.754
8	日本	0.956	8	ドイツ	0.852	8	アイルランド	0.752
9	ルクセンブルク	0.956	9	ベルギー	0.841	9	オランダ	0.740
10	スイス	0.955	10	スイス	0.829	10	ラトビア	0.740
11	フランス	0.955	11	カナダ	0.829	11	ドイツ	0.739
12	フィンランド	0.954	12	スペイン	0.825	12	スリランカ	0.737
13	デンマーク	0.952	13	ニュージーランド	0.823	13	イギリス	0.737
14	オーストリア	0.951	14	イギリス	0.786	14	スイス	0.736
15	アメリカ	0.950	15	シンガポール	0.782	15	フランス	0.734
16	スペイン	0.949	16	トリニダード・トバゴ	0.780	16	レソト	0.732
17	ベルギー	0.948	17	フランス	0.780	17	スペイン	0.728
18	ギリシャ	0.947	18	アメリカ	0.769	18	モザンビーク	0.727
19	イタリア	0.945	19	オーストリア	0.748	19	トリニダード・トバゴ	0.724
20	ニュージーランド	0.944	20	ポルトガル	0.741	20	モルドバ	0.724
21	イギリス	0.942	21	イタリア	0.734	21	オーストラリア	0.724
22	香港（中国）	0.942	22	バハマ	0.730	22	南アフリカ	0.723
23	ドイツ	0.940	23	アイルランド	0.727	23	リトアニア	0.722
24	イスラエル	0.930	24	アラブ首長国連邦	0.698	24	アルゼンチン	0.721
25	韓国	0.928	25	アルゼンチン	0.692	25	キューバ	0.720
26	スロベニア	0.923	26	ギリシャ	0.691	26	バルバドス	0.719
27	ブルネイ	0.919	27	コスタリカ	0.690	27	アメリカ	0.718
28	シンガポール	0.918	28	キューバ	0.674	28	ベルギー	0.716
29	クウェート	0.912	29	イスラエル	0.662	29	オーストリア	0.715
30	キプロス	0.912	30	エストニア	0.655	30	ナミビア	0.714
31	アラブ首長国連邦	0.903	31	チェコ	0.650	31	カナダ	0.714
32	バーレーン	0.902	32	マケドニア旧ユーゴスラビア	0.644	32	コスタリカ	0.711
33	ポルトガル	0.900	33	ラトビア	0.644	33	ベラルーシ	0.710
34	カタール	0.899	34	スロバキア	0.638	34	パナマ	0.710
35	チェコ	0.897	35	バーレーン	0.627	35	エクアドル	0.709
36	マルタ	0.894	36	ペルー	0.627	36	ブルガリア	0.708
37	バルバドス	0.889	37	スロベニア	0.625	37	エストニア	0.708
38	ハンガリー	0.877	38	クロアチア	0.622	38	タンザニア	0.707
39	ポーランド	0.875	39	ポーランド	0.618	39	ポルトガル	0.705
40	チリ	0.874	40	ナミビア	0.616	40	モンゴル	0.705
41	スロバキア	0.872	41	キプロス	0.615	41	キルギス	0.705
42	エストニア	0.871	42	リトアニア	0.614	42	ロシア	0.699
43	リトアニア	0.869	43	バルバドス	0.614	43	ウガンダ	0.698
44	ラトビア	0.863	44	ブルガリア	0.605	44	ジャマイカ	0.698
45	クロアチア	0.862	45	エクアドル	0.605	45	カザフスタン	0.698
46	アルゼンチン	0.860	46	スリナム	0.604	46	クロアチア	0.697
47	ウルグアイ	0.859	47	メキシコ	0.603	47	ホンジュラス	0.696
48	キューバ	0.855	48	タンザニア	0.600	48	ペルー	0.696
49	バハマ	0.854	49	パナマ	0.597	49	ポーランド	0.695
50	コスタリカ	0.847	50	ホンジュラス	0.590	50	コロンビア	0.694
51	メキシコ	0.842	51	ウガンダ	0.590	51	スロベニア	0.694
52	リビア	0.840	52	セントルシア	0.590	52	タイ	0.692
53	オマーン	0.839	53	レソト	0.589	53	マケドニア	0.691
54	セーシェル	0.836	54	ハンガリー	0.586	54	ウルグアイ	0.691
55	サウジアラビア	0.835	55	ガイアナ	0.586	55	ウズベキスタン	0.691
56	ブルガリア	0.834	56	セルビア	0.584	56	イスラエル	0.690
57	トリニダード・トバゴ	0.833	57	ベネズエラ	0.577	57	中国	0.688
58	パナマ	0.832	58	チリ	0.575	58	エルサルバドル	0.688
59	アンティグア・バーブーダ	0.830	59	キルギス	0.573	〃		
60	セントクリストファー・ネーヴィス	0.830	60	ドミニカ共和国	0.561	98	日本	0.643

出所：内閣府男女共同参画局『男女共同参画白書』（2009年）。

備考：1．国連開発計画（UNDP）"Human Development Indices: A statistical update 2008"及び世界経済フォーラム"The Global Gender Gap Report 2008"より作成。
　　　2．測定可能な国数は，HDIは179カ国，GEMは108カ国，GGIは130カ国。

143

グゼクティブも，家族の支援や民間のサービスを利用しながら仕事を継続していた。そして職場での差別禁止は極めて厳格に守られている。

女性の教育水準の上昇を反映して専門的職業につく女性は増えており，フィリピン，アメリカ，スウェーデンなどでは女性が過半数を占めており，管理職は少ない日本や韓国でも専門的職業では40％以上を占めている。

このような女性が社会で十分能力を発揮しているかという観点から国連開発計画が算出したGEM（Gender Empowerment Measure，ジェンダー・エンパワーメント指数）によれば日本は108カ国中58位（『2008年版人間開発報告書』）である。平均寿命，1人当たり国民所得，教育水準から算出される人間開発指数では179カ国中8位であるのに比較して，男女の賃金格差，国会議員比率，管理職比率などで算出するGEMの順位は雄弁に日本の女性の地位の低さを語っている（図表6-11）。職場での地位の比重が高い世界経済フォーラムのジェンダーギャップ指数では130カ国中98位である。

5　生活時間と家庭にかかわる意識——日本・韓国の性別役割分担調査から

女性の職場や社会での活動とかかわりが深いのは時間の使い方である。日本の夫が家事，育児を分担しないのはよく知られているが，6歳未満の子どもをもつ男女の育児時間を比較してみると，日本の男性は25分であるのにたいし女性は3時間3分である。図表6-12にみるように欧米諸国では男性が1時間以上育児をしている国が多いのに比べ，極めて少ない。育児時間だけでなく家事時間全般も日本の男性の少なさは群を抜いている。これは男性の労働時間が長いこともあるが，その背後に男は仕事，女は家事，育児という性別役割分担意識が強いことが影響している。別の見方をすればアメリカの男性もヨーロッパ諸国に比して労働時間が長いにもかかわらず，家事，育児時間はヨーロッパより長い。労働時間だけでなく意識の違いが家事分担に影響しているが，それがアメリカで公的福祉サービスが少ないにもかかわらず女性が職場で活躍している要因の一つであろう。日本でも長時間労働が男性の家事，育児参加を阻んで

第6章　各国の女性の状況と意識

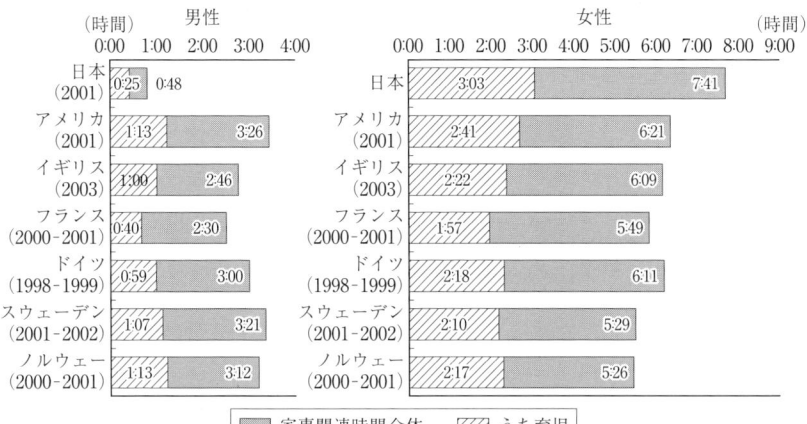

図表 6-12　6歳未満児のいる男女の育児，家事関連時間

	男性	女性	
日本 (2001)	0:25 / 0:48	日本	3:03 / 7:41
アメリカ (2001)	1:13 / 3:26	アメリカ (2001)	2:41 / 6:21
イギリス (2003)	1:00 / 2:46	イギリス (2003)	2:22 / 6:09
フランス (2000-2001)	0:40 / 2:30	フランス (2000-2001)	1:57 / 5:49
ドイツ (1998-1999)	0:59 / 3:00	ドイツ (1998-1999)	2:18 / 6:11
スウェーデン (2001-2002)	1:07 / 3:21	スウェーデン (2001-2002)	2:10 / 5:29
ノルウェー (2000-2001)	1:13 / 3:12	ノルウェー (2000-2001)	2:17 / 5:26

凡例：家事関連時間全体／うち育児

注：1．各国で行なわれた調査から，家事関連時間（日本：「家事」，「介護・看護」，「育児」，「買い物」の合計，アメリカ："Household activities", "Purchasing goods and services", "Caring for and helping household members", "Caring for and helping non-household members" の合計，欧州："Domestic Work"）と，その中の育児（Childcare）の時間を比較した。
2．日本は，「夫婦と子ども世帯」における家事関連時間である。
資料：Eurostat, "How Europeans Spend Their Time Everyday Life of Women and Men" (2004), Bureau of Labor Statistics of the U.S., "America Time-Use Survey Summary" (2004), 総務省統計局「社会生活基本調査」（2001年）。
出所：『平成18年版厚生労働白書』。

いる一つの要因ではあろうが，それだけを是正すれば男性の家事，育児時間が増えるわけでないことは，労働時間がアメリカ男性より短いドイツやフランスの男性の家事，育児時間が短いことに十分留意しておく必要がある。

　この背景にある性別役割分担観についてみてみよう。日本の性別役割分担意識が1970年代に広く国民に浸透していた状況は第2章でみたが，男女共同参画政策の進展の中でどう変わったであろうか。図表6-13にみるように性別役割分担意識は少しずつ減少はしているがその変化は緩やかなものである。総理府婦人問題担当室と内閣男女共同参画局は1982年と2002年に同じ設問で国際比較調査を行なっているが，その結果は図表6-14のとおりである。他の欧米諸国や韓国と比較すると日本の性別役割分担意識は高い水準にとどまっていることがわかる。

第Ⅱ部　世界各国の女性政策と女性の意識

図表6-13　日本の「夫は外で働き，妻は家庭を守るべきである」という考え方について

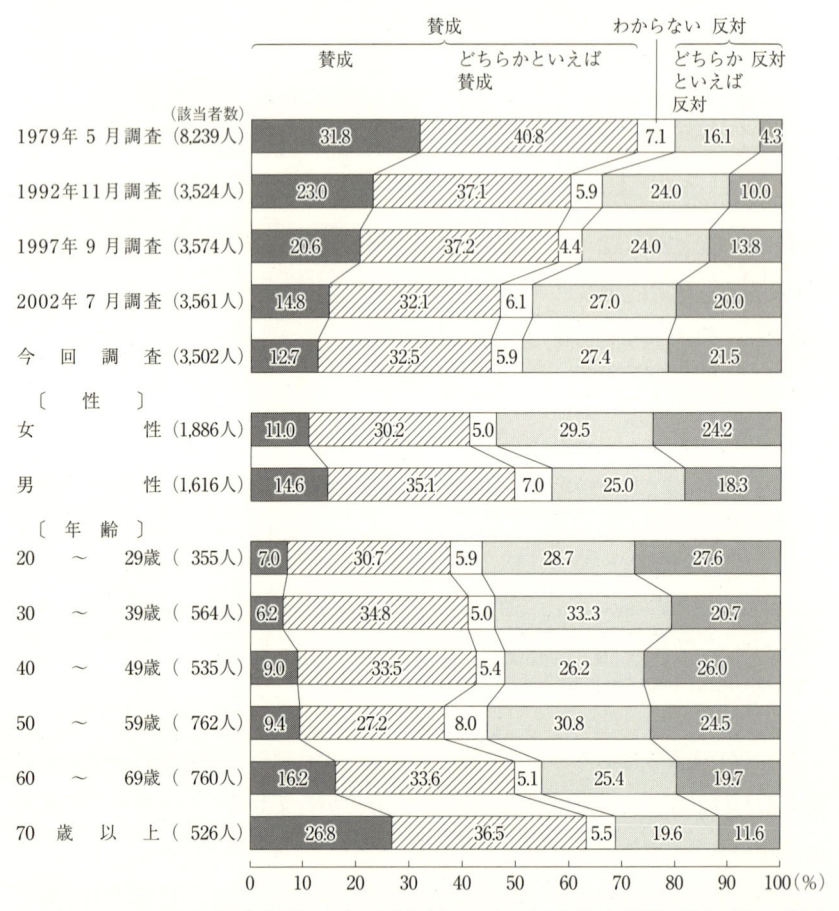

	賛成	どちらかといえば賛成	わからない	どちらかといえば反対	反対
1979年5月調査（8,239人）	31.8	40.8	7.1	16.1	4.3
1992年11月調査（3,524人）	23.0	37.1	5.9	24.0	10.0
1997年9月調査（3,574人）	20.6	37.2	4.4	24.0	13.8
2002年7月調査（3,561人）	14.8	32.1	6.1	27.0	20.0
今回調査（3,502人）	12.7	32.5	5.9	27.4	21.5
〔性〕					
女性（1,886人）	11.0	30.2	5.0	29.5	24.2
男性（1,616人）	14.6	35.1	7.0	25.0	18.3
〔年齢〕					
20～29歳（355人）	7.0	30.7	5.9	28.7	27.6
30～39歳（564人）	6.2	34.8	5.0	33.3	20.7
40～49歳（535人）	9.0	33.5	5.4	26.2	26.0
50～59歳（762人）	9.4	27.2	8.0	30.8	24.5
60～69歳（760人）	16.2	33.6	5.1	25.4	19.7
70歳以上（526人）	26.8	36.5	5.5	19.6	11.6

出所：1979, 92, 97年は総理府「女性に関する世論調査」。2002年は内閣府「男女共同参画社会に関する調査」。

　こうした性別役割分担意識が強い日本では食事の支度，後片付け（食器洗い），掃除，洗濯などの家事の約90％が妻によって行なわれているのにたいし，他の国々では夫（パートナー）や家族全員で分担しているのが大きな違いである。

　こうした一般的な家事だけでなく，育児についても母親にたいする期待と負担は大きい。

　内閣府「少子化社会に対する国際比較調査」によれば，就学前の子どもの育

第6章　各国の女性の状況と意識

図表6-14　各国の「夫は外で働き，妻は家庭を守るべきである」について　（％）

国名		年度	合計(人)	賛成小計	賛成	どちらかといえば賛成	反対小計	どちらかといえば反対	反対	わからない無回答
日本	総数	2002	1,291	36.8	8.1	28.7	57.3	31.7	25.6	6.0
		1982	1,294	71.1	33.2	37.9	23.7	17.8	5.9	5.3
	20-29歳	2002	208	33.2	7.2	26.0	60.6	32.7	27.9	6.3
		1982	239	63.2	25.5	37.7	31.4	22.2	9.2	5.4
	30-39歳	2002	310	32.9	6.1	26.8	60.9	34.8	26.1	6.1
		1982	443	70.2	31.4	38.8	25.9	20.3	5.6	3.8
	40-49歳	2002	317	37.5	6.9	30.6	57.7	32.5	25.2	4.7
		1982	340	71.5	30.0	41.5	21.5	15.3	6.2	7.1
	50-59歳	2002	456	40.5	10.5	30.0	52.8	28.5	24.3	6.6
		1982	272	79.1	46.7	32.4	15.8	12.9	2.9	5.1
韓国	総数	2002	402	13.2	3.2	10.0	85.1	60.2	24.9	1.7
		1982	1,000	32.6	14.2	18.4	66.9	43.9	23.0	0.5
	20-29歳	2002	130	5.3	1.5	3.8	92.3	57.7	34.6	2.3
	30-39歳	2002	122	13.2	2.5	10.7	85.3	62.3	23.0	1.6
	40-49歳	2002	91	24.2	4.4	19.8	73.6	56.0	17.6	2.2
	50-59歳	2002	59	13.6	6.8	6.8	86.4	67.8	18.6	0.0
アメリカ	総数	2002	404	18.1	6.2	11.9	81.0	27.5	53.5	1.0
		1982	1,200	34.0	14.4	19.6	65.1	28.9	36.2	0.9
	20-29歳	2002	104	17.3	5.8	11.5	81.7	25.0	56.7	1.0
		1982	393	27.4	13.2	14.2	71.8	28.8	43.0	0.8
	30-39歳	2002	105	21.0	6.7	14.3	78.1	27.6	50.5	1.0
		1982	333	30.0	10.8	19.2	69.6	28.5	41.1	0.3
	40-49歳	2002	117	15.4	6.0	9.4	82.9	29.1	53.8	1.7
		1982	236	39.4	16.1	23.3	59.3	29.2	30.1	1.3
	50-59歳	2002	78	19.2	6.4	12.8	80.8	28.2	52.6	0.0
		1982	238	44.9	19.7	25.2	53.3	29.4	23.9	1.7
スウェーデン	総数	2002	427	4.0	0.5	3.5	93.2	4.9	88.3	2.8
		1982	1,188	13.5	3.3	10.2	83.8	39.8	44.0	2.7
	20-29歳	2002	94	6.4	1.1	5.3	91.5	4.3	87.2	2.1
		1982	237	6.8	1.9	4.9	92.5	31.8	60.7	0.7
	30-39歳	2002	90	2.2	0.0	2.2	97.7	3.3	94.4	0.0
		1982	401	11.2	1.7	9.5	87.0	37.9	49.1	1.7
	40-49歳	2002	126	2.4	0.0	2.4	96.1	5.6	90.5	1.6
		1982	274	15.6	3.6	12.0	80.0	40.9	39.1	4.4
	50-59歳	2002	117	5.2	0.9	4.3	88.1	6.0	82.1	6.8
		1982	276	21.0	6.5	14.5	74.6	48.9	25.7	4.3
ドイツ	総数	2002	414	14.5	3.6	10.9	85.0	32.1	52.9	0.5
		1982	1,327	33.3	12.8	20.5	62.0	43.4	18.6	4.8
	20-29歳	2002	80	10.0	2.5	7.5	90.0	27.5	62.5	0.0
		1982	352	15.4	5.7	9.7	81.0	48.6	32.4	3.7
	30-39歳	2002	120	9.2	1.7	7.5	90.0	36.7	53.3	0.8
		1982	301	24.9	9.0	15.9	71.1	50.8	20.3	4.0
	40-49歳	2002	116	14.6	1.7	12.9	85.3	29.3	56.0	0.0
		1982	349	37.2	12.6	24.6	57.3	44.7	12.6	5.4
	50-59歳	2002	98	24.5	9.2	15.3	74.5	33.7	40.8	1.0
		1982	325	56.3	24.3	32.0	37.5	28.9	8.6	6.2

資料：「男女共同参画社会に関する国際比較調査」（平成14年度調査）。

第Ⅱ部　世界各国の女性政策と女性の意識

図表6-15　家計費管理

(％)

国名		年度	合計（人）	夫・パートナー	妻・パートナー	夫婦・カップル	家族全員	その他の人	わからない無回答
日本	総数	2002	1,021	13.4	69.8	14.2	1.1	1.1	0.4
		1982	1,138	5.2	79.4	11.8	1.2	1.8	0.6
	20-29歳	2002	90	7.8	70.0	16.7	2.2	3.3	0.0
		1982	148	6.1	75.7	14.2	0.7	3.4	—
	30-39歳	2002	252	9.5	72.2	14.3	2.4	1.6	0.0
		1982	421	4.5	77.9	13.1	1.2	2.1	1.2
	40-49歳	2002	287	17.8	68.6	12.2	0.3	0.3	0.7
		1982	322	4.7	83.5	9.6	0.9	0.9	0.3
	50-59歳	2002	392	14.0	69.1	15.1	0.5	0.8	0.5
		1982	247	6.5	78.9	10.9	2.0	1.2	0.4
韓国	総数	2002	288	8.7	77.1	13.2	1.0	0.0	—
		1982	—	—	—	—	—	—	—
	20-29歳	2002	44	6.8	75.0	18.2	0.0	0.0	0.0
		1982	—	—	—	—	—	—	—
	30-39歳	2002	105	5.7	80.0	13.3	1.0	0.0	0.0
		1982	—	—	—	—	—	—	—
	40-49歳	2002	87	10.3	73.6	14.9	1.1	0.0	0.0
		1982	—	—	—	—	—	—	—
	50-59歳	2002	52	13.5	78.8	5.8	1.9	0.0	0.0
		1982	—	—	—	—	—	—	—
アメリカ	総数	2002	234	13.7	35.0	48.7	1.3	0.9	0.4
		1982	888	14.6	36.5	45.5	2.3	0.1	1.0
	20-29歳	2002	51	15.7	41.2	39.2	0.0	3.9	0.0
		1982	258	16.7	35.7	45.7	1.2	—	0.8
	30-39歳	2002	73	11.0	34.2	52.1	2.7	0.0	0.0
		1982	263	14.4	35.7	46.0	3.4	—	0.4
	40-49歳	2002	63	17.5	30.2	49.2	1.6	0.0	1.6
		1982	186	12.4	40.3	42.5	2.2	—	2.7
	50-59歳	2002	47	10.6	36.2	53.2	0.0	0.0	0.0
		1982	181	14.4	34.8	47.5	2.2	0.6	0.6
スウェーデン	総数	2002	284	6.0	32.7	54.9	5.3	0.0	1.1
		1982	999	15.1	22.2	59.7	2.5	—	0.5
	20-29歳	2002	53	13.2	15.1	62.3	5.7	0.0	3.8
		1982	178	8.4	24.7	64.0	2.2	—	0.6
	30-39歳	2002	70	7.1	40.0	48.6	4.3	0.0	0.0
		1982	354	15.8	22.6	57.3	4.0	—	0.3
	40-49歳	2002	80	1.3	40.0	53.8	5.0	0.0	0.0
		1982	234	15.4	20.9	60.7	1.7	—	1.3
	50-59歳	2002	81	4.9	30.9	56.8	6.2	0.0	1.2
		1982	233	18.9	21.0	59.2	0.9	—	—
ドイツ	総数	2002	299	9.7	23.4	63.9	2.0	0.7	0.3
		1982	980	15.4	11.5	70.4	2.1	—	0.6
	20-29歳	2002	47	2.1	23.4	70.2	2.1	2.1	0.0
		1982	223	9.9	9.0	76.7	2.7	—	1.8
	30-39歳	2002	87	10.3	27.6	57.5	3.4	1.1	0.0
		1982	247	13.0	12.1	72.9	1.6	—	0.4
	40-49歳	2002	93	10.8	19.4	67.7	2.2	0.0	0.0
		1982	279	17.6	12.5	67.4	2.5	—	—
	50-59歳	2002	72	12.5	23.6	62.5	0.0	0.0	1.4
		1982	231	20.8	11.7	65.4	1.7	—	0.4

資料：図表6-14に同じ。

148

第6章　各国の女性の状況と意識

図表6-16　土地・家屋の購入　(%)

国名		年度	合計(人)	夫・パートナー	妻・パートナー	夫婦・カップル	家族全員	その他の人	わからない無回答
日本	総数	2002	1,021	48.6	5.7	35.7	5.5	2.1	2.5
		1982	1,138	59.2	1.6	29.0	7.0	2.8	0.4
	20-29歳	2002	90	40.0	1.1	44.4	7.8	4.4	2.2
		1982	148	50.0	1.4	29.7	10.1	8.1	0.7
	30-39歳	2002	252	50.0	4.4	34.9	6.7	2.8	1.2
		1982	421	55.1	1.2	34.0	5.5	4.0	0.2
	40-49歳	2002	287	47.4	4.9	36.9	5.6	2.8	2.4
		1982	322	65.2	1.9	23.9	7.5	0.9	0.6
	50-59歳	2002	392	50.5	8.2	33.2	4.1	0.5	3.6
		1982	247	64.0	2.0	26.7	7.3	—	—
韓国	総数	2002	288	15.6	16.3	65.9	1.4	0.0	0.7
		1982	—	—	—	—	—	—	—
	20-29歳	2002	44	11.4	11.4	72.7	0.0	0.0	4.5
		1982	—	—	—	—	—	—	—
	30-39歳	2002	105	10.5	19.0	67.6	2.9	0.0	0.0
		1982	—	—	—	—	—	—	—
	40-49歳	2002	87	18.4	12.6	67.8	1.1	0.0	0.0
		1982	—	—	—	—	—	—	—
	50-59歳	2002	52	25.0	21.2	53.8	0.0	0.0	0.0
		1982	—	—	—	—	—	—	—
アメリカ	総数	2002	234	13.2	9.4	72.2	3.0	0.4	1.7
		1982	888	12.3	3.5	77.4	3.6	—	3.3
	20-29歳	2002	51	5.9	11.8	72.5	3.9	2.0	3.9
		1982	258	12.0	4.7	73.6	3.9	—	5.8
	30-39歳	2002	73	15.1	8.2	71.2	4.1	0.0	1.4
		1982	263	11.4	3.8	76.4	5.3	—	3.0
	40-49歳	2002	63	17.5	9.5	69.8	1.6	0.0	1.6
		1982	186	10.8	2.2	82.8	2.2	—	2.2
	50-59歳	2002	47	12.8	8.5	76.6	2.1	0.0	0.0
		1982	181	15.5	2.8	78.5	2.2	—	1.1
スウェーデン	総数	2002	284	10.6	4.2	70.1	7.0	0.0	8.1
		1982	999	6.7	2.3	77.3	13.3	0.1	0.3
	20-29歳	2002	53	13.2	3.8	62.3	5.7	0.0	15.1
		1982	178	5.6	3.9	80.3	9.6	—	0.6
	30-39歳	2002	70	5.7	5.7	77.1	7.1	0.0	4.3
		1982	354	5.4	2.3	78.8	13.3	0.3	—
	40-49歳	2002	80	13.8	3.8	68.8	7.5	0.0	6.3
		1982	234	7.3	1.3	72.2	18.8	—	0.4
	50-59歳	2002	81	9.9	3.7	70.4	7.4	0.0	8.6
		1982	233	9.0	2.1	78.1	10.3	—	0.4
ドイツ	総数	2002	299	11.4	3.7	74.2	3.7	1.7	5.4
		1982	980	21.2	2.7	70.4	4.8	0.1	0.8
	20-29歳	2002	47	6.4	4.3	83.0	0.0	2.1	4.3
		1982	223	13.5	2.2	78.0	4.0	—	2.2
	30-39歳	2002	87	12.6	5.7	70.1	3.4	2.3	5.7
		1982	247	19.0	4.5	72.5	2.8	0.4	0.8
	40-49歳	2002	93	11.8	3.2	73.1	5.4	2.2	4.3
		1982	279	20.8	2.2	69.9	7.2	—	—
	50-59歳	2002	72	12.5	1.4	75.0	4.2	0.0	6.9
		1982	231	31.2	2.2	61.5	4.8	—	0.4

資料：図表6-14に同じ。

第Ⅱ部 世界各国の女性政策と女性の意識

図表6-17 家庭における全体的な実績

(％)

国名	年齢	年度	合計(人)	夫・パートナー	妻・パートナー	夫婦・カップル	家族全員	その他の人	わからない無回答
日本	総数	2002	1,021	57.2	15.9	21.3	2.0	2.5	1.2
		1982	1,138	65.5	15.7	13.2	1.1	3.7	0.9
	20-29歳	2002	90	51.1	11.1	27.8	4.4	4.4	1.1
		1982	148	53.4	20.3	14.9	—	10.1	1.4
	30-39歳	2002	252	53.6	10.7	27.8	2.8	4.4	0.8
		1982	421	62.9	16.4	14.3	1.0	5.0	0.5
	40-49歳	2002	287	58.9	17.1	18.5	1.4	2.4	1.7
		1982	322	68.0	14.9	12.7	1.6	1.6	1.2
	50-59歳	2002	392	59.7	19.4	17.6	1.3	1.0	1.0
		1982	247	73.7	13.0	10.9	1.2	0.4	0.8
韓国	総数	2002	288	28.5	19.1	51.7	0.3	0.3	0.0
		1982	—	—	—	—	—	—	—
	20-29歳	2002	44	27.3	20.5	52.3	0.0	0.0	0.0
		1982	—	—	—	—	—	—	—
	30-39歳	2002	105	24.8	19.0	55.2	0.0	1.0	0.0
		1982	—	—	—	—	—	—	—
	40-49歳	2002	87	32.2	16.1	51.7	0.0	0.0	0.0
		1982	—	—	—	—	—	—	—
	50-59歳	2002	52	30.8	23.1	44.2	1.9	0.0	0.0
		1982	—	—	—	—	—	—	—
アメリカ	総数	2002	234	15.0	23.1	59.0	1.3	0.4	1.3
		1982	888	30.7	10.5	57.3	1.2	—	0.2
	20-29歳	2002	51	5.9	29.4	62.7	0.0	2.0	0.0
		1982	258	33.3	9.3	56.2	1.2	—	—
	30-39歳	2002	73	19.2	19.2	60.3	0.0	0.0	1.4
		1982	263	31.9	11.4	55.9	0.8	—	—
	40-49歳	2002	63	19.0	25.4	49.2	4.8	0.0	1.6
		1982	186	29.6	10.2	58.6	1.1	—	0.5
	50-59歳	2002	47	12.8	19.1	66.0	0.0	0.0	2.1
		1982	181	26.5	11.0	59.7	2.2	—	0.6
スウェーデン	総数	2002	284	4.9	12.3	71.5	9.9	0.0	1.4
		1982	999	11.8	6.3	76.1	5.3	—	0.5
	20-29歳	2002	53	7.5	11.3	71.7	5.7	0.0	3.8
		1982	178	7.3	6.2	82.0	3.9	—	0.6
	30-39歳	2002	70	0.0	15.7	77.1	7.1	0.0	0.0
		1982	354	8.8	8.5	78.2	4.5	—	—
	40-49歳	2002	80	6.3	7.5	68.8	16.3	0.0	1.3
		1982	234	12.4	4.3	76.1	6.4	—	0.9
	50-59歳	2002	81	6.2	14.8	69.1	6.6	0.0	1.2
		1982	233	19.3	5.2	68.7	6.0	—	0.9
ドイツ	総数	2002	299	10.7	10.4	73.2	4.7	0.3	0.7
		1982	980	25.1	6.4	64.5	3.2	—	0.8
	20-29歳	2002	47	4.3	12.8	80.9	0.0	2.1	0.0
		1982	223	16.1	5.4	74.4	1.8	—	2.2
	30-39歳	2002	87	12.6	12.6	71.3	3.4	0.0	0.0
		1982	247	21.5	9.3	66.0	2.0	—	1.2
	40-49歳	2002	93	10.8	9.7	68.8	10.8	0.0	0.0
		1982	279	27.6	6.5	61.3	4.7	—	—
	50-59歳	2002	72	12.5	6.9	76.4	1.4	0.0	2.8
		1982	231	35.1	3.9	57.1	3.9	—	—

資料：図表6-14に同じ。

児における夫と妻の役割については「もっぱら妻が行なう」と「主に妻が行なう」の合計は韓国と並んで日本は約3分の2を占めており，「夫も妻も同じように行なう」が最も多く過半数を占めるアメリカ，フランス，90%を占めるスウェーデンとは全く様相を異にしている。日本は父親が子どもの食事の世話をする，しつけをするなどの育児教育へのかかわりも極めて少ない。そのため「子どもが3歳ぐらいまでの間は母親が家庭で子どもの世話をすべきである」と考える者の割合も日本と韓国が多い。

　性別役割分担を支持する論者はしばしば，専業主婦は家庭を切り回しており，日本の専業主婦の地位は高いと主張するが，内閣府の国際調査によれば日常の家計管理は妻が行なうが（図表6-15），土地や家屋の購入を決定するのは夫という者が日本は半数近くを占めており，土地や家屋の購入の決定も夫婦・カップルで決定するというのが7割前後を占める欧米と大きな違いがある（図表6-16）。したがって家庭における全体的な実権を握っているのは夫（パートナー）であるという割合が，日本では減少したとはいえ57.2％を占め，夫婦・カップルでというものは21.3％にすぎないのにたいし，ヨーロッパ各国では夫婦・カップルでというものが70％以上を占めている。ヨーロッパ諸国より低いもののアメリカや韓国でも夫婦・カップルでというものが50％以上を占めており日本より高い。その結果，日本の妻は家庭で実権をもっていないと感じている者の比率が際立って高い（図表6-17）。このように日本では家事・育児・教育・家計管理などは妻に任されているが，最終的な実権は夫という家庭のありようが若い女性たちに結婚にたいする魅力を減少させる一因になっているのではないかと推測される。

　女性たちが日本の社会で，教育分野や法律制度に比して社会通念や慣習，しきたりなどの分野で男性が優遇されていると感じるのもこうした家庭の実態が反映していると推測される。

注
(1)　アメリカでは民間の寄付等による奨学金や州立大学の整備が進んでいるので，

親や学生の負担は日本より比較的少ない。
(2) 韓国は2004年3月，政党法第31条第4項を改正し国会議員の比例代表選挙に50％クォーター制を実現した。
(3) フランスは1999年，憲法的法律第99—569号により「選挙によって選出される議員職と公職への男女の平等なアクセスを促進する」との規定が憲法第3条にもりこまれた。2000年6月「パリテ法」が成立し，対象となる国民議会選挙などにおいて男女同数の候補者をたてることが義務づけられ，男女の比率の差が2％を超えた場合，制裁として国から政党に配分される助成金が減額の対象となる。

第7章
各国の女性政策と少子化対策

1 福祉レジームの国際比較

　日本の女性にかかわる政策は第Ⅰ部でみたように進展してきているが、それでは諸外国においてはどのような政策がとられてきたのであろうか。諸外国の政策は直接あるいは国際条約の採り入れという形で日本の政策立案に影響を与えてきた。それではそれぞれの国の政策はどのように進められ、女性の生活と意識にどのような変化をもたらしてきたのであろうか。

　とくに社会保障政策を考えるうえで基礎理論となっている福祉レジーム論に即して、女性政策をもう一度国際比較してみよう。序章でみたとおり、福祉国家研究においては1990年の著書『福祉資本主義の三つの世界』でエスピン‐アンデルセンは単に福祉支出の総額が大きいことで福祉国家を「先進国」「後進国」と分類するのでなく経済発展、社会構造と深く結びついているとして、脱商品化指標（de-commodification index）と、社会的階層化指標（stratification index）の2つの指標に基づいて3つの類型をあげた。

　第一はアングロサクソン諸国に多い自由主義型で、雇用の増大を志向する。労働市場の柔軟性を高め、民間部門の雇用を増大させ、女性の雇用機会も増大する。しかし公的な社会福祉は最低限に抑えられ、保育サービスも市場から調達するか、企業福祉の一環として提供される。性別・人種・年齢などにたいする差別は厳しく禁止されるが、母性保護、育児支援は少なく、個人・企業の取組みに任せられる。

　第二はヨーロッパ大陸諸国に多い保守主義型で、所得の平等と健全財政を志

向し、職種別の労働組合は強い。伝統的な家族のあり方を維持しようとし、個人のニーズにはまず家族が応え、それができなかった場合、国家が提供しようとする。女性の家庭的役割を強調し男性世帯主の安定雇用と福祉を重視するので、労働市場は硬直しており、新規雇用は少なく女性が参入するのは困難である。

　第三はスカンジナビア諸国に見られる社会民主主義型で、高度に脱商品化された普遍主義的な福祉プログラムをもち、全ての勤労者を一つの社会保険に組織しており、国家が児童手当、保育サービスを提供し、家族を営む費用を負担し、個人の自立を促進する。公共部門の雇用を増加させることによって女性の雇用機会を増大させる。

　この３類型の中に収まりきらない日本・韓国など東アジアに多い家族中心型の国家の位置づけ、また女性のあり方が分析の視点からぬけているとの批判に応え、エスピン-アンデルセンは1999年の著書『ポスト工業経済の社会的基礎』[2]で、従来の脱商品化、階層化に加え「脱家族化」(de-familialization) という指標を用いて福祉レジーム論を提起した。脱家族化は家族の福祉やケアに関する責任が、福祉国家からの給付ないしは市場からの供給によって緩和される度合い、あるいは「社会政策が女性にたいして労働参加するための、もしくは独立した世帯を営むための自立性を与える度合い」を示し、家族向けサービスに関する公的支出の対GNP比、３歳未満児の公的保育のカバレッジ、65歳以上の高齢者にたいするホームヘルプサービスのカバレッジで、その程度を測っている。そして脱家族化指標とともに提起された福祉レジーム論では国家、市場、家族が福祉提供においてどのような比重を占めるかで福祉レジームの制度構造を決めるとした。図表７-１で各国の家族関係社会支出の対GDP比の比較（2003）をみると、各レジームにより大きな差があり、総額で北欧型の手厚さと、アメリカの少なさが対照的であるだけでなく、ドイツ、イギリスが現金給付に厚く、フランス、スウェーデンは現物給付に厚いことがわかる。

　ここではそれぞれのレジームの代表としてスウェーデン、ドイツ、アメリカ、また東アジアから韓国を取りあげる。女性政策・児童関係施策の中でも職場で

第7章 各国の女性政策と少子化対策

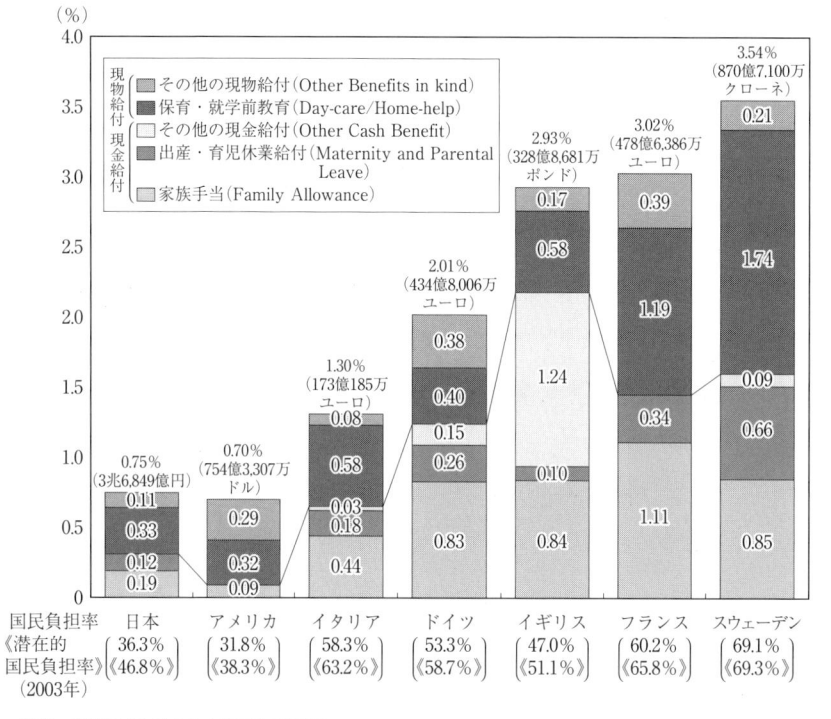

図表7-1 各国の家族関係社会支出の対GDP比の比較（2003年）

	日本	アメリカ	イタリア	ドイツ	イギリス	フランス	スウェーデン
合計	0.75% (3兆6,849億円)	0.70% (754億3,307万ドル)	1.30% (173億185万ユーロ)	2.01% (434億8,006万ユーロ)	2.93% (328億8,681万ポンド)	3.02% (478億6,386万ユーロ)	3.54% (870億7,100万クローネ)
その他の現物給付	0.11		0.08	0.38	0.17	0.39	0.21
保育・就学前教育	0.33	0.29	0.58	0.40	0.58	1.19	1.74
その他の現金給付	0.12		0.03	0.15	1.24	0.34	0.09
出産・育児休業給付		0.32	0.18	0.26	0.10		0.66
家族手当	0.19	0.09	0.44	0.83	0.84	1.11	0.85
国民負担率（2003年）	36.3% 《46.8%》	31.8% 《38.3%》	58.3% 《63.2%》	53.3% 《58.7%》	47.0% 《51.1%》	60.2% 《65.8%》	69.1% 《69.3%》

出所：内閣府『少子社会白書平成20年度』。

の均等待遇，働く親への育児支援，児童育成政策に絞って比較する。

2　スウェーデンにおける女性政策と少子化対策

(1) スウェーデンの女性政策

　スウェーデンを代表とする北欧諸国は安全保障，社会福祉，環境，エネルギーなどの諸分野で果敢な取組みを行なっていることで知られるが，女性にかかわる分野でも革新的な政策を行なってきている。あらゆる市民に，基本的人権を保障するとともに家族や市場を通してではなく，国家（地方自治体）が保育，

介護サービスなどの福祉サービスを提供し，女性の就業を支援する。

　まず男女平等に関してはスウェーデンの基本法である統治法（Regering formen）において男女の基本的な平等が保障されている。第1章第2条では「国は，男性と女性に等しい権利を保障し並びに個人の私生活と家庭生活を保護しなければならない」，第2章第16条で「法律その他の規定は当該規定が両性間の機会均等を達成し，市民をその性を理由として不公平に取り扱うことを意味してはならない」と定めている。

　女性の参政権は1919年，同一労働同一賃金の原則は1962年に実現しているが，職場の機会均等を保障する法令の整備は比較的新しく，1980年に施行された。すなわち「労働生活における男女の機会均等に関する法律」[3]であり，これに基づき機会均等オンブズマン，機会均等委員会が設置された。1988年には「90年代に向けての機会均等政策」決議が議会で採択され，法律の見直しのための調査が行なわれた。それを受けて92年に法律が改正され，機会均等法が成立した。この法律には職場のあらゆる段階での差別禁止に加え，新たに求職時からの差別の禁止，セクシャルハラスメントの禁止の明示，間接差別の禁止，機会均等計画作成の義務づけが盛り込まれた。その後94年，2001年と2回の改正が行なわれている。80年の機会均等法制定には1979年に国連で採択された女子差別撤廃条約の規定が盛り込まれており，99年の法改正にあたってはEU法との整合性が図られた。こうした国際的要請に誠実に応える一環として，王位継承順位も差別撤廃条約批准に際しそれまでの男子優先から，出生順に改められた。

　職場での機会均等を担保するオンブズマンは市民からの苦情を受け付けるだけでなく，独自に均等法違反事例について調査し告発する。この苦情処理は比較的迅速に処理され，また機会均等オンブズマンが処理した結果承服できず，裁判に持ち込まれる案件は少なく[4]，労働者にとって実効性の高い救済機関として機能している。また機会均等オンブズマンは，機会均等の法の遵守状況を監督するために職場への立ち入り調査受け入れや，情報提供を雇用主に求めることができる（雇用主がこれに従わないときは罰金をもって義務の履行を求めることができる）。しかし，スタッフが約25人[5]と少ないので持ち込まれた苦情を処理す

ることが中心で，網羅的な調査や自主的に告発する余力は乏しい。

　このほか，広報啓発にかかわる情報提供，雇用主の機会均等計画の策定などの取組みへの支援等も行なう。

　機会均等委員会は法律家，労使の代表，労働問題や機会均等の専門家から構成され，政府によって任命される。機会均等法の規定に違反した雇用主は罰金を科せられることがあるが，この命令は機会均等オンブズマンの申し立てに基づき，機会均等委員会から発せられる。機会均等委員会は機会均等オンブズマンと雇用主双方からヒアリングを行ない，場合によっては機会均等オンブズマンの請求した以外の措置を命ずることができる。

　このように機会均等法の実効が担保される中で，スウェーデンの女性の職場進出は世界的にみても極めて高い水準となっている。

　20歳から64歳の女性の労働力率は78％（1999年）で，年齢別の労働力率は逆U字を描き，結婚・出産・育児による落ち込みはみられない。1960年当時はまだ既婚女性の労働力率は低く，M字型の労働力率がみられたのに対し，60年代から70年代にかけて女性の労働力率は急激に上昇した。

　しかし詳細にみるとスウェーデンでも女性の職場の地位は男性より低く，賃金格差も82％と比較的大きい。これは，(1)男性，女性の就業分野が分離しており，技術者など男性の多い職業の方が賃金が高い，(2)女性は公的セクター，地方公務員が多く（女性就業者の53％），公務員は男性の多い民間企業より賃金水準が低い，(3)女性，とくに末子が幼い母親はパートタイムを選好する率が高い，(4)管理職についている女性が少ないなどの要因が重なっている（スウェーデン政府資料 "Women in Sweden 2005"。これはノルウェーなどにも共通する傾向であり，ノルウェー政府は民間企業に女性の取締役を4割にするよう新たに立法している）。

（2）働く親への育児支援

　スウェーデンにおける働く親にたいする支援は，古くは1939年の妊娠出産する女性労働者の解雇禁止にさかのぼるが，もっとも画期的だったのは1974年の両親保険制度の成立である。

それまでは出産育児休暇とその間の母親手当が給付されていたが、両親保険制度により育児は母親だけでなく両親の責任として、どちらでも取得が可能となった。当初は両親休暇は180日であったが、1978年には240日、1980年には270日、1989年からは360日に延長された。また、1979年には育児のための労働時間の短縮も認められている。95年からは子どもが満8歳になるか、基礎学校第1学年を修了するまでに480日取得できることとなった。そのうち390日間は80％の所得保障が得られ、残りの90日は1日当たり定額（60クローネ）支給される。この両親休暇を父親と母親がどのように分割するかは当事者に任されるが、スウェーデンでも育児休暇をとる男性が少ないことから、そのうち60日は互いに譲ることができないこととなった。言葉を換えていえば父親が親休暇をとらねば母親の330日の休暇期間だけ所得保障があり、残りの権利は放棄しなければならないので、60日は父親が取得する例が増えている（1980年5％、1996年11％）。

また妊娠中の女性には部署異動申告制度がある。これは妊婦への過度な負担を避けるため雇用主にたいして負担の少ない仕事に配置転換を要求することができる制度である。雇用主がこの要求に応えられないときは妊婦は所得保障つきで休業することができる。適用期間は出産前60日から10日の間で、所得保障は80％である。そのほか親保険制度に上のせとなる臨時親保険として子どもが成長した後も12歳未満のうちは子どもの看護や世話のため、親は子ども1名につき年120日まで休暇をとることができる。また日常子どもの世話をする人（ベビーシッターなど）の都合が悪くなったときもこの休暇は使える。これらの休暇には80％の所得が保障される。ただし120日のうち60日は子どもを世話する人の都合による休暇としては認められない。この臨時親保険による休業日は1974年には年10日だったが、1980年に年60日、1990年に120日と延長されてきている。

保育サービスも1970年代に拡充された。保育は日本の市町村にあたるコミューンの担当だが、自治体は住民の保育要求について「根拠なく遅れることなく即座に応える義務」を負う。1972年には1〜6歳児の12％が保育サービスを利

用しているにすぎなかったが，1997年には73％にまで増大している。7～9歳の児童の保育サービスもこの間6％から58％まで増加しており，幼い子どもをもつ親も職業をもつことが可能となった。(8)

このほか男女とも労働時間が短いこと，有給休暇は5週間と長いことなどが職業と出産育児の両立を可能としている重要な要件である。

（3）児童育成支援対策

両親の直接の育児コスト軽減のために，このほかにもスウェーデンでは手厚い児童手当が支給されている。

児童手当は第1子から支給され，月額約1万6000円に相当する。親の所得制限は極めて少なく，ほとんどの親が第3子まで受給できる。法律婚以外から生まれた子も差別されず同額が支給される。したがって高率の税や社会保険料を負担する現役世代にも裨益するところが大きい。また教育費も大学までほとんどの学生が，授業料が無料の国立，公立の学校に通うので，親の負担は極めて低い。教育費の公費負担は私費負担の約33倍である。(9)(10)

このほか，年金については，育児期間に所得の喪失や減少があった場合は年金を保障するための配慮が行なわれる。税制は個人単位で配偶者控除や扶養控除はない。社会保険も個人単位で全員が加入し，収入が一定以下の者には最低年金が保障される。

家庭での子育てをする親は12歳までの子どもを自分の子どもも含めて4人を限度に個人の家庭で育てることができる（ファミリー保育所）。このとき地域の保育局がそのファミリー保育所が適正かどうか判定し，適正であれば保育者を3週間の研修を受けさせたうえで保育職員として採用する。このファミリー保育所には公的補助金が支給され，公的保育所と同格に扱われる。さらに子どもの数や家賃，広さ，所得を考慮して家賃補助や住宅ローンの利子補助が行なわれる。所得が限度額以下であれば家賃の50％から75％を補助される。

また一人親の負担を軽減する養育費支援制度がある。これは0歳から18歳までの子どもを法律婚の解消あるいは非届出婚を解消して育てる親にたいし，も

う一方の親に養育費を払わせることを義務づけるものである。養育費の支払いをしない親にたいしては社会保険事務所が立て替えて支払い、国税庁が強制的に徴収する。

3　ドイツにおける女性政策と少子化対策

(1) ドイツの女性政策

　ドイツは1990年の東西ドイツの統合まで、東ドイツでは社会主義体制の下、女性の労働参加が保障され、手厚い育児サービスが提供されてきたが、統合後は従来の西ドイツの制度が基本となっている。

　憲法にあたるドイツ連邦共和国基本法第3条は第1項で「法のもとの平等」をうたっており、第2項で「男性と女性は同権である。国は女性と男性の実際の同権の実現を促進し、かつ現に存在する不利益の除去を目指して努力する」と定めている。第2項は統合に関連して行なわれた基本法改正の際に女性たちの要求によって加えられ、女性の地位向上政策の法的根拠となっている。

　戦前からドイツでは女性の居場所は3K（教会、台所、子供）といわれたように性別役割分担の考え方が強かったが、民法典に関しては、1957年の「同権法（民法の分野における男女同権に関する法律）」により、それまで妻を家事責任者として位置づけていた従来の規定が改められ、家庭責任に合致しうる範囲内でと条件づけながら経済活動を行なう権利がはじめて妻に認められた。さらに1977年の改正によっていわゆる主婦を想定した規定は改められ、妻と夫の役割分担に関する規定は廃止された。しかし現実には性別役割分担の習慣は残り、今も既婚女性の多くはパートタイマーとして働いている。

　ドイツの女性の労働力率は51.3％（2006年）、1980年には32.6％であったが急速に上昇しており、労働力人口の44.9％を占める（ILO LABORSTA）。

(2) 職場における機会均等

　雇用の分野での男女平等に関しては、EU法がドイツの国内法に先行して大

きなインパクトを発揮した。

　福祉レジームの考え方にみられるように，ドイツやフランスのようなヨーロッパ大陸諸国は国家の福祉への関与を限定的にとらえる傾向があったが，それを打ち破るうえでEU法，EU指令は大きな役割を果たしており，これらの国も北欧の社会民主主義型に近づいている。とくに1999年のアムステルダム条約発効により「ジェンダーメインストリーミング」(ジェンダー主流化)の導入が加盟国に義務づけられた。ドイツでもEUの差別禁止関係の諸指令に対応するための差別禁止法が成立した。

　　(参考)　筆者は2002年11月から12月にかけて，ストラスブルグのEU会議，EU人権裁判所，およびブリュッセルのEU本部を訪問し，ジェンダーメインストリーミングに関するEUの取組みについてヒアリングを行なった。一般の国際条約と異なり，EU指令せず指令に合致しない法律を維持する加盟国にたいし，ペナルティ(違約金)を科す強力なものであることを知り，日本の女性関係施策がインセンティブ(表彰金)方式で行なわれていることとの差を痛感した。今後も，EUの統合進化が進む中でEU内部では国による格差は少なくなっていくものと予想されるので，福祉レジームの3類型はヨーロッパ内部では1類型に統合される可能性が高いと予想される。

　雇用の分野においては，1980年の「職場における男女平等待遇法」(Gesertz uber die Gleichbehandlung von Mannern und Frauen am Abeitsplatz und uber die Erhaltung von Anspuruchen bei Betriebsubergang)によって初めて男女差別が明確に禁止された。この法律は「雇用，職業教育および昇進へのアクセス並びに労働条件における男女平等待遇原則の実現のための指令(76/207)[11]」および「男女同一賃金原則に関する加盟国の法規の統一のための指令(75/117)[12]」という2つのEC指令を国内法化するために制定された。当然この指令は1979年に国連総会で採択された女子差別撤廃条約の批准を視野に入れている。この法律により，民法典に以下の性差別禁止規定が置かれることとなった。第611条第1項は使用者にたいし採用，昇進，指示，解雇の際に性別を理由として不利な取り扱いを行なうことを禁止し，挙証責任は使用者に転換された。また第611条b項により性別による募集が禁止され，第612条第3項により，同一労働または同一価値労働について性別を理由とする報酬に格差をつけることが禁止された。

1997年には「雇用促進法」が改正され「第8条 女性の地位向上」が創設され，2001年にはジョブアクティブ法による改正が行なわれ，「女性と男性の平等を一貫した原理として追求しなければならない」と定められた。また2001年には公務部門における積極的な女性の地位向上を定めた連邦平等法が制定された。各政党も競ってクォーター制度を導入し（緑の党，女性を名簿の奇数，社会民主党40％，キリスト教民主同盟3分の1），女性議員の増加に努めたことから国家議員に占める女性の割合は31.6％に高まり，メルケル首相が女性初の連邦首相の地位に就いた。

さらに2001年7月に連邦政府は民間経済団体と「女性と男性の機会均等のための合意」文書を締結した。それによって女性の職業上の機会と，両親の職業と家庭の両立を図るための積極的改善措置をとることとなった。こうした努力もあって2005年，ドイツの女性が管理職従事者に占める割合は37.3％と増加が著しく，フランス（7.2％）はもちろんイギリス（34.5％）やスウェーデン（29.9％）をも上回っている。

しかし次にみるようにパートタイムの割合が高く，賃金格差は74.0％（全職種全地域平均）で，中でも旧西ドイツの職員では70.8％と，格差が大きい。[13]

（3）働く両親への支援

母親保護法（Muntterschutzgesetz）により，産前6週間，産後8週間（多子未熟児の場合は12週間）の就業禁止，妊産婦の超過勤務・夜勤・祝休日勤務の禁止が定められている。1994年女性現業労働者の深夜業禁止規定は廃止され，現在では男女共通の深夜労働者保護規定に切り替えられている。また家庭責任を理由として昼間勤務への配転を要求する権利が認められた。

1986年に育児支援については「育児手当および育児休暇の付与に関する法律（連邦育児手当法）」が制定され，[14]これにより出生後10カ月間の育児休業と月額600マルクの手当を支給することとなった。その後，1993年1月以降生まれた子から満2歳まで育児手当が支給され，満3歳まで育児休暇がとれるようになった。2000年には父親の育児休業取得促進のため，名称が親時間と改められた。

また親時間中は両親どちらも週30時間まで短時間勤務にできる。親時間中は原則として解雇することができず，親時間終了後は通常は元の職場か，同レベルの職場に復帰することができる。

保育施設に関しては旧東ドイツでは3歳未満児の保育率は80.2％，幼稚園も入れると95.5％に達していたのにたいして，旧西ドイツでは3歳未満児にたいして3.8％に過ぎなかった。3歳児以上を対象とする幼稚園は整備されていたが，全日制ではない。統合後は東ドイツの保育所は閉鎖され，1999年の3歳未満児の保育率は8.5％，3歳以上8歳未満児では78.9％となっている。こうした数値から3歳までは親時間，3歳以上は主として母親がパートタイム勤務で対応していると推測される。

(4) 児童育成支援対策

旧西ドイツは第2次世界大戦後は共産主義の旧東ドイツと対抗して家族政策に多くの予算を充ててきた。たとえば児童手当は第1子で月額2.3万円で原則18歳まで支給される。このように経済支援策は手厚くしたが，保育サービスは整備せず，職場での平等は進まず，男性は労働時間は短くとも家事，育児は分担しない中で，出生率は低下してきた。GDPに占める児童関係支出の割合や金額で手厚いドイツの出生率が低下しているのをみると，育児を配偶者や家族，職場や地域がどの程度支援するかが経済的支援より重要であることが明らかである。現金給付よりサポートである。経済的な児童手当に出生率引き上げ効果はないことの傍証である。育児手当と税額控除についてはどちらか選択できるよう税法が改定された。また学校は公立校が整備されているが，キリスト教系などの私立学校も多い。教育費の私費にたいする公費の割合は4倍と比較的低いヨーロッパの中では，昼食は自宅でとる習慣が残っていることは母親のフルタイム就労を難しくしている。

労働時間は男女とも短く，2000年には就業者平均の通常労働時間は，旧西ドイツ地域で週36.7時間，旧東ドイツ地域で週38.7時間となっている。男性は36～40時間が67.1％，41時間以上が20.6％であるのにたいし，女性は35時間未満

が44.2％，36〜40時間が48.3％，41時間以上は7.5％と大きな差がある[17]。日本でも男性の長時間労働のゆえに育児支援ができない，男女とも労働時間の短縮が必要だといわれるが，ドイツの例は労働時間が短くても，男性は必ずしも育児を手伝うわけではないことが示されている。男性が育児を分担するようになるには労働時間短縮だけでなく，育児は男女で分担するという合意形成，性別役割分担の変更が不可欠である。アメリカの男性は労働時間が長くとも育児，家事を分担している。ドイツでは公的および市場からの保育サービスが整っていない中で，母親だけが短時間勤務で保育を担っている状況が推測される。

年金については遺族年金が男女で異なっていたのは是正されたが，専業主婦の育児期間は平均賃金の75％が年金加入期間に算入されている。このように育児は女性の仕事という考えが根強く，育児にかかわる公的なサービスが整わず，女性（母親）の役割が大きいことが低い出生率の一因となっていることが読み取れる。

しかし，ドイツ政府は低出生率を深刻に受け止め，第7次家族報告書で経済的な再分配政策だけでなく保育所などのインフラ整備，子どもや家族と過ごす時間の確保をあわせて推進するとしている。また2003年12月，「アジェンダ2010＝グローバル化時代の包括改革案」を成立させ，2010年までに「ドイツを欧州で一番の家族支援国家にする（ドイツを家族支援型国家に変える）」としている[18]。

2005年からは保育所設置促進法が施行され，連邦政府から地方自治体への補助を強化した。また2006年9月には両親休暇が新設され，最長で12カ月間，父親がとれば2カ月間延長できる。さらに行政，企業，労働組合，地域団体等がともに家族政策を考える地域単位の「家族のための地域同盟」が各地に設置され，地域の事情に応じた家族支援対策の検討，実施が行なわれている。

4 アメリカの女性政策と育児支援

（1）アメリカの女性政策

アメリカでは女性政策においてはEUや国連，ILOなどと異なる独自性がみ

第7章 各国の女性政策と少子化対策

られ,エスピン-アンデルセンの3類型では自由主義福祉レジームで市場(企業)に福祉サービスや年金が委ねられている国とされる。公的福祉サービスの提供は限られているが,職場のみならず家庭でも性別役割分担は少なくなり,差別は厳しく禁止され,差別にたいする制裁も厳しく,法の趣旨が徹底されている。(19)

とはいえ現在もアメリカの憲法に男女平等は明記されていない。1919年の合衆国憲法修正第1条は性による投票権差別を禁止し,女性が参政権を獲得したが,その後3回の男女平等憲法修正(ERA:Equal Rights Amendment)は成功しなかった。1972年には男女平等修正条項が連邦議会を圧倒的多数で通過したが発効に必要な38州の批准に3州足りず,1982年6月廃案になった。女性差別撤廃条約についても2009年現在も批准していない。また小選挙区制も影響して女性国会議員は16.8％とヨーロッパ諸国よりかなり低い。

1963年雇用に関しては男女同一賃金法(Equal pay act)が成立し,同一の技能,努力および責任を要求し,かつ同様の労働条件の下で行なわれる労働について同一の賃金を支払わなければならないとされた。さらに翌64年,人種解放運動,黒人公民権運動の盛り上がりの中で公民権法が制定され,その中の第7編(Title 7)が雇用分野において人種,肌の色,出身地,宗教などとならんで性による差別を禁止した。それを担保するため雇用機会均等委員会(Equal Employment Opportunity Committee: EEOC)が設置され,差別についての苦情処理・救済にあたる。差別救済の求めがあるとEEOCは調査を行ない,非公式の協議,調停,説得という方法で差別の是正に努める。調停に失敗した場合は,EEOCは自ら訴訟を提起することもできるし,救済を求めた個人に訴訟提起をさせることもできる。EEOCは連邦政府機関の雇用差別撤廃努力を調整・指導する権限,公務員の差別是正機能も担っている。裁判所は差別を禁じ,復職・採用・遡及的賃金の支払いなどの強制措置を命じることができる。また1991年の改正で,意図的な差別にたいして損害賠償の請求も認められるようになった。また1970年代後半からセクシャルハラスメントは第7編違反であるという判例が出るようになり,EEOCは1980年にセクシャルハラスメントに関

するガイドラインを決めた。また格差是正のためのアファーマティブ・アクション（積極的是正措置, affirmative action）が行なわれ，1965年の大統領命令11246号で，連邦政府と5万ドル以上の契約あるいは補助金を得る50人以上の従業員を雇っている企業や機関は少数者登用のための計画と目標を策定し，その進捗状況を定期的に報告しなければならないとされた。

また差別にたいしてはEEOCが調停を行ない，また多くの裁判が提起され，差別禁止の判例が積み重なっている。このほか，女性の進学率の上昇，離婚の増大などにより，経済的自立意識が高まったことともあいまって，女性の労働力率は上昇し，2004年には59.2％に達しており，女性管理職比率も上昇した。90年代には女性の中間管理職は増えたがトップクラスの層には少ないことからglass Ceiling[20]（ガラスの天井：差別はなくなったようにみえるが，最高のトップに昇進するにはみえない障壁がある）の存在が問題になったが，最近では経営トップ，司法や行政のトップクラスにも女性が進出している。2004年における女性管理職の比率は42.6％と，北欧やヨーロッパ大陸の国々より高いが，2000年より減少している（アメリカ労働省資料，2004年）。

（2）働く両親への支援

アメリカの労働関係法は性差別は厳しく禁止するが，女性の妊娠・出産・育児にたいする保護支援については日本より手薄である。強制的な産前産後の休業期間はなく，妊娠中も働く権利が保障される。出産に特化された休業もなく，1993年に制定された家族および医療休暇法を利用して休業することになる。同法に定める休暇取得事由は，(1)子または養子の育児，(2)家族の介護，(3)本人の療養である。休業期間は子の誕生あるいは養子にしてから12カ月以内に12週間と短く，所得保障はない。しかし，2000年から州の失業保険から給付を行なうことができることになった。2000年時点で，この法律に基づいて休暇をとった女性は16.0％で，男性の13.9％とあまり大きな差はない。2000年に成立した育児休暇制度は無給で従業員750人以上の事業所で働く者だけを対象とし，ほとんど取得されていない。

このように法律で一律強制的に定められた育児休業はないが，各企業ごとに企業の従業員福祉の一環として，労働契約によって休業期間を定めている。企業の業績，方針によってその内容はさまざまである。働く親は企業内保育所，私立の保育所，ベビーシッター，私的契約の保育ママなど市場から保育サービスを購入するのが一般的である。第8章でみるように女性エグゼクティブの多くも夫，あるいはベビーシッター，ハウスキーパー，オペア（住み込みで家事，育児を分担する外国人）に保育を助けてもらう。2002年のセンサス局調査によれば5歳未満の未就学児1845万人のうち，62.9％が定期的な保育（週1回ペースも含む）を受けている。その内訳では親族が保育している者が40.2％，親族以外の保育を受けている者が34.9％である。親族以外の保育ではデイケアセンターが一番多いが，それでも12.7％に過ぎず，幼稚園に相当するプリスクールが6.2％，入学準備教育のヘッドスタートが5.3％などである。家にベビーシッターが来る者が3.7％，ファミリーデイケアという家庭保育が6.2％である。定期的な保育を親族から受けている者のうちでは祖父母が22.7％と最も多く，ついで父親が14.2％となっている。企業内保育や私的サービスを利用するのが特徴というアメリカでも，予想以上に保育を担う家族の役割が大きい。筆者が面接調査した高収入のエグゼクティブ女性はベビーシッターなどの私的サービスを購入していたが，父親（パートナー）が保育を担う例もあった。一般の低収入の家族や，父子家庭の場合はとくに祖父母が子どもの保育に大きな役割を果たしている。

USセンサス局の調査によれば保育にかかるコストは，婚姻上の地位，母親の人種，雇用形態，教育水準によって，週92ドルから161ドルと大きく異なる。

1歳未満の子どもをもつ母親の労働力率は53.8％（2005年）で，90年代後半の57.0％より約4％近く緩やかに低下している。18歳以下の子どもをもつ母親の90.2％（2005年）が雇用されており，その割合は2000年の92.2％よりやや低下しているが，依然として高い水準である。

このように，未就学児の保育が公的に支援されず個人的に調達せざるを得ないにもかかわらず，アメリカ女性，とくに母親の就業率が高い理由はパートタ

イム，フレックスタイム，在宅勤務などの多様な形態の就業が可能なこと，転勤，残業などについて自由に裁量できること，通勤時間が短いなどの職場の事情，離婚などによる母子世帯や，低所得層が母親の収入を必要としていることなど多くの要因が重なっている。

(3) アメリカの育児支援政策

アメリカでは児童手当はなく，所得税制（所得控除，税額控除）で子育て支援が行なわれている。1995年1月，クリントン政権の福祉改革の一環として，生活保護を受けている母子世帯，いわゆる福祉ママの就労を促す目的もあって，低所得家庭の子どもへの保育サービスの開発や保育補助を行なう保育局が設置された。2006年5月には保健省家族援助部の一部局となり，ブッシュ政権の早期教育プログラムを開発する役目も担っていた。しかし，一般の家族にはこうした援助は行なわれず，保育料は勤労所得の9％前後を占めている。NPO法人の The Way out [22] はアメリカの保育産業の水準の低さ，費用の高さは放置すべきでなく何らかの規制と中低所得層への補助が必要だと提言している。

個々の企業の中には従業員への福利厚生の一つとして，企業内保育所，ベビーシッター代の補助，教育費補助を行なうものがあり，従業員の確保や資質の向上に役立てている。アメリカにおいては教育や子育ては親の権利であり，国家権力の干渉を避ける伝統は今も生きている。しかし現実に子育てと仕事を両立するうえで未就学児の保育だけでなく学齢期の子どもの世話も問題であり，働く両親の3分の1は子どもの学校が終わる3時になると子どもがどうしているか気になって生産性が落ちるので，学童保育の整備が必要だと女性の社会進出をサポートするNPO法人のカタリスト（Catalyst）[23] も警告している。

5　韓国の女性政策と少子化対策の状況

(1) 韓国の福祉政策の変遷

1945年8月に36年にわたる日本の植民地から独立してまもなく朝鮮は南北に

分裂し，1948年には南半分に大韓民国，北半分には朝鮮民主主義人民共和国が成立した。1950年には朝鮮戦争が勃発し，53年まで国土を荒廃させる戦争が続いた。1948年に制定された韓国の憲法は三権分立，基本的人権の尊重など民主主義的なものだったが李承晩政権で自由党独裁政権となり，アメリカからの経済援助に絡んだ腐敗も進行し，経済的にも福祉の面でも停滞した。1960年の学生革命で成立した張勉政権は9カ月で朴正熙軍事政権に倒された。朴正熙政権は強力な独裁を敷くとともに「漢江の奇跡」といわれる経済成長を実現した。しかし福祉政策に関しては「先成長後分配」の論理で，「最善の福祉は経済成長であり，最善の社会的セーフティネットは家族である」という考え方を広く普及させた。(24) 朴正熙政権は当初福祉国家の実現と貧困の追放を公約として掲げ，公務員年金法の施行1960年，軍事援護保障法61年，軍人年金法63年，産業災害補償法63年，生活保護法61年，淪落行為防止法（日本の売春防止法に相当）61年，児童福祉法61年，災害救護法62年，社会保障法63年，医療保険法63年など12の社会保障関連の法律を制定した。しかし海外から資本と技術を導入し，インフラ整備，資本の割り当て，事業許可等で産業構造の近代化を進めて経済成長に成功すると，国民の人気を保つための福祉は必要性が薄れ，こうした社会福祉関連法は公務員と軍人の年金をのぞいて実施されなかった。この時期には社会福祉サービス，とくに児童福祉分野を担っていたアメリカ等の援助団体が撤退をはじめ，それを補うものとして民間社会福祉法人制度が導入された。

　朴政権は経済成長には成功したが公的福祉は後回しとなった。朴正熙暗殺後，全斗喚らの軍部勢力によって成立した第5共和制，その後継の盧泰愚による第6共和制のもとでも，福祉社会の建設をスローガンとしながら現実には福祉にたいして消極的な諸政策が進められた。しかし，国民医療保険の実施（1988年），国民年金制度の実施（1989年），社会福祉専門要員制度（1987年）などが行なわれ徐々に福祉制度は構築され，その際に日本の制度が参考とされた。また最低賃金制，勤労者住宅，労働銀行の設立など勤労者福祉も進めた。1992年に選出された金泳三大統領はそれまでの軍事政権との違いを強調して文民政府と称し，93年「生活の質の世界化のための大統領福祉構想」を発表し「富民安国」のた

め経済開発と社会開発の調和を目指したが、ほとんど実行されないうちに、1997年IMF危機に襲われる。経済失速、高失業率、貧困の拡大の中で、金大中政府がスタートした。金大中政府はIMFが要求する新自由主義的経済政策を実行して、IMF卒業を宣言し、「生産的福祉」を推進する。生産的福祉とは過去の成長第一主義への反省（基本権保障）と、21世紀のグローバル経済に積極的に適応するための労働を通じた福祉、人間開発中心の福祉を目標として官、民、政、労、使が参加する福祉構想であり、イギリスのブレア政権の第3の道にも通じる政策パッケージである。中でもIT教育、IT投資を促進し、公的扶助の現代化、健康保険・国民年金の制度統合と適用拡大給付の保障の拡大を推進した。

（2）韓国の女性政策、少子化対策

日本以上に韓国では儒教による男尊女卑の影響が強く、父系の血統を重視し、性別役割分担意識も強い。しかし、軍事政権が終わり、金泳三政権の下で1995年に女性発展基本法が制定され、さらに金大中政権下で女性部の設置、政治、行政分野におけるクォーター制の導入が行われ、国会議員に占める女性議員の割合は13.2％となっている。意識調査でも韓国の女性は性別役割分担に反対する者が日本以上に多く、急激な変化が進んでいる。韓国統計庁の生活時間調査(1999年)によれば、総家事時間は共働きでない世帯では妻6時間43分、夫1時間6分、共働き世帯で妻3時間45分、夫1時間で、日本より夫の家事時間は長いが欧米諸国に比べれば男女の差は大きい。

女性の労働力率は日本同様、出産、育児の時期に低下するM字型を描いているが近年その谷が25～29歳から、30～34歳と移行している。就業者に女性の占める割合は41.7％だが、管理職に占める割合は7.8％にとどまっている。男女の賃金格差も男性の62.6％とかなり大きい。

育児サービスの利用率は0～2歳で14.1％、追加希望率は15.0％、3～5歳で利用率31.2％、追加希望率は14.4％であり、まだまだ不足している。働く母親の保育施設利用率は35.6％、幼稚園利用率は20.1％で、親族に頼るものが

第7章 各国の女性政策と少子化対策

27.9%である。中でも0歳児の54.7%，1歳児の48.8%が祖父母など親族に預けている。

韓国の伝統的な家族と考えられてきた3世代，4世代の同居家族は一貫して減少しており，1975年の20.1%から2000年の8.4%となっている（統計庁「人口住宅総調査」2004年）一方，単身者は4.2%から15.5%に増加している。

その韓国では日本以上に少子化が進んでいる。1983年に人口置換水準を切って以来，持続的に減少しており，2005年には合計特殊出生率が1.08となっている。

2003年12月，韓国政府は大統領府に「高齢化と未来社会委員会」を設置した。さらに2004年1月に「少子高齢社会対応のための国家戦略」を策定し，同年6月に育児支援方策を策定した。2005年9月には同委員会は「低出産高齢化社会委員会」に改編され，2006年7月には少子高齢社会基本計画を策定している。この計画には保育サービスの充実，経済的支援の強化，妊娠出産の支援等が盛り込まれている。韓国の産前産後休業はあわせて90日であり，うち45日以上の自治体負担分は産後に取得しなければならない。育児休業は1年だが，2008年からは3年に延長された。また雇用保険から支払われる所得保障も2001年以前はゼロだったが，2001年から20万ウォン，2003年から30万ウォン，2004年の40万ウォン，2008年には50万ウォンと引き上げられている。

また育児休業中の代替要員を雇用した企業に補助金を支給している。保育サービスでは，公営と民営の保育所のほか，事業所設置の保育所と家庭型（小型）の保育所が制度化されている。韓国も日本同様，保育所と幼稚園があり，3～5歳の児童は幼稚園，0～5歳の児童が保育所に行く。3歳未満児の9.7%，3～5歳児の28.5%が保育所，3歳児以上の28.0%が幼稚園に行っている。

2002年の大統領選挙で盧武鉉政権は保育と幼児教育の拡充を公約し，福祉参加5カ年計画，教育福祉5カ年プランを策定した。2004年6月には保育の担当は女性開発部に移行した。このプランでは「過去において育児は両親だけの責任とされてきたが，これからは国家と社会が分担する」「育児支援の欠如によ

171

第Ⅱ部　世界各国の女性政策と女性の意識

図表7-2　各国の施策

ワークライフバランス重視
(母性・家族保護重視)

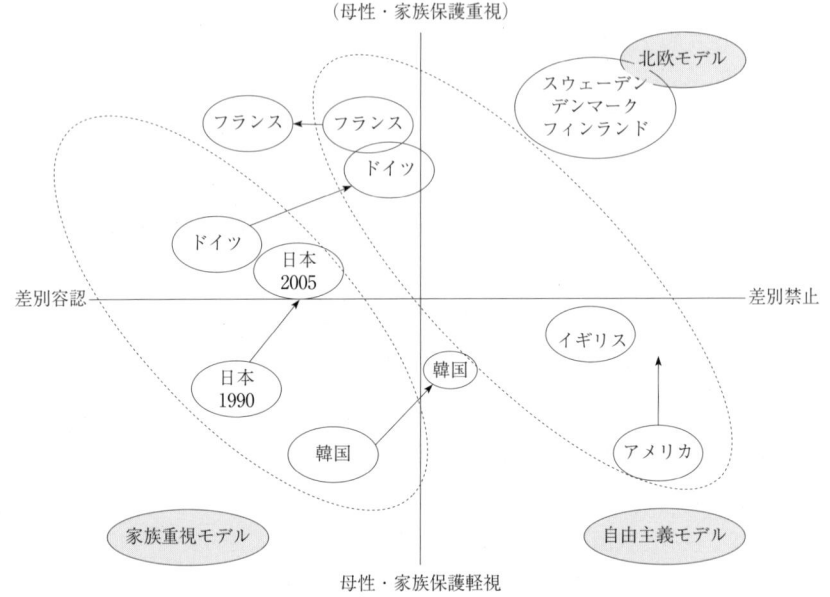

北欧モデル
スウェーデン
デンマーク
フィンランド

フランス ← フランス
ドイツ
ドイツ
日本 2005

差別容認　　　　　　　　　　　　　　　　　　　　　差別禁止

日本 1990　　　　韓国
　　　　　　韓国　　　　　イギリス
　　　　　　　　　　　　　アメリカ

家族重視モデル　　　　　　　　　　　　　　自由主義モデル

母性・家族保護軽視

出所：各種資料より筆者作成。

り出生率は低下し女性の家事負担は減っていない」としている。

　経済的支援としては税制における「家族扶養控除」のほか「教育費控除」（保育所や幼稚園などの費用の所得控除制度）はあるが、児童手当制度はない。

　また同じアジアで性別役割分担意識も比較的強いフィリピンが、育児休業などの制度はないにもかかわらず大家族の中での助け合いで1970年代から労働力率のM字型がなくなり、80年代以降さらに労働力率が高まっている。管理職に占める女性の割合は57.8％、賃金格差も96.6％と先進国を上回る目覚ましい活躍ぶりを示している。政治面では2人の女性大統領を輩出し、国会議員のクォーター制等の取組みもみられており国会議員の比率も15.3％に上がってきている。

　エスピン-アンデルセンの3類型にたいして、韓国などの東アジア（Nics）

と日本を「第4の世界」とする類型論は，まず儒教を共通の特徴とするジョーンズの儒教資本主義，儒教福祉国家論として登場した。その後も東アジアの福祉国家について「家産制」「生産第一主義」「開発主義」「後発型」など多くの特徴があげられてきた（エスピン-アンデルセン自身は1999年の著書『ポスト工業経済の社会的基礎』で反論し，アジアは市場・私的福祉の変型として3類型を堅持している）。日本と同じような社会基盤から出発した韓国が近年の政策は急速に変わりはじめているのにたいして，日本は女性の社会的役割，家庭のあり方についてまだ明確な方向性が見出せないでいるのが対照的である。

このような各国の施策を，女性への差別の禁止の強弱を横軸に，母性や家族保護施策の強弱を縦軸にして，各国の位置関係を図示したのが図表7-2である。北欧は平等と家族保護の両方が重視され，アメリカは平等，ドイツ・フランスは家族保護に重きを置いていたが，差別禁止にも取り組みはじめている。日本は1990年頃は，女性平等も家族保護も弱かったが，この15年余の間に少子化対策により家族保護が強化されている。

注

(1) Esping-Andersen, G. (1990) *The Three Worlds of Welfare Capitalism*, Basil Blackwell Limited（岡沢憲芙・宮本太郎監訳（2001）『福祉資本主義の三つの世界——比較福祉国家の理論と動態』ミネルヴァ書房）．
(2) Esping-Andersen, G. (1999) *Social Foundations of Postindustrial Economies*, Oxford University Press（渡辺雅男・渡辺景子訳（2000）『ポスト工業経済の社会的基礎——市場・福祉国家・家族の政治経済学』桜井書店）．
(3) 木下淑恵「スウェーデン・男女平等法」『外国の立法』第33巻第4，5，6号。
(4) 1997年から99年に365件の案件が処理され，そのうち労働裁判所に持ち込まれたのは3件であった。
(5) 2002年2月。
(6) *Statistics Sweden*, 1998.
(7) 内閣府男女共同参画局（2002）「男女共同参画諸外国制度等調査研究報告書」27頁。
(8) *The equal way, the Swedish institute*, p. 17.
(9) 内閣府男女共同参画会議少子化専門委員会（2006）「少子化に関する国際比較調査報告書」54頁。

(10) 同上, 47頁。
(11) Council Directive 76/207/EEC of 9 February 1976 on the implementation of the principle of equal treatment for men and women as regards to employment, vocational training and promotion and working conditions.
(12) Council Directive of 10 February 1975 on the approximation of the laws of the Member states relating to the application of the principle of equal pay for men and women.
(13) 注(7)に同じ。
(14) 斉藤純子「外国の立法」212。
(15) 注(7)に同じ。
(16) 注(7)に同じ。
(17) *Statistisches Bundesamt*, 2001, S. 107.
(18) 持続可能な家族政策。
(19) アメリカの社会福祉予算には「老齢年金, 失業保険, 退役軍人恩給, 教育, 保健医療, 公的扶助, 食料援助, デイケア, ソーシャルサービス, 住宅および関連サービス」がある。
(20) 1991年,『ウォールストリートジャーナル』で指摘された。
(21) アメリカ, センサス局, "Who's Minding the Kids?" *Child care arrangement*, Winter 2002, Household economic Studies.
(22) Herburn, Suzanne and Barbara Bergmann (2002) *Palgrave*, Macmillan.
(23) Catalyst (2006) *After School Worriers*.
(24) イ・ヘギョン, 2006。
(25) Jones, Catherine (1993) *The Pacific Challenge*, Rontledge.

第8章
女性エグゼクティブのキャリアと子育て

1　日本の女性役員のキャリア形成と育児

　女性がその社会の方針や政策を決定するにあたって，企画から実行，結果に責任をもつ政策決定への参画は，男女共同参画社会の形成に不可欠とされている。女性の地位を測る目安として国連 UNDP が開発した GEM（Gender Empowerment Measure）では国会議員と並んで管理職に占める女性割合，男女の推定所得などを構成因子として計測している。

　女性の政策決定への参画の増大は女性のニーズを経済活動や社会制度に反映するために不可欠であるだけでなく，女性の能力を発揮する機会を広げ，偏見を除去するうえでも，少子高齢社会を支える人材の層を広げるうえからも大きな意味をもつ。しかし日本の企業において女性管理職は少数にとどまっており，女性役員はそれ以上に極めて少数である。女性役員のキャリアを調査し，その地位についた要因を探ることは今後，女性の企業の政策決定への参加を促進するうえで参考となる。そのため筆者が所長を務める昭和女子大学女性文化研究所は株式会社リクルートワークス研究所，「とらばーゆ」誌と協力して「女性エグゼクティブ調査」を実施した。この章は，その調査をもとに女性役員のキャリア形成とそれに影響を与えた人間関係を中心に分析したものである。

（1）女性の政策決定参画の現状と促進にかかわる取組み
① 　女性の政策決定への参画の促進への政府取組みの経緯
　女性の政策決定への参画の促進は，婦人問題企画推進本部の「婦人の政策決[1]

定への参加を促進する特別活動」、1977年に策定された「国内行動計画」以来、政府の重要な政策目標であった。

具体的な活動としては、各省庁の任命する審議会の委員の女性の割合を1985年度までに10％にするという目標を掲げた。その後審議会委員の女性比率の達成目標は15％、20％、30％と引き上げられてきており、2005年9月末に30.9％と目標を達成した。しかしそれ以外の政治や公務ビジネスの分野における女性の政策決定への参画は少しずつ進んではいるがそれほど著しくは進展しなかった。

2003年6月に、男女共同参画社会推進本部は「女性のチャレンジ支援策」を策定した。これは「2020年までにあらゆる分野において指導的地位に占める女性の割合が少なくとも30％程度になるよう期待する」というものであり、この目標は2005年12月に策定された「第2次男女共同参画社会基本計画」でもそのまま踏襲された。政府はこの目標を踏まえ「女性の国家公務員の採用・登用の拡大に関する指針」などを定め国家公務員については採用・拡大の増大に努めているが、地方公共団体については協力要請、民間企業・団体については取組みの支援を行なうにとどまっている。2007年には国家公務員1種の採用に占める女性の割合は25.6％、管理職以上に占める女性の割合は1.9％に増加してきている。地方公務員のうち都道府県の管理職は本庁で5.4％、政令指定都市の管理職においては8.9％で、大都市の方がやや比率が高い。年功序列の公務の世界では大卒女性公務員の勤続年数の伸長とともに管理職もゆっくり増えている。

② 民間企業における女性の登用状況

民間企業における女性の採用・登用については1997年に男女雇用機会均等法が改正され、第14条において「ポジティブアクションの取組みの支援」が盛り込まれ、毎年均等推進企業の表彰などの取組みが行なわれている。

しかし民間企業における女性管理職は増加してはいるが、まだまだ低い水準にとどまっている。厚生労働省「女性雇用管理基本調査」（2008年）によれば係長相当職の女性比率は12.7％、課長相当職で6.6％、部長相当職で4.1％である。

このように中間管理職に占める女性の割合が低い中で、取締役に占める女性

の割合はさらに少ない。「上場会社役員動向調査」（東洋経済新報社，2004年12月）によれば，全上場企業役員3万5854人に占める女性役員の比率は延べ260人，役員に占める割合は0.73％である。これはアメリカでフォーチューン500社の取締役に占める女性の割合が，2005年には14.7％（2003年13.6％，1995年9.6％）だったのに比較して極めて低い割合である。しかも，0.73％のうち大部分は社外取締役や社外監査役，または創業者やその家族および大株主であり，内部でキャリアを積み重ねて取締役に就任した者は84人（32.3％）に過ぎない。

政治や公務に比べても大企業の取締役がいかに女性の参入が困難で，男性に独占された聖域であったかが明らかである。その要因としては，(1)日本の大企業においては内部の昇進は年功が重視され，結婚出産を機に退職することの多い女性は教育訓練の機会も少なく，人材養成の機能ももつ人事異動の対象とされず，能力を開発し蓄積することが困難だったこと，(2)性別役割意識が強く女性が家事・育児・介護等の担い手とみなされ，現にその負担が重く長時間労働や転勤など正社員に期待される働き方が難しかったことなどがあげられる。こうした職場環境の下で，(3)女性自身の専攻分野の偏り，意欲の低さ，(4)男尊女卑的な先入観が残り女性上司への反発，顧客からの信頼が得られないなど多くの要因が重なり，日本の企業は家庭責任を負わない男性を想定したキャリアパスだけを用意したので，それに適応できる女性は極めて少なかった。

2003年以後の景気回復によって人手不足感が一部の企業に出てきたこともあり，日本企業も女性の活用にようやく目を向けはじめた。しかし，それはむしろ仕事と家庭，育児の両立・勤続の延長を目指すワークライフバランスに主眼を置いたものが多く，女性の活躍推進を目指すものは少ない。いわば少子化対策を主眼とするワークライフバランス対策が進められてきたといえる。また，均等推進企業の表彰などポジティブアクションの奨励も行なわれているが，その目標とするところは下級管理者，係長クラスから中間管理職，部課長クラスへの登用が主で，上級管理職や経営者はほとんど視野に入っていないのが実情である。先に触れたように女性の経営への参画者が極めて少ない現状からは当然といえる。

第Ⅱ部　世界各国の女性政策と女性の意識

　女性の雇用者の過半数が非正社員として，低賃金・不安定な労働条件に悩む中で従来，女性労働に関しては仕事と子育ての両立や，女性保護法制・両立支援について論じられることが多く，女性のキャリア形成やリーダーシップについての研究は少ない。しかし男女の賃金格差の要因は勤続年数とならんで職種による差が大きく，また女性の能力，適性にたいする偏見を除去するうえでも，女性の能力を十分発揮するうえでも女性が経営幹部として職場における政策・方針決定に参画することは大きな意味を有する。

③　調査実施までの経緯

　筆者は1975年から婦人問題担当室のメンバーとして国内行動計画の策定，政策・方針決定への女性の参加促進特別活動の推進に携わってきたころから，女性のキャリア形成の問題に大きな関心を抱いてきた。また1980～81年にハーバード大学ラドクリフ・カレッジ，バンティングインスチュート研究員（Bunting Fellow）としてアメリカで研究する機会が与えられた際にも，ボストン地域の企業のエグゼクティブとハーバードビジネススクールの女子学生を対象としてインタビュー調査を行ない，「米国きゃりあうーまん事情」を著している[9]。また1982年には岩男寿美子，原ひろ子を代表とする国際女性学会の「中小企業の女性経営者」を対象とするインタビュー調査チームに加わった。それ以後も女性管理職について関心を抱き続けてきた。

　2003年6月には「女性のチャレンジ支援策」が策定されたが[11]，その中で2020年までにあらゆる分野で指導的地位につく女性の割合が30％になることを目指すとした。この数値目標は1990年国連が「ナイロビ将来戦略の見直し」を行なった際に，1995年までにあらゆる分野で指導的地位に占める女性の割合を30％にするとしたものを25年遅れで取り入れたものであるが，筆者は内閣府男女共同参画局長としてこの策定に中心的な立場で携わった。このように女性管理職についての政策および研究に長くかかわってきた中で現在の日本の女性経営者について把握する必要性を感じていた。そのため2005年5月リクルートに申し入れて共同で女性経営者についての調査を実施することとした。

（2）調査の概要

2005年，株式会社リクルートの「とらばーゆ」誌編集部とワークス研究所および昭和女子大学女性文化研究所は共同で女性エグゼクティブについての調査を行なった。

本調査の対象となったのは，2004年9月末現在で，上場企業および株式公開企業（JASDAQ，東証マザーズ，ヘラクレス）の取締役，執行役員であった女性である。東洋経済新報社の『2005年版役員四季報』「役員データベース」中から対象者を抽出し，その中から社外取締役，創業者とその家族，大学や官公庁などの企業外から役員として迎えられた人を除いた。基本的には企業内部でキャリアを積み重ねて役員ポストについた人だが，転職・再就職などで途中入社の女性は当然含まれる。また，調査の時間的制約やコストから東京と周辺に常駐する86人を対象として調査協力を依頼した。多忙な女性経営者に調査の協力を得る困難さが予想されたことから対象者には，(1)丁寧な調査依頼文を連名で出す際に，調査協力依頼とともに出す事前調査表はできるだけシンプルにして負担とならないようにする（そのため大幅に質問をカットした），(2)リクルートの「とらばーゆ」誌に「女の出世道」と題して，インタビューをリライトした記事と写真を掲載することで，「会社の広報になる」機会を提供するなどの工夫をした。

その結果，総計53名（ワークス研究所＋「とらばーゆ」編集部27名，「とらばーゆ」編集部単独取材26名）の女性取締役へのインタビューが実現した。

2005年7月から12月にかけてインタビューは実施された。

（3）調査対象者の属性

まず年齢分布は30代2人，40代7人，50代14人，60代4人であり，50代以上が過半数を占めている。

企業の業種分布はサービス6社，流通5社，ソフトウエア製造3社，ITサービス2社，精密機器製造2社，化学品製造2社，娯楽2社，医薬サービス2社，衣料製造1社，その他製造1社と多岐にわたっており，女性従業員が多い

というイメージの強いサービスや流通業界だけでなく，女性従業員が少なく専門性の高い情報，精密などの分野も含まれている。

創業年数の若い企業では創業社長に認められた，かつての上司が起業する際に声がかかった，など会社の成功・成長とともに昇進してきた例が多い。今回の対象者のうち自分が純粋に創業（共同創業者を含む）した者だけでなく，子会社の立ち上げを任された者も含め，2人が創業者である。

外資系の企業は5人である。外資系では実績を評価されて転職して取締役となった者が多い。なお女性役員全体の業種別分布と女性就業者の割合を対比すると，金融業は女性従業員が多いが管理職，役員とも少ない。

調査対象者のうち社長・会長は2人，取締役副社長2人，専務取締役2人，常務取締役8人，取締役6人，執行役2人，執行役員・上席執行役員は5人であり，代表権ありは3人である。

家庭の状況をみると未婚は6人，既婚有配偶は17人（離別後再婚の2人も含む），離別2人，死別2人で未婚者，離別者の割合が比較的高い。子どもをもつ者は15人で，結婚していても子どものない者も比較的多い。

学歴は大学院卒が2人，大学学部卒が16人，短大卒1人，専門学校卒2人，高校卒6人である。留学経験のある者は6人。短期間カリフォルニアやパリに滞在した者も3人いる。留学は6人全員アメリカである。留学してアメリカで就職した者や博士号，修士号を得たり，また通訳など語学の専門能力で仕事を得た者や，今は日本系の企業に転職している者でも外資系企業でキャリアを積んだ者がみられ，女性を登用する環境は外資系企業の方が日本企業より整っていることが推測できる。

同世代の女性の平均より学歴が高く大学を卒業した者が6割以上を占めるが，経済的理由で大学進学をあきらめた女性，大学受験に失敗し専修学校へ進学した女性の中からもトップエグゼクティブや，高度専門的能力を身につけた職業人として成功している女性がいるのは注目される。学部の専攻は英文科，教育など教養系が多く直接経営にかかわる経済学部，経営学部，法学部を専攻した者は少ない（教育系の大学院卒で専攻を生かしている者が1人いる）。女性に限らず

日本の文科系大学教育は職業に直結していないが，それに比較すると理科系専攻者は薬学部，理学部など専攻と関連のある分野を職業としており，修士・博士の学位をもっている者もみられる。また，比較的職業継続意欲が強い者は理科系専攻者に多い。家政系学部（短大）を専攻した者も2人いるが，まったく専攻と関係のない仕事についている。経理を担当している者，そこで実力を認められた者がいるが，大学で経理や経営を専攻したのでなく自分で仕事をしながら勉強している。

（4）対象者の生育環境

企業に入る以前に女性はどのような家庭で育ちどのような教育を受けたかが，その後のキャリアの選択に大きな影響を与えるといわれている。たとえば1970年代アメリカの「キャリア・ウーマン」[12]によれば女性経営者の多くは女きょうだいだけか，長女として生まれ，父親はリベラルで娘の将来に期待をかけてさまざまな体験をする機会を与えたとされる。

日本においてそのような分析は行なわれていないが，先に触れた「中小企業調査」でも父親より母親が娘の進学やキャリア形成の支持者になった例が多く，出産育児期の支援も行なっていた。

今回の調査対象者においても，母親が仕事をもっていた女性は「働くのが当たり前だと思っていた」「母親が子育てを全面的に助けてくれた」と言う者が多い。母親が専業主婦で，女性が働き続けることに慣れていない家庭環境で育った女性は就職のときには職業継続意識は低く，その後の職場環境によって大きく変化している。母親の生き方・考え方の影響は娘のキャリア選択に与える影響が大きく，専業主婦でも娘には「手に職をつけるように」と励ましている例では娘の職業意識は高い。

大学進学については家庭の経済環境とともに当時の女性の進学率も影響しており，若い世代ではほとんど大学進学をしており，進学に失敗した者は挫折感を味わっているなかからキャリアを積み重ねている。

(5) 対象者の職業意識

　対象者が初めて就職した際に「働き続ける」「経営に携わりたかった」と明確な意欲をもっていたのは30代の若い層にはみられるが，40代以上の対象者の多くは職業を開始した時期には強い職業意識はもっていなかった。その中で「働くのが当たり前だと思っていた」「長く働くためには手に職をもっていたほうがよいと思っていた」というやわらかい就業継続意欲をもっていた者と，「結婚・出産まで仕事をする」「あまり責任の重い仕事には就きたくない」「アルバイト気分で入社した」と考えていた者がほぼ同数である。内訳は強い職業意識4人，やわらかい職業継続意識11人，低い職業継続意識12人である。職業継続意識と学歴はほとんど関係がない。年齢別には50歳以下の相対的に若い世代では就業継続意欲が高い者が比較的多く，50歳以上の者では比較的少ない。女性就業をとりまく社会環境の変化が影響している。

　50歳以下でエグゼクティブのポストについている者は現在の日本では男女を問わず若い成功者で，就職のときから高いモチベーションを有している（この世代では大企業に入った女性はまだエグゼクティブレベルまでは昇進しておらず，若い女性エグゼクティブは創業して期間が短い若い企業，急成長した企業に多い）。

○職業意識の弱いグループ例
　「もともと自分がスキルアップしようとか，偉くなろうとかそういう気持ちはあまりありませんでした。どちらかといえば社会をよりよくするために何か役に立ちたいという気持ちが強かった」（人材派遣業）
　「ゼミの同級生が大手企業の総合職に就職する中，無理なく働けるようにふつうの事務職を選び，キャリア志向はまったくなかった」（ソフトウエア）
　「なんとなく就職したけどこのままだと，私どうなっちゃうんだろう……と思っていました。不安でしたね」（情報システム）
○職業意識・上昇意欲の強いグループ例
　「人に雇われて働くなんて考えられない。学生時代も輸入ビジネスや人材派遣請負をアルバイト代わりにやっていた」（ギフト事業）

「父が早く死んで母が苦労して私を育てるのをみていたから、やはりしっかりした会社に就職しようと思っていた」(金融コンサルタント)

「人に頼るのは好きではなかった。結婚しても経済的に自立したいと思っていた」(衣料製造販売)

「仕事は人生の大切なアイテムと考えていたが、その中で男女別なく採用していたのが外資系の広告代理店でした」(版権ビジネス)

1960年代から80年代初めの性別役割分担意識の強い社会状況の中で、青年期を過ごした50歳以上の年代の女性にとって、女性の職業継続意識が低かったことは当時の総理府広報室の世論調査などにも明らかである。[13]この調査のポイントの一つはそうした就業意欲の乏しかった女性たちが、エグゼクティブにまで昇進できたのはなぜか、就業後何が起こったかを検証することである。キャリアの初期に高い職業意識に目覚める機会を得たアーリースターターと再就職・転職後、職業意識に目覚めたスロースターターがいる。スロースターターの中には離婚・死別などのライフイベントによって職業意識を強化した者もふくまれる。

(6) キャリアの初期状況

これらの女性が就職した企業の多くは女性を基幹労働力として扱うことに慣れていなかった。50代以上ではいわゆる最初はOLとして、お茶汲みなどアシスタント的仕事についた者が多く、当然結婚、出産で退職することを雇用主も本人も想定していた。年齢が比較的高い就業継続意識の低いグループでは12人中7人が結婚、出産を機に退職している。継続就業したいと考えていた者でも出産や結婚で退職している者が3人いる。

一方はじめて就いた職場で、仕事を通じて個人として評価される喜びを感じ、社会とつながる手応えを体験して、仕事に「目覚めた」者や仕事そのものから職業意識を高めたほか、上司から仕事に対する真摯な態度を学んだという者が職業意識の低い者でも高い者でもみられる。

「先輩が厳しく指導してくれて。おかげで正確に仕事をするためのポイントがわかったし，数字に間違いがあるときは勘が働くようになりました」(情報機器製造)

「手本がなくて何もかも手探りでやることがいっぱいあるわけですよ。仕事から学ぶことがいっぱいありました」(流通業)

「あなたは総務です。事務からやりなさいと修行させてくれたのがよかった。役員会の事務局でお弁当の手配から資料作りまでしましたが議事録もちゃんとみれるし，資料もこういう風に作るんだと経験できてすごく楽しかった」(レジャー産業)

現実の仕事を通じて職業意識を身につけた者が多いのにたいし，入社後行なわれた企業の研修や訓練の影響をあげる者は少ない。就職前の職業意識は高くない女性でも配属された職場で責任ある仕事と出会い，よき上司や先輩と出会ったことにより仕事をポジティブに捉え仕事の価値を認識し職業人として意識を変えた可能性が大きいとみなされる。逆にいえば潜在能力や可能性はあってもそうした出会いがないと職業意識も低いまま，短期で退職している女性が多いことが想像される。まず第一に多くの職場で上司や先輩が女性に職業人としての成長を期待すること，第二によき職業人である上司と出会うことが重要である。

(7) ライフイベントとの関係

結婚によって退職した者も多い反面，結婚によって配偶者から職業面の励ましや，新しい視点や体験を得た者も多い。たとえば40代衣料製造販売業のエグゼクティブは留学先で出会って結婚したアメリカ人の夫のアドバイスと励ましにより仕事への意欲を高めるとともに，キャリアアップのための転勤においても夫の全面的な理解と支援を得ている。日本人の夫でも昇進や転職の際に夫から「背中を押された」「やってみたらとはげまされた」と精神的な支援を得ている例もある。大学院時代に出会った夫から就職への支援を受けている例(情報機器製造)，夫の留学に同行してアメリカの大学で学ぶことにより高度の専門

的知識，技術を得た例（教育）もある。「再婚した夫はよき相談相手」（流通），「自分が育てるから子どもを生んでくれといわれた」（医薬サービス）など有配偶者の女性のほとんどは夫の精神的支援や家事分担を受けており，夫の選択は女性のキャリアに極めて大きい影響を与えている。

逆に妻のキャリアを支援する夫だけが結婚生活を継続しているとみることもできる。離婚した夫にたいして調査対象者は多くを語っていないが，妻のキャリアを支援することは少なかったと思われる。

また夫との離別，死別はそれにより生活を支える必要に迫られ再就職したり，職業への取組み姿勢を変えて飛躍のきっかけとなっている。「理解のある夫」か，しからずんば離婚・死別が女性がキャリアで成功する代表的パターンで，「理解のない夫」と婚姻を継続しながらキャリアで成功するのは難しいようである。

「子どもが1歳3カ月のときに主人が亡くなったので……今までは（職場では）お手伝いの気分だったのですが，ちゃんと働かなくては困ると思いました」（保育関連）

「とにかくどんな仕事でも一生懸命しようと思って……娘を生活させるためには仕事をしなければならない。私は何の取り柄もないので追い込まれた状況でした」（エンターテインメント）

「29歳で大病をし，離婚したのが人生を変えるきっかけになりました」（医薬品製造）

「離婚するときに3つのことを決心しました。子どもを言い訳にしない，10年間は母親として生きる，次の10年間は父親として生きる」（薬局チェーン）

こうした離死別を経験した女性たちは，新卒後ただちに就職した職業意識が確立していない女性や両立の中で揺れ動いている女性たちと比較して，仕事への取組み姿勢の真剣度が格段に上がり，「覚悟ができた」という表現がぴったりとなる。こうしたスロースターターの彼女たちが再チャレンジの機会を手に

したのは，退職以前の仕事ぶりを評価していた上司や，死別する前の夫を支えていた働きぶりを評価していた関係者との人間的なつながりがもたらしたものである。いわば彼女たちの過去の働く後ろ姿が新しいチャンスをもたらしたのである。今後の少子高齢社会で再チャレンジの重要性はますます高まるだろうが，その意味でも退職前の仕事をおろそかにしない，そこでよき人間関係を築いておくことの重要性は彼女たちの例からも明らかである。

　結婚を続けながら，育児が一段落し，子どもの手が離れてから再就職して成功している事例が少ないのは，一段落した後も家庭に軸足を置いている女性が多いからであろう。その中で，17年間専業主婦を経た後パートから新規開店の責任を任され，そして本社の経営陣に加わった例（古本チェーン），13年間専業主婦を経験した後，和服販売の店を任された稀有の例（流通）も少数ある。

（8）キャリア飛躍のきっかけ

　女性の場合，初めての職場環境や結婚，離死別などのライフイベントが大きな影響を与えることをみたが，キャリア飛躍のきっかけとなる経験としてはどんなものがあるだろうか。たとえば管理職になることを想定していないだけに初めて管理職に登用される，出向で子会社の経営に携わるようになった，また新たなプロジェクトの責任を任された，会社の倒産併合という中で吸収される側の社員の処遇に責任を感じた，など与えられた状況の中で新たな責任と視点をもった経験が，仕事観を変え，成長の大きなきっかけになっている。

　それまで評価されなかった自分の専門性（流通）が新しく大きな顧客をつかむきっかけとなったこと，新しい分野に出ることにより自分のもっていた専門性の強みに目覚めたこと（ソフトウエア）など，あるレベルのキャリアに達したころに遭遇する新しい経験によって大きく成長のきっかけをつかむ。多くの女性エグゼクティブは日本の企業で能力を初めから評価され期待されて仕事をしてきた人は少なく，自分の能力や適性に自信をもちにくいのが常だが，その中で自分の能力への自信，使命感をもつきっかけを得るとその後の仕事ぶりも変わり，その結果周囲の評価も大きく変わる。

それは成功体験だけでなく、失敗体験でも自分の今までの殻を破り安易な取組みを変えるきっかけとなっていることもある。共同研究者のワークス研究所の石原直子はそれを「一皮剥ける経験」として研究のコアを分析している。[14]

（9）メンターなどの人間的影響

1980年ごろアメリカでは「ハーバードビジネスレビュー」誌に発表された研究[15]から、成功した男性経営者には「メンター」がいるが、女性はメンターを得るのが難しいのが職場で成功するうえでの問題だと議論されていた。現在も日本IBMが女性の研修、登用にあたって、社内メンター制を設けるなどメンターにたいする関心は高いが、この調査対象者の中で厳密な意味でのメンターをあげた者はアメリカ系企業で働くエグゼクティブなど少数にとどまっていた。[16]それより、直属上司の指導、創業ワンマン社長の引き立てなどから仕事上の影響を受けたとする者が多かった。

彼女たちが比較的規模の小さい企業で、企業の成長とともに昇進してきたことから、メンターというより、直属の強力な上司の引き立てがキャリア形成に大きな役割を果たしたと考えられる。

「『男女関係なく実力のある人に新規オープンする店の仕事を任せたい』と社長にいわれたんです」（衣類販売チェーン）

「ボスに恵まれたというんです。どんどん課題を与えてくれて、必死に走っていたら会計事務所が大きくなってコンサルタント会社になって、さらに上場して」（経営コンサルタント）

「（秘書をしていた）社長が新しい会社を立ち上げたので、一緒に移ってこないかと声をかけてもらって」（情報開発）

「一緒にお仕事をして楽しかった上司が、いろいろ何かあるごとに連絡をくださり（ベンチャー企業を立ち上げ）、今度会社を本格化しなければならない、手伝ってくれないかと声がかかった」（医薬品製造）

「2人目の上司が研究成果が出始めたら上に掛け合ってくれて、博士論文

を書かせてくれた。このとき学位をとっていなかったら私の人生はまったく違ったものになっていた」（化粧品製造）

このように引用すると彼女たちはただ幸運に恵まれただけであったようにみえるが，そのように上司からの引きを受けるにはそれまでに信頼を得るだけの仕事ぶりをみせていたことが重要なポイントである。

ロールモデル（お手本にすべき先輩・上司）について言及する者は少なかった。仕事のうえでアメリカの女性エグゼクティブ（衣料販売）と出会って触発された経験に言及した者はいるが，女性エグゼクティブの層が薄いだけにまだ身近にロールモデルとして手本にする女性がいない中で彼女たちはキャリアを形成してきたといえる。

今後彼女たち自身が後輩たちのロールモデルになりうると期待されるが，それを自覚的に述べる者は少なかった。

理科系女性エグゼクティブ（精密機器）で女性技術者のネットワークづくり，後輩の育成に尽力している者はみられるが，全体として社外のネットワークに目を向けている者は少ないようである。既存の団体，ネットワークに加わっている者でもそこでの出会いがキャリアに影響していると述べる者はみられなかった。

(10) 女性エグゼクティブを生む要因

女性エグゼクティブは冒頭でも触れたように極めて数が少ないので，統計的分析に堪える数の対象者を調査することはできなかったが，この調査の中から得られた知見としては次のようなことがあげられる。

若い世代ではキャリア初期から職業継続意識，上昇志向の強い者も少数みられるが，多くはそれほど強い上昇志向のない中から，職業やライフイベントを通じて職業意識に目覚めている。

その際に重要な契機となっているのは就職後，

① 仕事を与え，期待してくれる上司との出会い

② 仕事に責任をもたせられ，苦労しつつも達成感を経験すること

ライフイベントとの関係では，

① 転職，転勤，昇進などの選択の際，励ましてくれるパートナーとの出会い
② 死別，離別などで生活を支える必要に迫られたことが職業への積極的な取組みをもたらしている
③ 夫の転勤，出産育児等で退職した後，子どもの手が離れたあとの再就職で新たなスタートをきった女性エグゼクティブもいるが少数である

キャリアの成功をもたらしている要因は，

① 元の上司が起業，転職などする際，協力を求められた
② 創業社長から能力を認められてチャンスを与えられた
③ 専門能力で企業に貢献し業績を上げた
④ それまでのキャリアを評価されてスカウトされた

などが契機となっている。中でも①②のケースが多いのが大きな特徴である。

このようにまだまだ女性エグゼクティブは出会いに恵まれているケースが多いが，なかでも初期の仕事や理解ある上司との出会いは幸運を引き出すかぎとなっている。女性の職場への進出が多くなる中で，多くの女性がよき出会いに恵まれるよう企業や男性管理職が女性個々の適性や能力に期待し，それを引き出すよう求めたい。

2　アメリカの女性エグゼクティブ調査

（1）調査の背景と問題意識

日本の女性エグゼクティブ調査と並行して2005年2月から5月にニューヨークとボストンでアメリカの各分野で活躍する女性エグゼクティブにインタビュー調査を行なった。筆者は1980～81年にかけてボストンで女性マネージャーとハーバードビジネススクールの女子学生を対象にインタビュー調査[17]を行なったが，25年経過して再び調査し，その間の女性をとりまく環境の変化と女性の意

識の変化を探った。筆者は2004年9月から2005年6月までハーバード大学政治行政大学院 WAPPP（Women And Public Policy Program）のフェローとして，また2006年9月から2007年5月まで同大学ライシャワー研究所 US-JAPAN program のフェローとして滞在し，アメリカの女性政策について研究するとともにこの調査を実施した。

第6章でもみたとおり，アメリカでは1964年の公民権法第7編において職場での人種や性による差別は厳しく禁じられている。1965年に設置されたEEOC（Equal Employment Opportunity Comittee）は提訴された差別紛争の調停をするだけでなく調査・告発も行ない，また裁判所に持ち込まれる事例も多く，差別した企業の敗訴が相次いだ。

また1965年の大統領命令11246号により，連邦政府と契約を結ぶ企業，機関は affirmtive action plan を作らなければならなくなった。また1972年の教育改革法第9編により連邦政府から財政支援を受ける教育活動や教育機関は性差別，人種差別を厳しく禁じられた。それによりスポーツプログラムへの女性の参加や，とくにロースクールやビジネススクールに進学する女性が飛躍的に増えた。

差別を徹底的になくし均等な機会を与えれば，出産保護や育児支援の公的施策がなくても女性は労働市場で能力を発揮できるのか，という筆者の疑問にかかわらず，アメリカでは女性たちは職場に進出し，管理職，さらには経営幹部にも多数進出している。このインタビュー調査を実施した2005年のアメリカの雇用者に女性の占める割合は42.4％，管理職・専門職に占める女性の割合は37.2％，フォーチューン500社（フォーチューン誌のランキング上位500社の大企業）の CEO は1.8％，取締役に占める女性の割合は14.7％に達している（CATALYST Census）。こうした女性の労働分野への進出は日本に比べては勿論，北欧や OECD 諸国よりも高い。政府が育児支援や高齢者介護支援をしない中でどうしてこれが可能だったのか，一方男女の収入格差は77.0％と大きい。また近年女性の管理職への進出も頭打ちの様相がみえるが，これはなぜか，アメリカの実情を当事者から聞きたいと思った。

(2) 調査の概要

アメリカ調査は筆者がアメリカにおいてワークス研究所のように強力な機関と連携することができなかったこと，組織的なネットワークをもたなかったことから次の3つのグループにたいして行なった。

(1) 5人は2005年2月ニューヨークで開催された Global women's sumit international planning committee のメンバー

(2) 6人は2005年5月ハーバード大学行政大学院 WAPPP プログラムが主催した women's leadership board のメンバー（WAPPPに1万ドル以上寄付した女性が招待される）

(3) 6人のボストンの女性エグゼクティブと4人のニューヨークの女性エグゼクティブはプライベートな友人から紹介された

このように筆者の限られたアメリカ滞在期間にインタビューを受け入れてくれる女性エグゼクティブの属性は多様で，個人的な履歴書を提出し60分以上も話してくれた女性もいれば，20分程度で形式的なインタビューで終わった女性もいる。(1)のグループの女性へのインタビューは彼女たちのオフィスを訪ねて行ない，(2)のグループは大学の構内で会議の合い間の短い時間に行なった，(3)のグループは彼女たちのオフィスに行って行なった。いずれも筆者が英語でインタビューしたものをテープに録音し，それをリサーチアシスタントに英語のままでテープおこしをしてもらった。統計的な分析よりも彼女たちの生の言葉を中心にケーススタディとして紹介する。彼女たちの言葉は英語であり，ハーバード大学に提出した論文は英語だったが，ここでは筆者が和訳している。

(3) 職　業

まず彼女たちの現職は5人が事業主（宝石販売，ファッション，広告，外国語学校，製造業），4人が自営コンサルタント，2人が弁護士，10人が大企業の幹部だった。彼女たちの働いている企業の業種は投資コンサルタント，サービス，銀行，保険，製造業，広告，そしてNGOである。年齢は2人が70代，5人が60代，11人が50代，3人が40代だった。10人が大学院卒，11人が学部卒で高卒はいな

かった（1人のアフリカ系の女性は高卒後働きながらカレッジに行き5年で卒業している）。60歳以下の若い世代ではMBAやロースクール卒業者がそれぞれ2人いる。

全員が「女性が職業をもつのは当然」と考えており、ほとんど全員が学卒後これまで働き続けてきた。夫の転勤で海外に住んだ期間は職業でなくボランティアをしていた女性は1人いる。また3人は職業をもってから大学院に社会人入学している。

転職はアメリカにおいては一般的である。対象者のうち16人が2回以上転職していた。1人だけ一つの会社で30年以上働き続けている者がいた。

また働く場所も変えている者が多い。東海岸から西海岸へ、西海岸からニューヨークあるいはアフリカで、あるいは日本や中国で、あるいは南アメリカでというように働く場所を変えている。アメリカの一般労働者は住所移動をあまりしないが、こうしたエグゼクティブたちは国際的な活動をしているのが印象的である。また頻繁な国内・国際の出張を日常的に行なっている。

彼女たちの普段の勤務時間は日本のエグゼクティブに劣らず長い。ある弁護士は朝5時から夜8時まで働くという。しかも彼女たちの仕事の密度は濃い。その一方で長期休暇をとるのが一般的である。休暇期間は家族と過ごす。また勤務時間は弾力的で自分の都合に合わせて始まりも終わりもセットできる者が多い。そして彼女たちはボランティアや社交的なネットワークに参画し活発に活動している。精神的にも身体的にも彼女たちはタフで、エネルギッシュである。

（4）家庭状況

彼女たちの家族関係をみると14人が有配偶で、5人が離婚、2人は未婚である。有配偶の女性のすべては夫のサポートに感謝している。そのうちの1人の夫は専業主夫で3人の子どもを家庭で育てている。それ以外のきちんとした自分の仕事をもっている夫も育児や家事を当たり前として分担している。25年前のインタビュー調査のころは多くの女性は仕事と家事・育児の両立の大変さを述べていたが、今回両立が大変だと嘆いていたのは離婚して2人の子どもを育てている銀行幹部1人だった。それだけアメリカの男性が変わったことと、家

族(それが母でも父でも，夫でも)の育児分担が公的保育の未整備なアメリカでは不可欠だということである。またほとんど全員が家事の一部を外注していた。その多くはパートタイムの掃除サービスだが，インド出身の女性は「女子はハウスキーパーがいれば男性とまったく同じに働くことができる」と断言していたのが印象的だった。実際彼女は住み込みの家政婦を雇って掃除・洗濯・料理まで任せているということだった。彼女の場合，インド出身という文化的背景も影響していると思われる。25年前，中流階層が多いアメリカでは家事使用人を雇うのは普通の女性には難しかった。21世紀の今日，アメリカでは経済格差が広がり，女性も職業で成功すれば高い収入を得てハウスクリーニングのようなサービスを買うことができるようになった。

　育児にあたってもベビーシッターだけでなく，ナニー，看護師などのサービスを利用しており，エスピン－アンデルセンのいう市場化が進んでいることを実感した。主として自分の母親に育児を助けてもらったという者がいないのが，日本と比べて大きな特徴で印象的だった。アメリカ労働省の調査では未就学児童の育児に祖父母がかかわっているとしていたが，それは低収入の家庭の育児解決策で高収入の女性は実母に頼ることをしていないようである。

(5) メンターとロールモデル

　「職場でメンターはいるか(いたか)」と尋ねたところ多くの女性は「いた」と答えたが，メンターの定義は様々であり個人差が大きい。ある銀行幹部の女性は「私のメンターは長い間私を後見し，アドバイスをしてくれ，私に機会を与えてくれました。私も彼を助けるために全力を尽くしました。ちょうどそれは職場における調和のとれた結婚のようなものでした」といっている。一方ある投資銀行の女性は「メンター?　それはたくさんいました。行く先々の職場で私はよいメンターに出会いました。それぞれの人から私は多くを学ばしてもらいました」といっている。女性がメンターだったといっている者も2人いた。「彼女は私のロールモデルであり，かつ戦略を語れる友人です。彼女のアドバイスはどれほど有効だったか数えきれないほどです」「彼女は私と全く違う職

業や活動をしていますが，困った問題に直面しているときには，一緒に考えてくれました」といっている。

　ロールモデルについても彼女たちは語っている。ある弁護士は「私の幼なじみのお母さんが弁護士でした。素晴らしいと彼女に憧れていたのが私が大学で法律を学んだ理由の一つかもしれません」といい，ある編集コンサルタントの女性は「私の母は看護師でした。ずっと生き生きと働いていました。彼女は私のロールモデルです」といっている。またある企業幹部は「最初の職場の上司が有能な女性でした。それで女性もボスになれるんだと思いました」というように影響を受けた女性の先輩がいたといっている。

　しかし大部分の女性は「特定のロールモデルはいない」と答えている。おそらく女性が働くのが当たり前になったアメリカでは数多くの女性が周りで働いており，ロールモデルを特定する必要がないのだろう。とくにアメリカ人の特性として私は人真似はしない，特別な存在だと思う傾向があるとも考えられる。25年前には女性はロールモデルが身近にいないから仕事のうえで成功を目指さないといわれていたが，次の世代になるとロールモデルの不足は問題ではなくなっている。

　女性への差別は法律で厳しく禁止され，また女性が職場で多くなってきているので，女性にたいする偏見により差別を受けたという者はいなかったが，1人のアフリカ系女性は人種・性による無形の差別を転職面接の際に受けた経験を語ってくれた。ほかの女性も微妙な違いが男性との間にあるから，女性同士助けることの重要性を語っていた。

（6）キャリアの主導権

　アメリカの女性エグゼクティブはキャリア開発を自分のイニシアティブで行なっている。たとえば自分から大学院に入学したとか，国際的経験を積むために外国に職を見つけたとか，自分の経歴上必要だと思ったから法務に配属されることを希望した，という調子である。日本の女性エグゼクティブたちが「偶然にたすけられて」「たまたま運がよかったのですよ」「なぜか元の上司から声

がかかって」というように受身であるのに比べ、大きな特色である。もちろん日本でも女性エグゼクティブたちは与えられたポストで全力を尽くしているのだが、少なくともそれをアピールしないで「運がよくて」と表現する。日本でも戦略的にキャリアを積み重ねてきたと言明する女性もいたが、それはアメリカ留学経験のある女性であることが印象的である。「自らキャリア戦略を立てて自分の目標を達するべし」と刷り込まれるアメリカとの違いは顕著である。

また多くの女性は会社の従業員にたいする奨学金、社会人入学への便宜などのサポートに感謝している。人材養成は日本企業の特色だったはずだが、むしろアメリカ企業が大学院進学、希望を考慮した人事異動、キャリア教育への投資や機会提供に熱心に取り組んでいる。彼女たちは企業が提供するそうした機会を利用して自分の力を開発してきた。「運」ではなく「努力」「チャレンジ」を強調するアメリカで「私はいい時にいいところにいてラッキーだ」と表現する女性もいたのが印象的であった。

(7) まとめ

こうした調査から浮かび上がるアメリカの女性の現状から次のようなことがいえる。

(1) 市民権法制定から40年を経てアメリカの女性にとってキャリアと家族をもつのは当たり前になっている。それは男性にも受け入れられており、日本の男性に比べアメリカの男性は育児や家事を分担している。

(2) 夫は家事・育児を分担するが、自分の親に育児を助けてもらっている者は調査対象者の中にはみられなかった。

(3) アメリカの女性のほうがMBAをとったり、ロースクールに行ったり社会人入学をしたり長期的視野でキャリアの準備をしている。これはアメリカでも成功した女性たちにインタビューしたからで、アメリカでもそうした準備をせず、キャリアで成功できなかった女性も多数いるはずだが今回のインタビューの対象者にはいない。

(4) 女性の管理職がたくさんいるので、ロールモデルに不足はなく、女性の

メンターも少数ながらいる。また職場の男女ともに女性の上司，管理職になれている。
(5) 豊かな女性エグゼクティブたちは家事サービスをアウトソーシングできる。またアメリカ都市部では家事サービスの市場ができているのが日本と比べ大きな特色である。
(6) アメリカの女性エグゼクティブはエネルギッシュで，仕事を楽しむだけでなく，社交やボランティアを楽しんでいる。日本でも成功している女性のほうが専業主婦や普通の働く女性に比べ多様な活動をしているが，アメリカではそれがはっきりしている。
(7) 女性同士助け合わなければならないと考える女性エグゼクティブが多い。25年前の調査時のように女性が珍しかった女王蜂症候群[18]，トークンレディ[19]の時代は過ぎている。

注
(1) 1975年9月，国連の国際婦人年世界会議（メキシコシティ）で採択された「世界行動計画」において，各国政府は婦人問題に取り組む組織を設置するよう要請されたのに応えて設置された。本部長は内閣総理大臣，副本部長は総理府総務長官，11省庁の事務次官が本部員となった。
(2) 1977年6月，婦人問題企画推進本部決定。
(3) 2001年5月人事院策定，2005年12月改定。各省庁は2010年度までの目標を設定した計画づくりを求めている。
(4) 第14条では，国は，雇用の分野における男女の均等な機会及び待遇が確保されることを促進するため，事業主が雇用の分野における男女の均等な機会及び待遇の確保の支障となつている事情を改善することを目的とする次に掲げる措置を講じ，又は講じようとする場合には，当該事業主に対し，相談その他の援助を行うことができる。
　一　その雇用する労働者の配置その他雇用に関する状況の分析
　二　前号の分析に基づき雇用の分野における男女の均等な機会及び待遇の確保の支障となつている事情を改善するに当たつて必要となる措置に関する計画の作成
　三　前号の計画で定める措置の実施
　四　前三号の措置を実施するために必要な体制の整備
　五　前各号の措置の実施状況の開示

(5) 本社において常用雇用者が30人以上いる民間企業のうちから一定の方法で抽出した約700企業を対象とした調査。
(6) Catalyst Census による。
(7) 厚生労働省, ファミリーフレンドリー企業表彰など。
(8) 1975年9月23日より1978年2月20日まで, 総理府婦人問題担当室専門官。
(9) 菅原眞理子『米国きゃりあうーまん事情』東洋経済新報社, 1981年。
(10) 東京都内に本社をもつ中小企業女性経営者42人を対象として行なった。
(11) 男女共同参画推進本部決定。
(12) Managerial Women ; Margaret Hening.
(13) 総理府広報室「婦人に関する意識調査」1972年。
(14) 石原直子(2006)「女性役員の『一皮剥ける経験』——幹部女性を育てる企業のための一考察」『Works Review』創刊号, リクルートワークス研究所。
(15) Harvard Business Review, 1978.
(16) 直属の上司ではないが長い期間職業上の指導者, アドバイザーとして若い職業人を後見する存在。
(17) 注(9)に同じ。
(18) 女王蜂のように自分だけが優れた女性だと考える。
(19) 実力はないのに女性も管理職に必要だから登用された女性。

終章
少子化対策と女性政策の統合
――日本型福祉レジームを求めて――

1　日本の女性政策の時系列変化

　本書は第1章から第5章においては1945年以来の日本の女性政策の変遷を4期に分けて概観し，問題点と取組み状況を明らかにし，第6章から第8章で国際比較によって今後の日本の女性政策と少子化対策を検討した。

　終戦後から1960年前後までの第1期には個人の基本的人権の尊重と法の下の平等を保障した憲法が制定され，参政権の獲得，民法の改正，男女共学，労働基準法，税制度など戦後の社会を規定する法的枠組みが形成された。しかし国民の生活はただちには大きく変わらず，女性の人権尊重の定着などは不十分なままであった。出生率では戦後ベビーブームは約3年で急速に沈静し，合計特殊出生率も約2.0前後で推移する。

　第2期は1960年代からの高度経済成長期であり，豊かな生活が国民に普及する時期である。同時に性別役割分担に基づく戦後の家族，日本的雇用慣行が確立する時期であった。就業構造が大きく変わり，第1次産業から，第2次，第3次産業へと就業者が移動するとともに雇用者が増大し女性の労働力率は低下した。職場は稼ぎ手である男性世帯主の安定雇用と教育訓練を行ない配置転換，転勤，長時間労働が一般化する。多くの女性は若年未婚時に補助的な仕事についた後，結婚・妊娠を機に退職し，核家族の家庭を形成し，家事・育児に従事する。平均寿命が延び高齢化に関心が集まる中で，健康保険，公的年金などの制度が全国民をカバーし，高度経済成長の成果が社会保障・社会福祉に及びはじめるが，福祉元年といわれた1973年にオイルショック・狂乱物価などの外的

要因と一応のキャッチアップを成しとげた内的要因が相まって経済成長率は屈曲点を迎える。

　第3期は1975年ごろから90年ごろまで経済大国として繁栄した時期である。オイルショックを乗り越え，製造業を中心とした日本経済は強化され，貿易黒字・円高・海外直接投資が進行する。オイルショック以降，安定成長に移行する中で，国民負担率を抑え，日本的福祉社会——家族・家庭の福祉機能を評価し，妻の座を強化する施策——が行なわれたが，公的福祉は抑制的に推移した。80年代後半のバブルを経てその崩壊のあと90年代には10年以上にわたる不況が続く。

　高齢化とともに女性の介護負担が過重になり，この中で企業，家族に依存する日本型福祉社会は破綻が明らかになった。高齢者介護は家族だけでは対応できないというコンセンサスがうまれ限界が明らかになったが，育児は母親が家庭で行なうという規範は依然として強かった。この間少子化が進行し，育児休業法，エンゼルプランなどの少子化対策が始動しはじめる。

　女性政策に関しては国際的動向を受けて，性別役割分担の見直し，女性への差別撤廃，暴力の根絶が政策課題として取りあげられるようになった。婦人問題企画推進本部，男女共同参画本部・審議会などナショナルマシーナリーが発足し，また差別撤廃条約の批准の条件整備として，雇用機会均等法が制定され，育児休業法の制定，強化が行なわれる。

　こうした状況を第3章で概観した。

　第4期は90年代半ば以降で，バブル崩壊後グローバル化，情報化が進む中で企業は長期安定雇用を保障する社員を削減し，社員の教育，訓練，生活保障をする機能を低下させている。女性だけでなく若者も非正規労働者として働きはじめ，将来への展望がもちにくい中で非婚化が進み少子化はさらに深刻となる。介護保険法が制定され介護は社会化されることとなり，NPO法の制定，児童買春・児童ポルノ禁止法の制定が行なわれた。

　女性政策は北京会議以降盛り上がりをみせ，男女共同参画社会基本法が成立し，内閣府男女共同参画会議・局の活動を中心として進められた。仕事と子育

ての両立，女性のチャレンジ支援を打ち出すとともに，DV など女性にたいする暴力の根絶に取り組む。また影響調査，監視・苦情処理などの新しい政策推進の手法も試みられたが一部で男女共同参画にたいする反感・反発もあり，政策は進んでいるもののスピードが遅く国際的には遅れを取っている。こうした状況が少子化を招いていることを第4章で論じた。

第5章は視点を変えて1990年以降の少子化とその対策をまとめてレビューした。

前掲の図表5－9（120頁）はこの4時期の女性政策と少子化対策，社会の状況を簡単に示したものである。

2　女性政策の国際比較

第6，7章は女性にかかわる政策とその進展状況を国際比較の観点からみたものである。特に少子化を切り口にスウェーデン，ドイツ，アメリカ，韓国など各国の女性労働政策，公的福祉の提供状況，男性の家事育児分担状況を比較した。女性の就業機会の保障を公的サービスの充実によって提供する北欧型社会，性別役割分担の残るドイツ等ヨーロッパ社会，差別禁止と市場によるサービス提供と労働市場の自由化を進めるアングロサクソン型社会の政策対応の違いであり，日本と韓国はそのいずれとも異なり，差別撤廃・仕事と家事，育児の両立支援政策の遅れ，その背後にある根強い性別役割分担意識が，結婚や子育てに関する魅力を失わせ，少子化を深刻にしている状況を明らかにした。

たとえば女性の職場での平等度と男性の家事，育児分担度を日本，韓国，アメリカ，スウェーデン，ドイツの5カ国で比べてみると，職場での平等が進んでいる国ほど男性の家事分担度が高い。これは職場での男女の賃金・昇進に格差があれば，その低い方が家事，育児をより多く分担するのは世帯として合理的な行動だからである。男性の家事，育児の分担度が高ければ，労働時間は短くなる。その例外はドイツである。ドイツは男性の労働時間は5カ国中最も短いにもかかわらず，家事，育児の分担も欧米諸国の中では低く，女性はパート

タイマーとしての就労が多い。その結果，手厚い児童手当が提供されているが効果は少なく少子化が進んでいる。経済支援だけで出生率を上げるのは難しいことを雄弁に示している。(1) 出生率は女性への差別禁止と仕事と家事，育児の両立支援の両政策を進める国々で高く，女性への差別が残り，両立支援も配慮されない国々で低いことが明らかになりつつある。

　また第 8 章では事例研究として，日本の上場企業の女性取締役27名とアメリカ女性エグゼクティブ21名のインタビュー調査を実施した。アメリカの女性エグゼクティブが長期的なキャリアビジョンを描き，教育訓練を意識的に積み重ね，夫との分担や市場からのサービス購入によって家事，育児を分担しているのに比べ，日本においては女性のキャリア志向が低く，全体に上級管理者の数が少ない中で創業者との出会いなど偶発的な幸運に恵まれて昇進した者が多く，育児も自分の親に助けてもらっている者が多い。

3　日本型福祉社会の行きづまり

　以上からみえてくるのは高度経済成長期に形成され，日本型福祉社会を担った戦後家族（夫が経済的責任を担い，妻が家事，育児，介護などを担う核家族）が既に機能しなくなっているのに，その変化を嫌い，十分な対応をとってこなかった日本政府の政策の遅れである。とくにバブル崩壊後は従来福祉の一端を担ってきた企業が安定雇用と福利厚生の対象範囲を狭めており，家族福祉からも，公的福祉からもこぼれ落ちる人へのセーフティネットの構築が課題となっている。

　その中で高齢者福祉については家族福祉の限界が認識され，公的年金制度，老人保健制度，そして介護保険のように十分ではないが社会化が進んできたものもある。つまり高齢化は日本社会にたいする新しい挑戦としての認識を多くの国民が共有した。他人事でなく自分の親や自分自身の問題であるとの当事者としての危機感をもっていたからである。

　しかし90年代まで少子化については政府も国民もそれほどの問題意識も危機意識もなかった。介護以上に育児は家庭内で母親が行なうのが最高の質を維持

できるものであり，社会的支援は必要悪だと考えられてきたからである。まさに出産育児は高齢者介護以上に女性特有の役割とみなされ，女性しかできないとされていたジェンダーが典型的に影響する政策だったので，あとまわしになったといえる。そのため育児に関しては経済的支援も，サービス面での支援も十分行なってこなかった。中でも3歳未満児の保育サービスは個人＝母親に任せ，児童手当などの経済的支援も十分でなく，親の負担が重いまま，それに変わる市場からのサービスの提供も夫やパートナーの協力も奨励しなかった。女性労働に関していえば，正社員は育児責任のない男性と同じ働き方をするか，労働条件の劣る非正社員として働くかとの限られた選択肢の中で，家庭と職業を両立させ女性の能力を活用しようとする政策はとられなかった。そのため仕事の継続を望む女性は出産を遅らせるか出産数を減少させる行動をとってきた。

その中で仕事をやめ，母親として育児に専念する女性から周囲に支援のない孤立した子育てにより，育児ノイローゼや幼児虐待なども起こっている。

日本は公的な福祉施策は手薄でも企業が福利厚生の一環として社宅や家族手当，企業年金の上乗せなどをしており，また社員の教育訓練，雇用の安定にも努力してきた。[2] しかし，90年代からのグローバル化，情報化の中で短期の収益，株主・経営者への還元等が優先されるようになり，国民の生活の安定や職業能力の開発に企業が果たす役割は収縮してきている。教育機関は十分にはキャリア教育をしない中で人的資源の劣化もすすんでいる。90年代には正社員から非正社員への置換がすすんだ結果として，稼ぎ主として一家を支えることのできる男性は減少する一方で，女性も差別が残る中での仕事と子育ての両立の困難さの前で家庭を形成し仕事と両立するのが困難となっている。

20世紀後半に一定の効果を発揮した企業と家族に依存してきた日本的福祉は弱体化し，それに変わる新しい仕組みは構築されていない。それが現在の少子化の大きな要因である。

4 新しい日本型福祉レジームを

　一方，多くの先進国では高度の教育を受け高度の技能をもつ男女の人材が十分活躍することが高齢社会を支えるうえで不可欠であるとの認識が深まっている。低賃金，未熟練の労働集約的産業においては途上国との国際競争に生き残れない。そのため政府が教育訓練にこれまで以上に力を注ぎ，就業者の増加に努めている。日本においては特に高齢化，労働力人口の減少が著しいところから，女性が本格的に高度な知識・技能労働者として働くことが経営・経済面からも，財政面からも求められている。しかし女性が働くためには「男性稼ぎ型」の雇用・社会保障制度を根本的に改める必要がある。

　日本は世界一の長寿国である。女性が一時期出産子育てを行なうことで職業を中断することがそれ以後の人生で過酷な機会費用の損失をもたらすことがないよう，両立あるいは再就業の機会を確保することが必要である。たとえば日本人の約80年の生涯のうち，約25年前後は保育・教育・学習が主となる時期，約15年前後は出産子育てと仕事を両立する時期，約25年は仕事中心の時期，10年余りは社会貢献を主とする時期とすれば，子育て中の男女が弾力的な働き方，有給休暇・看護休暇などをとるのを社会全体で応援するのは当然であろう。多くの国民がこうした働き方をするという前提のうえで，どうこの社会を持続し，発展させていくか新たな取組みが必要とされている。

　それには育児休業の充実，数年間の短時間勤務，子育てを支援するサービスや家事を家族で分担する体制などが不可欠である。さらに能力に応じた労働の機会の均等と同一価値の労働に対して同一の対価を払うことを保障し，雇用の形態，年齢，性，国籍にかかわりなく差別しないことが必要である。それは従来の男性稼ぎ主を安定的に雇用し，教育訓練，福利厚生に雇用主が責任をもち，雇用者は長時間労働，不本意な配置転換にも耐えるという日本的雇用慣行の変更を迫るものである。女性の職場での能力発揮は従来の日本的福祉と雇用のあり方の根本的改革なしには実現しない。

われわれは過去の日本的福祉のあり方の長所と短所を把握し，長所はできるだけ大事にし，短所は改革し新しい日本的福祉レジームを作り出さなければならない。今後日本の労働力人口が減少していく中で，過去にみられたように壮年期の均質的な男性社員だけを経済活動の担い手として繁栄を続けることは不可能である。男性も女性も高齢者もおそらく外国人も，多様な個人個人がその能力，適性を十二分に発揮していかなければ豊かな高齢社会は維持できない。その際女性が家庭・育児と仕事を両立できる環境を整備するのは基礎的社会的基盤として不可欠である。いうまでもなく男性も育児・家事・介護等を分担するのである。[3]

そのうえで，それぞれの勤労者の業績・貢献に応じて報酬を決定する。個別に評価，報酬を決定するのは困難なので，当事者が多数の選択肢から選ぶということになろう。1994年に日経連が提示した雇用の多様化は，人件費の削減に重点を置き，持続的な労働力の再生産，人材の養成・開発の視点が欠けていた。今，新たに求められるのは，人間的な配慮をもつ，勤労者のニーズを中心にすえた雇用の多様化である。企業を中心に置き，企業の都合で多様化するのでなく，個人のライフステージや価値観に合わせて選べる多様化である。

たとえばゆるやかな年功型安定コース，専門職コース，高リスク利潤配分・年俸型コース，短時間勤務コース，出来高払コースなど，身分の差ではなくリスクや貢献によって合理的に選べる多様な働き方を企業は用意する。そして一人一人の雇用者もライフステージに応じ，育児期は短時間コース，時間制約がなく体力・気力あふれている時期は高リスクの年俸コースというように転換できるのが望ましいのではなかろうか。もちろん，生涯学習のため就業を中断し，再び職業に戻ってくる機会も保障しなければならない。そのためには企業外の教育を公費で支援することも必要である。たとえばイギリスなどでも行なわれている失業した若者に教育訓練を義務づける仕組みや，アメリカの企業が多くの従業員に提供している教育休暇，奨学金も検討に値しよう。

何よりも過去の成功体験——日本的経営——が同質な社員のモチベーションを高めるうえで洗練された労務管理・人材養成を提供してきたが，これからは

多様な従業員の能力をどう開発し，動機づけ，能力を最大限に引き出すか新しい経営が求められている。長期的投資・研究開発を可能とする手法も含め新しい日本型の雇用・福祉モデルの開発はこれからの大きな検討課題である。

　その際，現在の大企業正社員や公務員のように年功による賃金上昇カーブが大きすぎ，中年以降貢献より報酬が大きくなりすぎる問題や，パート・アルバイトなどの非正社員が働きに比して安すぎる報酬に甘んじ，正社員に移れないという状況を厳しく是正すべきである。もちろん，年齢や性による差別が許されないのは基本的コンプライアンス（法令遵守）である。育児，介護にかかわる公的福祉サービスが整っていないアメリカでさえ差別を厳しく禁止することによって，機会を得た女性たちは能力を発揮している。

　男性も女性も自分で生きていける最低限の収入と将来の保障を得たうえで，お互いに支え合い補い合って家庭をもつことが可能となるように，教育，雇用，社会保障・福祉，税制などあらゆる制度を長期的視点から再構築していかなければならない。

　残念ながら日本の企業は1990年代の不況の中で長期安定雇用を減らし，契約，派遣，パートタイムなどの非正規の雇用を増やす労働市場の新自由主義化を進め，若年男性の約3割，女性の過半数はこうした非正規雇用者として働いている。これによって長期安定雇用を保証され，企業の責任で教育訓練を受ける労働者は減り，残った正社員の労働はきつくなり企業の収益力は増大した。しかし，非正社員は雇用が不安定で賃金が安いだけでなく，教育訓練が不十分なため労働力の劣化が進み，多くの非正規労働者は社会保障からも漏れ，いわゆるワーキングプアーとなることが明らかになってきている。特に1985年に一部の職種でのみ認められた派遣労働の範囲が法改正のたびに拡大し，2002年には製造業まで派遣が認められ正社員との労働条件の格差は放置された。

　労働市場は競争をよしとし，労働者保護の規制を緩めるなど個人の責任を強調する新自由主義的になってきているのに競争の基盤となる差別の禁止，サービス残業の禁止，有給休暇の完全消化などの基本的コンプライアンス（法令遵守）は守られておらず，教育によって自分の市場価値を上げそれを評価され

る機会は整備されていない。ドイツのような組合を主体とする保障も，北欧のような公的なセーフティネットも手薄である。今後も莫大な財政債務を抱えかつ政府や公務員への信頼が低い日本では北欧型福祉レジームを求めるのは現実的でない。

　さらに女性たちが子育てと仕事を両立できるためには，男性の働き方と女性や家庭に対する意識の変化が不可欠である。単に男性の労働時間を短縮するだけでなく，男性が子どもや教育や家庭を重視し，パートナーとの理解と協力関係を深め，持続的な自己啓発，次世代の育成と教育にかかわることを目指さなければ，持続的な経済の発展も人間的な福祉の実現もできない。従来「家庭を大事に」「子育ては重要な仕事」という教育は女性・女児に強調されたが，男性・男児には行なわれてこなかったが，今後は男性にこそ家庭・子育ての重要さを教えるべきである。

　もちろん雇用だけではなく家族のあり方も見直しが必要である。硬直的な性別役割分担は新しい働き方には適応しない。

　公的な福祉サービスを充実するだけでなく，企業やNPOなど多様な主体による私的な創意工夫に富んだ福祉サービスも必要であろう。そして，祖父母をはじめとする親族の力も活用すべきである。1980年当時「日本的福祉社会」が喧伝されたときは家族による福祉は公的福祉を整備しない代替サービスを言い訳として利用されていたので，いったんは否定される必要があった。しかし，公私の福祉サービスを充実する一方で，こうした家族の力を活用する方策も考えていかねばならない。とりわけ60代，70代の健康な高齢者が次世代の育成，教育に参画することを可能とする施策が必要である。たとえば，高齢者自身が，社会企業やNPOをつくることを援助するシステムが必要である（その際にも「育児保険」は効力を発揮するはずである）。

　繁栄する社会を持続的に維持するためには，子どもを育てるために社会が費やす時間とマンパワーを，母親だけでなく父親や祖父母のような親族の提供する家族サービス，保育所のような公共機関が提供する公的保育サービス，ベビーシッターやファミリーサポートのような私的保育サービス，幼稚園・こども

園などの私的幼児教育サービスもふくめて増大できる仕組みづくりが必要である。さらに敷衍すれば乳幼児期の保育だけでなく，少年期の社会的訓練，文化的訓練まで，一人前の社会人を育てるには多くの人の愛情と時間が注がれることを期待するだけでなくそれを可能とする仕組みづくりが必要である。

その一つの試みとして，筆者は育児保険というスキームを第5章補論で提案している。現金給付＝児童手当の増大より，サービスの利用者負担を軽減する制度設計にすれば，サービスの提供を公的サービスだけに頼る北欧型福祉レジームより，多様な主体が多様なサービスを提供することが可能となり，多くの高齢者や女性が，家族の枠を超えて福祉サービスの提供者となる可能性も大きい。

そうした多様な活動を支える公的な支援も含め，21世紀の日本が新たな福祉レジームを創出することが最大の少子化対策であり，女性対策となると期待したい。

注
(1) ドイツでは介護保険も家族介護に手当を出すが，日本はサービスに特化して現金給付をしない点で大きな違いがある。しかし育児に関してはドイツも政策転換をし，経済的支援だけでなくサービスの供給・仕事との両立を目指しはじめた。
(2) これは主として大企業の男性正社員が対象で女性や男性非正社員は除かれていた。
(3) 場合によっては全部担うこともありうる。

引用・参考文献

●日本語文献

浅倉むつ子（2004）『労働法とジェンダー』（双書ジェンダー分析7）勁草書房。
阿藤誠（1998）「未婚女性の伝統的家族意識──シングル化との関連で」毎日新聞社人口問題調査会編『家族の未来：ジェンダーを超えて──第24回全国家族計画世論調査』毎日新聞社。
阿藤誠（2005）「家族観の変化と超少子化」毎日新聞社人口問題調査会編『超少子化時代の家族意識──第1回人口・家族・世代世論調査報告書』毎日新聞社。
石原直子（2006）「女性役員の『一皮剥ける経験』──幹部女性を育てる企業のための一考察」『Works Review』創刊号，リクルートワークス研究所。
岩澤美帆（2005）「日本における同棲の現状」毎日新聞社人口問題調査会編『超少子化時代の家族意識──第1回人口・家族・世代世論調査報告書』毎日新聞社。
上村千賀子（2007）『女性解放をめぐる占領政策』勁草書房。
埋橋孝文（1997）『現代福祉国家の国際比較──日本モデルの位置づけと展望』日本評論社。
埋橋孝文編著（2003）『比較のなかの福祉国家』ミネルヴァ書房。
梅棹忠夫（1998）『女と文明』中央公論社。
江原由美子（2000）『フェミニズムのパラドックス』勁草書房。
江原由美子・金井淑子編（1997）『フェミニズム』新曜社。
江原由美子・山田昌弘（2003）『ジェンダーの社会学』放送大学教育振興会。
大沢真理（1993）『企業中心社会を超えて──現代日本をジェンダーで読む』時事通信社。
大沢真理（2000）『21世紀の女性政策と男女共同参画社会基本法』ぎょうせい。
大沢真理（2002）『男女共同参画社会をつくる』日本放送出版協会。
大沢真理編集代表（2003）『21世紀の女性政策と男女共同参画社会基本法〔改訂版〕』ぎょうせい。
大沢真理編（2004）『福祉国家とジェンダー』（現代の経済・社会とジェンダー）明石書店。
大沢真理（2007）『現代日本の生活保障システム』岩波書店。
大日向雅美（2000）『母性愛神話の罠』日本評論社。
大淵寛・阿藤誠編著（2005）『少子化の政策学』原書房。

奥山明良（1999）『職場のセクシュアル・ハラスメント』有斐閣．
小館香雅子（2003）『応用物理学会における男女共同参画の取組』内閣府編『共同参画21』1月号（No. 4）．
落合恵美子（1997）『21世紀家族へ（新版）』有斐閣．
外務省訳（1996）『国際人口・開発会議「行動計画」——カイロ国際人口・開発会議（1994年9月5日〜13日）採択文書』世界の動き社．
鹿嶋敬（2003）『男女共同参画の時代』岩波書店．
北村邦夫編著（1998）『リプロダクティブ・ヘルス／ライツ——性と生殖に関する健康と権利21世紀のキーワード』メディカ出版．
木下淑恵（1998）「スウェーデン・男女平等法」『外国の立法』第33巻第4，5，6号．
経済企画庁（1992）『平成4年版 国民生活白書——少子社会の到来，その影響と対応』．
経済企画庁国民生活局（1980）『わが国の家庭の現状と今後の課題』．
玄田有史（2004）『ジョブ・クリエイション』日本経済新聞社．
厚生省編（1998）『平成10年版 厚生白書』ぎょうせい．
厚生労働省（2003）『平成14年度女性雇用管理基本調査』．
厚生労働省（2004）『平成15年度女性雇用管理基本調査』．
厚生労働省監修（2005）『平成16年版 厚生労働白書』ぎょうせい．
厚生労働省雇用均等・児童家庭局編（2003）『平成14年版 女性労働白書 働く女性の実情』21世紀職業財団．
厚生労働省雇用均等・児童家庭局編（2006）『平成18年版 女性労働白書 働く女性の実情』21世紀職業財団．
厚生労働省年金局（2001）「女性のライフスタイルの変化等に対応した年金のあり方に関する検討会報告書——女性自身の貢献がみのる年金制度」．
国際女性法研究会編（1993）『国際女性条約・資料集』東進堂．
国立社会保障・人口問題研究所（2003）『わが国夫妻の結婚過程と出生力（第12回出生動向基本調査第一報告書）』．
国立社会保障・人口問題研究所（2005）『人口統計資料集（2005年版）』．
独立行政法人国立女性教育会館（2003）『男女共同参画統計ハンドブック』ぎょうせい．
こども未来財団（2001）『子育て支援政策に関する提言』（財）社会経済生産性本部．
柴山恵美子・中曽根佐織編著（2004）『EUの男女均等政策』日本評論社．
柴山恵美子・中曽根佐織編著（2004）『EU男女均等法・判例集』日本評論社．
白波瀬佐和子（2006）「不平等化日本の中身 世帯とジェンダーに着目して」白波瀬佐和子編『変化する社会の不平等——少子高齢化に潜む格差』東京大学出版会．
ゴードン・ベアテ・シロタ（1995）平岡磨紀子構成・文『1945年のクリスマス』柏書房．
新川敏光（2005）『日本型福祉レジームの発展と変容』ミネルヴァ書房．

引用・参考文献

菅原(坂東)眞理子『米国きゃりあうーまん事情』東洋経済新報社,1981年。
鈴木眞理子編著(2002)『育児保険構想』筒井書房。
炭谷茂・大山博・細内信孝編著(2004)『ソーシャルインクルージョンと社会企業の役割──地域福祉計画推進のために』ぎょうせい。
関哲夫編(2001)『資料集　男女共同参画社会──世界・日本の動き,そして新たな課題へ』ミネルヴァ書房。
総務省統計局(2002)「平成13年社会生活基本調査　調査結果」(http://www.stat.go.jp/data/shakai/2001/index.htm)。
総理府(1978)「婦人の現状と施策──国内行動計画に関する報告書(第1回)」(資料)。
総理府(1996)『ナイロビから北京へ──10年の歩み(昭和61年度～平成7年度)』大蔵省印刷局。
総理府内閣総理大臣官房男女共同参画室編(1997)『男女共同参画2000年プラン&ビジョン』大蔵省印刷局。
総理府婦人問題担当室(1978)『婦人の現状と施策』。
高山憲之・斎藤修編(2006)『少子化の経済分析』東洋経済新報社。
武川正吾(1999)『社会政策のなかの現代──福祉国家と福祉社会』東京大学出版会。
武川正吾・イ・ヘギョン編(2006)『福祉レジームの日韓比較──社会保障・ジェンダー・労働市場』東京大学出版会。
橘木俊詔(2000)『セーフティネットの経済学』日本経済新聞社。
橘木俊詔(2005)『企業福祉の終焉』中央公論新社。
橘木俊詔(2006)『格差社会──何が問題なのか』岩波書店。
男女共同参画会議影響調査専門調査会(2002a)『「ライフスタイルの選択と税制・社会保障制度・雇用システム」に関する中間報告』。
男女共同参画会議影響調査専門調査会(2002b)『「ライフスタイルの選択と税制・社会保障制度・雇用システム」に関する報告』。
男女共同参画会議影響調査専門調査会(2004)『「ライフスタイルの選択と雇用・就業に関する制度・慣行」についての報告』。
男女共同参画会議基本問題専門調査会(2003)『女性のチャレンジ支援策について』。
辻村みよ子(1997)「憲法24条から見た戦後の家族」日本法社会学会『法社会学』49号。
辻村みよ子(2003)「男女共同参画基本法の動向と課題」『ジュリスト』1237号。
辻村みよ子(2004)「政策・方針過程の男女共同参画」内閣府男女共同参画局編『共同参画21』9月号。
東京女性財団編(1995)『世界のアファーマティブ・アクション』東京女性財団。
利谷信義(1996)『家族の法』有斐閣。
富永建一(2001)『社会変動の中の福祉国家──家族の失敗と国家の新しい機能』中央

公論新社。
内閣府（2001）『諸外国における政治への女性の参画に関する調査研究報告書』三和総合研究所。
内閣府（2006）「平成17年度　少子化の状況及び少子化への対処施策の概況」（http://www8.cao.go.jp/shoushi/whitepaper/w-2005/17WebGaiyoh/indexg.html）。
内閣府編（2003）『平成15年度　国民生活白書』ぎょうせい。
内閣府編（2004）『平成16年版　国民生活白書』国立印刷局。
内閣府政策統括官（共生社会政策担当）（2006）『少子化社会に関する国際意識調査報告書』。
内閣府政策統括官（2009）『平成20年度少子社会白書』国立印刷局。
内閣府男女共同参画会議少子化専門委員会（2006）「少子化に関する国際比較調査報告書」
内閣府男女共同参画局編（2001）『平成13年版　男女共同参画白書』国立印刷局。
内閣府男女共同参画局編（2002a）『平成14年版　男女共同参画白書』国立印刷局。
内閣府男女共同参画局（2002b）「男女共同参画諸外国制度等調査研究報告書」。
内閣府男女共同参画局（2003a）『男女共同参画社会に関する国際比較調査（平成14年度調査）』。
内閣府男女共同参画局編（2003b）『平成15年版　男女共同参画白書』国立印刷局。
内閣府男女共同参画局編（2004）『平成16年版　男女共同参画白書』国立印刷局。
内閣府男女共同参画局編（2005a）『少子化と男女共同参画に関する社会環境の国際比較報告書』。
内閣府男女共同参画局編（2005b）『平成17年版　男女共同参画白書』国立印刷局。
内閣府男女共同参画局編（2006）『平成18年版　男女共同参画白書』国立印刷局。
内閣府男女共同参画局（2007）「諸外国における政策・方針決定過程への女性の参画に関する調査」。
中野麻美（2006）『労働ダンピング』岩波書店。
日本学術協力財団編（2001）『男女共同参画社会――キーワードはジェンダー』日本学術協力財団。
縫田曄子（2002）『あのとき，このひと――女性行政推進機構の軌跡』ドメス出版。
バダンテール，E. 鈴木晶訳（1991）『母性という神話』筑摩書房。
野口悠紀雄（2002）『1940年体制――さらば戦時経済』東洋経済新報社。
浜田浩児（2006）「無償労働の貨幣評価――収入階層別の無償労働額と所得分布」『統計』7月号。
原田泰（2001）『人口減少の経済学――少子高齢化がニッポンを救う！』PHP研究所。
原ひろ子編（1996）『アジア・太平洋地域の女性政策と女性学』新曜社。

坂東眞理子（2004）『男女共同参画社会へ』勁草書房。
坂東眞理子（2005）「アメリカの戦後統治と日本女性政策」『昭和女子大学女性文化研究所紀要』第32号。
樋口美雄・太田清・家計経済研究所編（2004）『女性たちの平成不況——デフレで働き方・暮らし方はどう変わったか』日本経済新聞社。
深澤和子（2002）「福祉国家とジェンダー・ポリティックス——ジェンダー関係の戦略的転換への途」宮本太郎編著『福祉国家再編の政治』ミネルヴァ書房。
三浦まり（2003）「労働規制と福祉国家——国際比較と日本の位置づけ」埋橋孝文編著『比較のなかの福祉国家』ミネルヴァ書房。
宮本太郎（1997）「比較福祉国家の理論と現実」岡沢憲芙・宮本太郎編『比較福祉国家論——揺らぎとオルタナティブ』法律文化社。
宮本太郎（2003）「福祉レジーム論の展開と課題——エスピン・アンデルセンを越えて？」埋橋孝文編著『比較のなかの福祉国家』ミネルヴァ書房。
村松安子（2005）『「ジェンダーと開発」論の形成と展開——経済学のジェンダー化への試み』未來社。
目黒依子・西岡八郎編（2004）『少子化のジェンダー分析』勁草書房。
百瀬孝（1995）『事典昭和戦後期の日本——占領と改革』吉川弘文館。
安枝英訷・西村健一郎（2004）『労働法［第8版］』（有斐閣双書プリマ・シリーズ）有斐閣。
山下泰子（2006）『女性差別撤廃条約の展開』勁草書房。
山田昌弘（1994）『近代家族のゆくえ』新曜社。
山田昌弘（1999）『パラサイト・シングルの時代』筑摩書房。
山田昌弘（2005）『迷走する家族——戦後家族モデルの形成と解体』有斐閣。
横山文野（2002）『戦後日本の女性政策』勁草書房。
労働省婦人少年局編（1975）『婦人の歩み30年』労働法令協会。

●外国語文献

Catalyst（2006）*After School Worriers*.
Cutright, Philip（1965）"Political Structure, Economic Development, and National Social Program," *American Journal of sociology*, 70: 537-550.
Esping-Andersen, G.（1990）*The Three Worlds of Welfare Capitalism*, Basil Blackwell Limited（岡沢憲芙・宮本太郎監訳（2001）『福祉資本主義の三つの世界——比較福祉国家の理論と動態』ミネルヴァ書房）.
Esping-Andersen, G.（1999）*Social Foundations of Postindustrial Economies*, Oxford University Press（渡辺雅男・渡辺景子訳（2000）『ポスト工業経済の社会的基礎

――市場・福祉国家・家族の政治経済学』桜井書店).
Herburn, Suzanne and Barbara Bergmann (2002) *Palgrave*, Macmillan.
Jones, Catherine (1993) *The Pacific Challenge*, Rontledge.
Mitchell, D. (1991) *Income Transters in Ten Welfare States*, Aldershot Avebury.
Sainsbury, Diane (1994) *Gendering Welfare states*, Sage Publishing.
Sen, A. (1992) *Inequality Reexamined*, Oxford University Press, Oxford (=1999, 池本幸生・野上裕生・佐藤仁訳『不平等の再検討――潜在能力と自由』岩波書店).
UN (1995a) *Population and Development of Action adapted at The International Conference on Population and Development, 5-13 September 1994*, New York: United Nations (外務省監訳 (1995)『国際人口開発会議「行動計画」』世界の動き社).
UN (1995b) *The Beijing Declaration and the Platform for Action : Fourth World Conference on Women, Beijing, China, 4-15 September 1994*, New York.
Wilensky, Harold L. (1985) *The Welfare State and Equality*, University of California Press.

あとがき

「私たちはどこから来てどこへ行くのか」
　長い悠久の歴史の中でたまたま私たちが生を受けた20世紀後半の日本はそれまでの産業構造，人口構造，コミュニティ，家族の在り方が大きく変貌した特異な時期だった。
　日本経済は敗戦から高度経済成長，ジャパンアズナンバーワンの経済大国，そしてバブル崩壊から新自由主義の構造改革へと変わった。世界も共産主義国家と資本主義国家の東西冷戦時代からアメリカ一国超大国時代へ，アジア新興国の台頭へと世界情勢も変わった。その間，産業は農業中心から製造業中心へ，そして今，高度情報・金融ビジネスが花開いている。
　そして女性たちの社会での役割も，家業を支え多くの子を産み育てる母親から専業主婦・教育ママへ，そして第3次産業の専門職を中心とした雇用者へと大きく変わった。同時に長寿化少子化が進み女性の人生が変わっただけでなく，社会の基本的在り方もすっかり変わった。
　私自身は戦後のベビーブーマーの先駆けとして生まれ，男女共学の6・3・3制の公立校で学び国立大学に進学した。教育の世界では成績中心主義の中，男女差別を実感することなく過ごしてきたつもりだったが，将来のキャリア，人生について何の情報も展望ももっていなかった。就職にあたって初めて女性に可能な選択肢がきわめて狭いことを知った。その中で国家公務員になり，そのうえいろいろな人に助けていただき，2人の子どもをもてたのはラッキーだったが，その過程で性別役割分担，社会システムの矛盾を実感した。
　私は1975年の国際婦人年をきっかけとして総理府に設置された婦人問題担当室に配属され，国内行動計画の策定に携わり，初の婦人白書『婦人の現状と施策』を執筆し，総理府男女共同参画室，内閣府男女共同参画局の初代室長・局

長となり、この間の女性政策の立案にかかわった。

　さらに1980年にはバンティング・フェローとしてハーバード大学ラドクリフ・カレッジでアメリカの女性管理職について研究し、2004年昭和女子大学女性文化研究所所長として日本の女性取締役について調査し、2004年にはケネディスクールの WAPPP フェロー、2006年には US-Japan 研究員（いずれもハーバード大学）としてふたたびアメリカの女性政策の変化について研究する機会に恵まれた。

　こうした自分の半生を省みて日本の女性の生き方は社会に大きく規定されていること、同時に女性の在り方が日本の雇用慣行・日本的経営と不可分だったことを痛感するとともに、21世紀の日本の社会はどうなっていくのか、職場や家庭はどう変わっていくのか、その中で個々の女性、男性はどう生きるのか、同時に日本の税制、社会保障、産業政策、雇用政策はどうあるべきか、考えざるを得ない。

　深刻化する少子化は現在の社会、政策の維持が不可能になっている現実を突きつけ、単なる少子化対策にとどまらない広範な社会の変革を迫っている。国際的にも資本主義をとる国々の中でも北欧型の家族や市場に頼らず公共が福祉の担い手になり女性が雇用者となるか、アメリカ型の新自由主義のもと市場から福祉を調達するとともに女性にたいする差別を厳しく禁止するか、日本のように家族や企業の福利厚生に福祉を依存するか、様々な対応がみられる。日本も少子高齢化の中、女性も高い教育を受けた良質な労働力として社会経済を支えるとともに子どもを産み育てる持続的な社会システムを構築しなければならなくなってきている。

　現状はそれにほど遠いが、日米の女性エグゼクティブの調査からは将来の方向性をみることができる。それは一人一人が差別や抑圧を受けることなくもてる能力を十分に開発し意欲的に社会に参画し貢献するとともに、様々な立場の人が子育てに（おそらく老人介護にも）かかわっていく社会である。まだまだ体系的な理論構成には至っていないが、この小著がぜひ今後の議論のたたき台となれば幸いである。

あとがき

　ワーキングマザーとしての体験，政府の調査・統計，多くの読書・議論などが自分にとって血肉化しているだけに，文献を一々引用，参照するアカデミックライティングには当初想定していた以上の時間がかかった。長い間忍耐強く待っていただいたミネルヴァ書房の杉田社長，編集担当の河野さんに心より御礼を申し上げる。

　2009年秋

　　　　　　　　　　　　　　　　　　　　　昭和女子大学　坂東眞理子

索　引

ア　行

アイリーン・ドノヴァン中尉　17
EU　160, 161
家制度　1, 21
育児介護休業法　2
育児休暇制度　166
育児休業　3, 118, 119, 135, 204
　——法　47, 67, 101, 102, 140, 200
育児サービス　170
育児ノイローゼ　203
育児保険制度　125
池田内閣　36
市川房枝　15
一次保護所　29
1.57ショック　99
猪口邦子　73
岩男寿美子　178
ウィード　26
ウィレンスキー　2
梅棹忠夫　38
エスピン-アンデルセン　3, 4, 8, 52, 153, 154, 165, 172, 193
エズラ・ボーゲル博士　55
M字型　138, 157, 170, 172
　——雇用　43
　——就労　51
エンゼルプラン　79, 102, 104, 140, 200
オイルショック　42, 53, 55, 200
大沢真理　4, 56, 81, 82
荻野清作　23

カ　行

介護保険制度　2, 125
改正国籍法　64
核家族　1, 8, 37, 39, 199
　——化　41, 47, 57
学童保育　117
家族制度　13, 20, 21
華族制度の廃止　20
家族扶養控除　172
家族保護　173
カットライト　2
家庭科の男女共修を進める会　65
家庭科履修　39
家庭電化製品　38
　——の普及　36
加藤シヅエ　23
家督相続　21
上川陽子　73
議員内閣制　20
企業内教育訓練　52
企業内保育所　167
基礎控除　48, 49
基礎年金制度　32
キャリア　136, 175, 177, 179-181, 183, 185, 186, 188, 189, 194, 195, 202
救護院　29
久徳重盛　47
教育基本法　17
教育の機会均等　17
教育費控除　172
協議離婚　22
金泳三大統領　169, 170
緊急保育対策5カ年事業　102, 104
金大中政府　170
勤労者の団結権　25
勤労の権利と義務　25
クリントン政権　168
ケア労働　35
結婚退職制　43, 55
健康で文化的な最低限度の生活を営む権利

219

　　　　20, 25
高学歴女性　40
合計特殊出生率　37, 38, 97, 119, 134, 171, 199
公娼制度廃止　24
厚生年金保険改正　44
厚生年金保険法　32
国際婦人年　5, 9, 35, 51, 59
国民皆年金　35, 44
国民皆保険　31, 35, 44
国民健康保険法　31
　——の改正　44
国民年金　32
　——法　44
国連婦人の10年　5, 59, 60
個人の尊重　23
戸籍制度　21
子育て支援　109, 121, 126, 204
子ども・子育て応援プラン　106, 110
雇用管理システム　2
雇用機会均等法　2, 72, 85, 108, 200
婚姻における両性の平等　20

サ 行

裁判離婚　22
坂内務省　14
サッチャー首相　6, 57
3歳児神話　111
参政権　1
CIE　15
CEDAW 差別撤廃条約　62
GHQ　15
ジェンダー　8
時間外労働　67
事実婚　132
次世代育成支援対策推進法　2, 104, 106, 118, 121
失業保険法　31
実力主義　78
児童委員制度　29
児童館　117
児童鑑別所　29

児童憲章　30
児童収容保護所　29
児童相談所　29
児童手当　3, 4, 154
　——法　99
児童福祉士　29
児童福祉法　29, 46, 102
児童扶養手当法　45
児童買春・児童ポルノ禁止法　24, 79, 200
社会的性別　93
社会保障制度　28
若年退職制　43
若年定年制　55
自由主義経済　77
終身雇用　67, 77, 115
出産休暇　119
出産退職制　55
出生率　95, 114, 131
少子化対策　7, 99
　——基本法　104, 106
　——推進法　2
少年院　29
職場の改革　121
女工哀史　26
女子教育刷新要綱　17
女子高等師範　16, 18
女子差別撤廃条約　59, 67, 68, 87, 161
女子大学　16, 18
女子保護規定　26
女性エグゼクティブ調査　7, 175, 179, 189
女性解放運動　38
女性管理職　142, 166, 175, 176, 178, 195
女性技術者　188
女性基本法　82
女性経営者　178, 179, 181
女性差別撤廃条約　165
女性像　93
女性に対する暴力　61
女性のキャリア開発　7
女性の高学歴化　53, 95
女性のライフコース　51

索　引

女性保護　66, 67, 69
女性役員　175, 177, 180
所得倍増計画　36
新エンゼルプラン　103, 104
新川敏光　4
親権　22
人工妊娠中絶　23
新ゴールドプラン　79
新自由主義経済政策　6
新生活保護法　28
身体障害者福祉法　30
新婦人協会　15
SCAPIN 第775号　28
鈴木眞理子　125
生活大国5カ年計画　78
生活保護法　28
精神薄弱者福祉法　30
セインズベリ　4
セーフティネット　207
世界女性会議　1
専業主婦　1, 22, 35, 49, 113, 164
戦後家族体制　37, 50
戦後ベビーブーム　96, 199

タ 行

大家族　172
待機児童　116, 118
　――ゼロ作戦　109, 118, 119
大正デモクラシー　15
第2次ベビーブーム　97
高市早苗　73
武川正吾　4
橘木俊詔　78
脱家族化　154
男女共学　17, 39
男女共同参画　71, 72, 96, 101, 114, 142
男女共同参画社会　73, 86, 88, 90-92, 94, 137
　――基本法　2, 72, 74, 79, 81, 83, 85, 200
男女共同参画政策　2, 7
男女共同参画担当大臣　74
男女共同参画2000年プラン　82

男女共同参画の推進　104
男女共同参画ビジョン　82
男女雇用機会均等法　65, 82, 176
　――改正　68
男女同一賃金法　165
男性稼ぎ型　204
男性稼ぎ主　1
男性稼ぎ主型モデル　6
男性像　93
小さな政府　6, 57
張勉政権　169
長期安定雇用　52, 206
長時間労働　26
長寿化　53
超少子化国　97
賃金格差　43
通算年金制度　32
同一価値労働同一賃金　115
同一労働同一報酬　65
同棲　132
統治法　156
登録パートナー制度　133
共働き　46
トンプソン博士　23

ナ 行

内職者　27
内助の功　58
ナショナルマシーナリー　7, 9, 70, 71
21世紀福祉ビジョン　78, 102
日本型雇用慣行　42
日本型男性稼ぎ主モデル　8
日本型福祉社会　1, 6, 56, 57, 79, 100, 200, 203
日本国憲法の制定　1, 19
日本的雇用慣行　55, 67, 199
日本的福祉レジーム　205
認定こども園　109, 110, 123
年功昇給　78
年功昇進　78
年功序列　52, 67, 115
年功制　42

221

農業改良助長法　27
農業基本法　27
野口悠紀雄　14
盧武鉉政権　171

ハ　行

パートタイマー　58, 112, 160
パートタイム　6, 136, 157, 162, 163, 167
配偶者控除　48, 49, 51, 58, 159
売春防止法　24
ハウスキーパー　167
朴正煕軍事政権　169
母親保護法　162
原ひろ子　178
晩婚化　131
被用者年金　32
平塚雷鳥　15
夫婦財産共有制　50
夫婦別産制　50
福祉サービス　169, 207
福祉レジーム　131, 138, 161
　　――論　153, 154
婦人局　26
婦人参政権　14, 15
　　――獲得期成同盟会　15
　　――条約　59
婦人少年局　26
婦人問題担当大臣　73
普通選挙　20
ブッシュ政権　168
扶養控除　159
フルタイム　6, 135
フレックスタイム　168
幣原喜重郎　14, 20
北京行動綱領　5
北京宣言　80, 82
ベビーシッター　167, 168, 193
保育サービス　3, 4, 114, 117, 118, 123, 125, 126, 140, 153, 154, 158, 159, 163, 164, 167, 168, 171

保育所緊急整備5カ年計画　47
保育所設置促進法　164
保育に欠ける児童　102, 122
法の下の平等　20, 25
法律婚　132, 133
ボウルビー　46
母子家庭　30, 124
母子健康手帳　108
母子福祉法　30
母子保健法　30
母性神話　46
母性保護　26, 65, 67, 101
ポツダム宣言　13
堀切善次郎　14

マ　行

マッカーサー元帥　14, 20
ミッチェル　4
宮本太郎　4
無認可保育所　116, 117

ヤ・ラ・ワ　行

山川菊枝　26
優生保護法　23, 97
養護施設　29
幼児虐待　203
幼保一元化　123
4年制大学　18, 58
李承晩政権　169
リプロダクティブ・ヘルス／ライツ　61, 87, 95
レーガン大統領　6, 57
労働関係調整法　25
労働基準法　25, 27, 69, 108
労働組合法　25, 27
労働者健康保険　31
労働者災害補償保険法　31
労働の義務と権利　20
ワークライフバランス　69, 177
ワーク・ライフ・バランス憲章　111, 118

《著者紹介》
坂東眞理子（ばんどう・まりこ）
富山県生まれ。
1969年　東京大学卒業，総理府入省。
　　　　青少年対策本部，婦人問題担当室，老人対策室，内閣総理大臣官房参事官などを経て男女共同参画室長。
1980年9月～1981年6月　ハーバード大学ラドクリフ・カレッジ　バンティング・フェロー。
1995～1998年　埼玉県副知事。
1998～2000年　ブリスベン総領事。
2001～2003年　内閣府男女共同参画局長。
2004年4月～　昭和女子大学大学院教授および女性文化研究所所長。
2004年9月～2005年　ハーバード大学ケネディスクール WAPPP フェロー。
2006年9月～2007年6月　ハーバード大学 US-Japan 研究員。
2007年4月　昭和女子大学学長。現在に至る。
主　著　『米国きゃりあうーまん事情』（東洋経済新報社，1981年），『新・家族の時代』（中公新書，1987年），『副知事日記——私の地方行政論』（大蔵省印刷局，1998年），『男女共同参画社会へ』（勁草書房，2004年），『女性の品格』（PHP 研究所，2006年），『親の品格』（PHP 研究所，2007年），『愛の歌恋の歌』（関東図書，2008年），など著書多数。

　　　　　　　　　　日本の女性政策
　　　　　　——男女共同参画社会と少子化対策のゆくえ——

2009年10月20日　初版第1刷発行　　　　　　　　　　〈検印省略〉

定価はカバーに
表示しています

著　　者　　坂　東　眞 理 子
発 行 者　　杉　田　啓　三
印 刷 者　　江　戸　宏　介

発行所　株式会社　ミネルヴァ書房
607-8494 京都市山科区日ノ岡堤谷町1
電話075-581-5191／振替01020-0-8076

© 坂東眞理子, 2009　　　　　共同印刷工業・新生製本
ISBN978-4-623-05027-7
Printed in Japan

現代女性の労働・結婚・子育て

―――――――――――橘木俊詔編著　**A5判　304頁　本体3500円**

●**少子化時代の女性活用政策**　現代を生きる女性たちが社会の中で活躍できるために，彼女たちが直面している困難をどのように解決すればいいのか。第一線の研究者が，それぞれの専門分野から思考した一冊。

男女協働の職場づくり

―――――――――渡辺峻・中村艷子編著　**A5判　240頁　本体2800円**

●**男女が一緒に働くために**　企業組織で男女差別が再生産される仕組みや要因を，人材マネジメントの観点から分析。その上で，男女差別の解消や男女の協働へ向かって，成熟しつつある新たな人材マネジメントについても言及する。

女性をめぐる法と政策［改訂版］

―――――――――――――高橋保著　**A5判　464頁　本体3500円**

近年，女性の人権を護り，自立を支えるための法律が次々に成立・施行されている。本書では，多岐にわたる法律を体系化し，やさしく解説する。パートタイム労働法他最新の改正に対応。

中高年女性のライフサイクルとパートタイム

―――――――――――――乙部由子著　**A5判　288頁　本体3200円**

●**スーパーで働く女性たち**　スーパーという場とパートタイマーという労働形態は，彼女たちをどのような生活に置いているのか。ジェンダー的な視座を交えながら，実際に働いている人々への調査によって，女性パートタイマーの今後を展望する。

ワークライフバランス入門

―――――――荒金雅子／小﨑恭弘／西村智編著　**四六判　210頁　本体1500円**

●**日本を元気にする処方箋**　仕事も私生活も大切にするにはどうすればいいのか，その調和と配分の考え方であるワークライフバランス。従来どちらかを優先しすぎて生活してきた現代社会に，解決のためのわかりやすいヒントをもたらす。

―――― ミネルヴァ書房 ――――